法治建设与法学理论研究
部级科研项目成果

重新犯罪预防
现代化研究

闫　佳 / 著

中国法治出版社
CHINA LEGAL PUBLISHING HOUSE

前　言

当韩某捧童案、孙某果涉黑案、郭文某故意伤害案等刑满释放人员重新犯罪的恶性事件被媒体频频曝光时，社会公众开始对刑事司法的公正性、刑罚执行的有效性、社会治安的稳定性产生怀疑：刑满释放人员为什么会重新犯罪？如何有效预防重新犯罪？这不仅是重要的实践问题，更是重要的理论问题。[①] 当2021年3月在东京举行的第十四届联合国预防犯罪和刑事司法大会将“循证犯罪预防：查明风险和应对策略”以及“减少再犯：帮助罪犯重新融入社会”纳入议题时[②]，再次引起国际社会对重新犯罪问题的高度关注。受此次会议启发：笔者选择重新犯罪作为研究主题，并确立了本研究的基本框架和主要目的，即“查明重新犯罪风险，循证预防重新犯罪，帮助罪犯重新融入社会，预防和减少重新犯罪”。

贝卡里亚曾说：“优秀的立法追求实现犯罪的预防，预防犯罪远比惩罚犯罪复杂、高明。”[③] 犯罪预防需要的不仅仅是专业知识能力、对已知世界的把控，更是凭借已然来预测和防患于未然，这对实务者、研究者和政策制定者而言都是巨大的挑战。[④] 源于美国学者谢尔曼对于“预防犯罪有效性”的评估报告[⑤]，犯罪预防的科学性、有效性引起各国学者广泛热议。“什么是有效的”这一方法论所衍生出的犯罪预防理论和策略的有效性检视，最终推动犯罪预防理论和实践的发展。[⑥] 在国际犯罪学领域，重新犯罪研究日益成为重点

---

① 刘培平：《邓小平理论的思想渊源》，载《文史哲》1998年第5期。

② 周勇：《第十四届联合国预防犯罪和刑事司法大会综述》，载《犯罪与改造研究》2021年第6期。

③ [意] 贝卡里亚：《论犯罪与刑罚》，黄风译，中国大百科全书出版社1996年版，第104页。

④ Ekbom, P.: “Towards a Discipline of Crime Prevention: A Systematic Approach to its Nature, Range and Concepts”, in Bennett (ed.), *Crime Prevention*, The Crop wood Papers, Cambridge: crop wood, 1996, p. 87.

⑤ 劳伦斯·谢尔曼“预防犯罪：什么有效、什么无效、什么有希望”的研究报告产生巨大的影响。转引自刘立霞、马向：《域外循证犯罪预防的发展及其启示》，载《法学杂志》2017年第1期。

⑥ 岳平：《我国犯罪预防理论有效性的检视与发展进程》，载《上海大学学报（社会科学版）》2014年第6期。

话题。1972 年，美国学者沃尔夫冈等人提出：“因多次重新犯罪而被逮捕五次以上的长期性职业犯大约占全部罪犯的 18%，占总样本的 6%。这部分罪犯人数虽少，但占了总样本中少年犯罪行为的 52%、严重犯罪行为的 70% 以上。”[①] 如果将占总人口 6%左右的长期性惯犯鉴别出来，采取预防措施，罪犯总数会减少一半以上。[②] 同样，在我国，1982 年相关部门开展了为期三年的调查。调查结果显示，监狱释放人员三年内重新犯罪率为 5. 19%。[③] 到了 1997 年，重新犯罪率上升到 8. 15%[④]，重新犯罪率呈现小幅增长趋势。因此，如何降低重新犯罪率？哪些措施更为有效？这成为世界各国专家学者和政策决策者重点关注的问题。

当前，我国学界对重新犯罪的研究主要集中在重新犯罪率的调查、重新犯罪问题的控制、重新犯罪治理等定性研究，多偏向于思辨性的讨论和宏观叙事，但也有对于罪犯危险性评估工具、再犯预测量表等进行的工具性研究。相比之下，国外定量和定性研究则各具特色，主要集中在重新犯罪率调查（如美国、欧洲、日本和澳大利亚等国家和地区组织开展的一些重新犯罪率调查及相关研究）、重新犯罪风险预测（主要通过样本调查数据识别重新犯罪的风险因素并构建预测模型）以及重新犯罪防控政策（如美国量刑委员会 2016 年 3 月发布的《联邦罪犯再犯问题：全面概述》的研究报告）上，但是仍然存在缺少强有力的数据支撑和深层次的理论建构等问题，对预防犯罪学的研究远远不如对犯罪原因的研究充分、实用。

本书研究的问题意识即在以上背景和全球视域下，通过对域外预防重新犯罪理论和实践的考察，希望基于学理以及实务上的探讨，以“什么是有效的”为研究范式，借助犯罪统计和犯罪现象的量化分析与实证研究，来解释重新犯罪的原因，找到预防重新犯罪的路径，阐明“什么是有效的”。同时，融入人权司法保障理念，尊重和保障罪犯的合法权益，帮助刑满释放人员重新融入社会，实现以人民为中心的人权保障机制。

为了扎实开展重新犯罪预防研究，本书将根据循证实践（evidence-based

---

① Wolfgang, M. E. , et al. : *Delinquency in a Birth Cohort*, Chicago: The University of Chicago Press, 1972.

② 李均仁：《中国重新犯罪研究》，法律出版社 1992 年版，第 21 页。

③ 同上注，第 409—410 页。

④ 司法部预防犯罪研究所课题组、周勇：《关于监狱释放罪犯重新犯罪问题的调查报告——对全国 1997 年—2001 年监狱释放罪犯重新犯罪的考察》，载《犯罪与改造研究》2019 年第 5 期。

practice）原则，在整理重新犯罪国内外相关研究文献的基础上，梳理公开发表的实证研究数据，并且采取分阶段多层整群抽样的方式，通过对某省辖区内安置帮教期间的刑满释放人员采取随机抽样的方式，适当考虑年龄段、犯罪类型和犯罪次数的分布，进行半结构式深度访谈，形成样本数据资料。运用数据技术对原始资料进行整合，并分析、挖掘内在规律，建立模型，对重新犯罪关联性因素进行识别、分类和预测。

经过扎实系统的基础性研究和“循证”科学分析，本书尝试在以下方面进行创新：一方面，完善重新犯罪的基础理论，提出“循证重新犯罪预防论”与“重新犯罪因素空间论”，即重新犯罪是犯罪人生命历程中诸因素的累积效应，因素不仅是犯罪的构成之因，也是其发展之因，提出“多因素决策论”，依据统计学算法，给予多因素权重系数，确定核心致罪因素。另一方面，完善刑事司法循证论，提出将定量因素引入刑事司法，建议将“罪犯重新融入社会”作为监狱矫正的目标之一，明确“尊重和保障罪犯权利”是预防重新犯罪的深层次目的。在研究视角方面，主要体现在采取定量犯罪学研究方法，从发展犯罪学的角度，研究重新犯罪的演进；从刑事政策学和社会学的角度，探讨发展和完善重新犯罪预防的对策。基于规范学的定量分析，通过刑法规范，完善刑法的法律分析，改革量刑标准、完善刑罚执行、封存前科制度、规制预防性刑法、提升监狱矫正效能、完善出狱人保护、尊重和保障罪犯的合法权利、减少罪犯歧视，保障罪犯基本的就业权、生存权和发展权等。在研究方法方面，做大量基础性工作，对公开发表的学术论文和国内外文献进行梳理，采取交叉学科视角，将人权法学、刑法学、犯罪学、社会学、统计学有机融合，系统全面地分析重新犯罪的主要特点、影响因素、基本规律和相关问题，提出重新犯罪预防现代化的战略设计和实现路径。

总之，本书希望在“国之大者”的时代背景下，全面掌握世界各国重新犯罪的新趋势、治理的新举措，充分分析我国重新犯罪的新特点、新规律，充分借鉴域外犯罪预防学理论，融合发展犯罪预防理论、情境犯罪预防理论、社会犯罪预防理论，遵循“循证犯罪预防”原则，按照社会科学定量研究方法，“荟萃分析—研究假设—假设验证”分析筛查影响因子，用“数”说话，循“数”治理，从系统性观念入手，尊重和保障罪犯合法权利，保护刑满释放人员合法权利，使全社会形成尊重和保障人权的意识，让每个人都实现对美好生活的向往，实现源头治理、法治治理、有效治理。

目　录

第一章
重新犯罪预防理论基础

本章主要介绍了重新犯罪预防的基础理论，通过内涵与外延界定、特征分析、概念比较和类型划分理解重新犯罪预防这个基本概念，纵向分析重新犯罪理论研究的发展，论述了重新犯罪预防的思想演进、成效比较以及现代化的探索。在此基础上，简要介绍对刑满释放人员重新犯罪的研究设计、研究思路和研究方法。

第一节 重新犯罪预防的内涵与外延

一、重新犯罪预防的概念

（一）重新犯罪的概念

“重新犯罪”不同于“累犯”，它属于犯罪界定学概念①。目前，学术界和实务界均未对此定义达成共识，国内外重新犯罪的概念也不同。“预防犯罪”不同于“犯罪治理”“犯罪控制”“犯罪防范”，它属于犯罪学与刑法学、社会学等交叉学科的新概念，其内涵和外延没有统一界定。因此，阐释“重新犯罪预防”的基本概念，需要从“重新犯罪”和“预防”两个要素来明确其内涵和外延。

根据《犯罪学大辞书》的解释，重新犯罪即行为人因罪受罚之后再一次犯罪的行为。通常包括在监狱服刑期间再犯及刑满释放后再次犯罪两种形式。② 还有部分学者提出，刑罚执行完毕或解除劳动教养的人员，无论在什么情况下出现犯罪行为且受到刑罚处罚的均为重新犯罪。③ 由此看出，重新犯罪的主体是一个人接受某种形式的刑事司法制裁后，在规定的时间内再次犯罪，不包括法人和单位。

现有资料表明，政府部门公文中的“重新犯罪”一词最早出现在1950年3月13日司法部《关于假释人犯重新犯罪如何撤销假释问题的批复》中④。此后，1956年司法部《关于劳改犯刑期届满前或届满后留场重新犯罪如何确定其罪名的函》，1963年最高人民法院、最高人民检察院、公安部《关于监外执行的罪犯重新犯罪是否需要履行逮捕手续问题的批复》，同年公安

---

① 丛梅：《重新犯罪实证研究》，天津社会科学院出版社2011年版，第76页。

② 康树华、王岱、冯树梁主编：《犯罪学大辞书》，甘肃人民出版社1995年版，第109页。

③ 周路：《当代实证犯罪学新编——犯罪规律研究》，北京人民法院出版社2004年版，第407页。

④ 丛梅：《重新犯罪实证研究》，天津社会科学院出版社2011年版，第22页。

部《关于严防刑满释放分子重新犯罪的通知》中都提到了重新犯罪的概念。[①]《刑法》和《刑事诉讼法》相继出台后，并未出现重新犯罪的概念，通过对重新犯罪概念的追本溯源，笔者发现各司法部门对重新犯罪没有统一的标准。法院把历史上受过刑罚，又被判刑的人称为重新犯罪者；公安机关把历史上受过刑罚，因犯罪又被抓获的犯人称为重新犯罪者；司法行政部门把刑罚执行期间或刑罚执行完毕又犯罪的人称为重新犯罪者。1997 年，根据修订后的刑法规定，重新犯罪的标准也相应变化，刑满释放或赦免以后，在 5 年以内再犯应当判处刑罚的犯罪是重新犯罪，但原犯为危害国家安全罪的，刑罚执行完毕或者赦免以后，在任何时候再犯危害国家安全罪或者 5 年以内再犯其他普通刑事犯罪而应被判处刑罚的，也是重新犯罪。[②]

可以说，重新犯罪不是一个严格意义上的法律概念，而是现象学或事实学的概念，重新犯罪是行为人重新实施犯罪行为的现象。[③] 刑法学意义上的重新犯罪，是指行为人触犯刑律并受到刑罚处罚后在一定期限内再实施的犯罪；犯罪学意义上的重新犯罪，既包括刑满释放人员的再犯罪和正在服刑期间的罪犯在狱内又犯罪两种常见的形式，还包括经公安机关处理正在进行劳动教养或者已经解除劳动教养的人员进行的犯罪。[④]

累犯是严格的法律概念，是指两次被判处有期徒刑以上刑罚的犯罪。[⑤] 重新犯罪不同于累犯，重新犯罪是两次都被判处刑罚，可以是有期徒刑以上的刑罚，也可以是缓刑等。[⑥] 累犯的前罪和后罪必须是故意犯罪（特殊累犯除外），与重新犯罪的差别在于其有明确的罪与非罪、时间限制和界定标准，而重新犯罪的外延包含累犯。但重新犯罪不同于惯犯。惯犯是重复、持续地实施某种特定的犯罪行为，其前罪和后罪都是同种罪名。[⑦] 重新犯罪则不受前后

---

① 上述部分司法解释和司法解释性质文件已废止。参见李均仁：《中国重新犯罪研究》，法律出版社 1992 年版，第 25 页。

② 丛梅：《重新犯罪实证研究》，天津社会科学院出版社 2011 年版，第 23—24 页。

③ 卢琦：《关于“把刑满释放人员重新违法犯罪率作为衡量监管工作的首要标准”的研究与思考》，载《犯罪与改造研究》2008 年第 10 期。

④ 力康泰等：《刑满释放人员重新犯罪的原因及预防对策思考》，载《法学家》2000 年第 3 期。

⑤ 参见康树华、王岱、冯树梁主编：《犯罪学大辞书》，甘肃人民出版社 1995 年版，第 78 页；廖增：《论对累犯的从重处罚》，载《政治与法律》1984 年第 4 期。

⑥ 参见《刑法》第六十六条规定：“危害国家安全犯罪、恐怖活动犯罪、黑社会性质的组织犯罪的犯罪分子，在刑罚执行完毕或者赦免以后，在任何时候再犯上述任一类罪的，都以累犯论处。”2011 年的刑法第八次修正案累犯制度更趋完善。

⑦ 康树华、王岱、冯树梁主编：《犯罪学大辞书》，甘肃人民出版社 1995 年版，第 109 页。

罪名一致性的限制。

综上所述，通过对重新犯罪概念的历史考察、比较，笔者赞成下述定义：重新犯罪是指经法院刑事判决有罪并受到刑罚处罚的人员在刑罚执行机构执行完毕或者赦免后一定期限内再次犯罪被判刑定罪的现象。① 其中，“刑罚执行机构执行完毕的人员”包括：监狱释放人员；被判处拘役、判决时余刑不足3个月在看守所（拘役所）服刑期满释放人员，服刑期间、脱逃期间罪犯再犯罪不属于执行完毕。② 其中，“一定期限”是指根据需要，可以按照释放后到再犯罪间隔期限的长短计算不同期限内的重新犯罪，如一年内重新犯罪、两年内重新犯罪等。③“被判刑定罪”是指前罪和后罪都受到刑罚处罚，一般违法行为不属于重新犯罪。④

（二）犯罪预防的概念

预防的概念包括“预”和“防”，字面上的意思是“预先做好防范，针对可能会出现的预期或者规律”。⑤“预”强调事前判断，对可能出现的损害结果或者风险进行预测、预判；“防”强调干预、防止、干涉，预先采取措施，阻断损害的发生机制。⑥ 因此，本书所讲的“预防”，是指根据事先评估掌握科学依据或者根据经验判断后，对于未来可能发生的损害或者危害进行提前防范或者干涉。包括一般预防、特殊预防，积极预防、消极预防等。⑦ 随着风险社会的发展，预防的理念在法治发展中发挥着越来越重要的作用。但是“预防不能作为调控社会运作的国家策略来单独实施，它更像是针对个案的制裁，用来防止违法侵害”。⑧ 因此，在总体国家安全观的背景下，随着风

---

① 周勇：《开展重新犯罪问题调查研究的价值意义与思路构想》，载《犯罪与改造研究》2019年第7期。

② 司法部预防犯罪研究所课题组、周勇：《关于监狱释放罪犯重新犯罪问题的调查报告——对全国1997年—2001年监狱释放罪犯重新犯罪的考察》，载《犯罪与改造研究》2019年第5期。

③ 同上注。

④ 周勇：《开展重新犯罪问题调查研究的价值意义与思路构想》，载《犯罪与改造研究》2019年第7期。

⑤ 参见《汉语词典》，载 https://www.zdic.net/hans/%E9%A2%84%E9%98%B2，最后访问时间：2020年11月3日。

⑥ 张永强：《预防性犯罪化及其限度研究》，中国社会科学出版社2020年版，第28页。

⑦ 韩轶：《刑罚目的的实现》，载《环球法律评论》2006年第1期。

⑧ ［德］迪特尔·格林：《宪法视野下的预防问题》，刘刚译，载刘刚编译：《风险规制：德国的理论与实践》，法律出版社2012年版，第112页；劳东燕：《奉献社会与变动中的刑法理论》，载《中外法学》2014年第2期。

险社会的到来，预防被赋予更多的时代背景和法律责任，更侧重于对社会公众权益的保护，是国家治理中衍生出来的预防功能。

广义的犯罪预防，是指与犯罪作斗争的一切方法和手段。“从广义上来说，犯罪预防包括对社会领域与自然领域预先做出的所有的介入措施，这些措施的目的是改变行为或事物的发展趋向，以减少犯罪的可能性或它的危害后果。”[①]“犯罪预防包括用来减少实际的犯罪水平或可预见的犯罪恐惧的任何措施。”[②] 还有的学者认为，“预防犯罪乃是一个综合多种力量，运用多种手段，采取多种措施，以防止和减少犯罪及重新犯罪的举措体系”。[③] 狭义的犯罪预防也被称为“狭义性预防”，“指一切旨在防患于未然的措施，其特点是措施本身立足于防，以防为目的”。[④] 狭义的犯罪预防强调犯罪预防的事前性，把基于刑罚之确定和执行的惩罚性以及威慑性预防排除在预防范畴之外，并只将犯罪预防视为实现刑事政策的一种手段，而区别于刑事政策的其他手段。可见，狭义的犯罪预防概念可以界定为：着眼于犯罪发生之前，消除或抑制犯罪诱发因素、实施机会的活动。换言之，犯罪预防就是犯罪风险管理，是消除或抑制使犯罪发生的各种风险的发现、决策、实施和控制过程。[⑤] 广义和狭义的犯罪预防定义虽表达不同的犯罪预防理念，但其对刑事政策的制定和干预防治实践均具有重要意义。

犯罪预防的重点是消除犯罪的原因和条件，是犯罪学研究的最高目标和最终归宿，也是犯罪治理最理想的状态，在犯罪发生之前预先防范，采取措施进行抑制或者阻断犯罪的发生。正如地震前预警、天气预报等，它所带来的效益可能是普适性的。犯罪学家贝卡里亚曾提到“预防犯罪远比惩罚犯罪复杂、高明”[⑥]，在重新犯罪的治理中，事前预防的效果远远优于事后惩罚，但同时事先预防的难度远远超过事后补救。[⑦] 在犯罪学语境下，预防犯罪包含犯罪前预防和犯罪后预防。犯罪前预防强调社会预防，关注的不是罪犯罪行

---

① ［英］麦克·马圭尔等：《牛津犯罪学指南（第4版）》，刘仁文等译，中国人民公安大学出版社2012年版，第671页。

② Lab, S. P.: *Crime Prevention: approaches, practices and evaluations*, Anderson publishing, 2010, p. 26.

③ 冯树梁：《论预防犯罪》，法律出版社2008年版，第22页。

④ 同上注，第15页。

⑤ 冯树梁：《论预防犯罪》，法律出版社2008年版，第9页。

⑥ 参见［意］贝卡里亚：《论犯罪与刑罚》，黄风译，中国大百科全书出版社1993年版，第104页。

⑦ 康树华、王岱、冯树梁主编：《犯罪学大辞书》，甘肃人民出版社1995年版，第296页。

的危害，而是如何让罪犯不再实施犯罪行为，侵害更多人的利益。[①] 犯罪后预防就是特殊预防，主要是在刑事场域内，采取措施防止罪犯再次犯罪。预防措施的科学性与经济性制约着该措施是否有效或是否能被广泛实施。[②] 因此，犯罪预防措施的科学性取决于多方面的因素，如犯罪预防决策者的理论水平、犯罪预防经验、犯罪情况的复杂程度、犯罪调查是否科学等。犯罪预防决策的科学性决定其有效程度，即使犯罪决策是正确的、科学的，也并不能保证其是最经济的，往往由于犯罪预防措施实施代价过高而被束之高阁。[③]

犯罪对策，“简单而极端地说，犯罪对策就是打和防两种。打击是对待犯罪最主要的做法；防范是后来演变、衍生的犯罪对策，打击的同时要注重事先防范”。[④] 犯罪对策强调对犯罪原因的筛查和界定，并根据犯罪原因提出相应的对策，核心在于犯罪发生后的打击和防范。

犯罪控制，是对犯罪条件的揭示，由国家和社会利用适当的方法与措施，使影响因素消除与减少，遏制和限制社会犯罪以及个体犯罪现象的各种活动。[⑤]

犯罪治理是在现代社会治理过程中，运用国家和社会的控制力来解决犯罪问题的过程，重点在于治理手段和运用国家社会资源的力量，通过限制消除犯罪原因，实现对犯罪现象的管控和对罪犯的管理。[⑥]

通过犯罪预防与其他犯罪概念的比较，可以更加清楚犯罪预防的目的和价值。犯罪治理侧重犯罪控制领域所产生的影响；[⑦] 犯罪控制更侧重通过国家正式力量以及各种社会非正式力量联合解决犯罪问题，将犯罪控制在合理范围内。犯罪对策和犯罪治理则是从国家治理体系和治理能力角度，通过揭示犯罪原因，发挥国家、社会甚至个人的作用。犯罪预防是一种未然状态，了解犯罪并且能够准确地预测犯罪，是犯罪预防的前提。犯罪预防与犯罪防控、犯罪控制、犯罪治理四者不能完全割裂，虽存在交叉和侧重的差别，但可共同致力于减少和预防犯罪。

---

① 王牧：《我国犯罪对策的战略选择》，载《中国刑事法杂志》2004 年第 3 期。

② 张远煌：《犯罪学原理（第 2 版）》，法律出版社 2008 年版，第 461—464 页。

③ 王瑞山：《犯罪预防原理》，法律出版社 2019 年版，第 13 页。

④ 王牧：《我国犯罪对策的战略选择》，载《中国刑事法杂志》2004 年第 3 期。

⑤ 张远煌：《犯罪学原理（第 2 版）》，法律出版社 2008 年版，第 461—464 页。

⑥ 焦俊峰：《犯罪控制中的治理理论》，载《国家检察官学院学报》2010 年第 2 期。

⑦ 同上注。

（三）重新犯罪预防的概念

重新犯罪预防是一种基于犯罪学目的论抽象而来的描述性概念。重新犯罪预防是一个复杂且系统的工程，从广义上讲，重新犯罪预防是为阻止和减少刑罚执行完毕或特赦人员因重新违法犯罪受到刑罚处罚而采用的所有行为和措施，既包括公行为也包括私行为，以及公私结合行为，还包括对重新犯罪的事前性防止，重新犯罪期间的事中性镇压以及重新犯罪事后性的矫正和恢复在内的广泛性的行为、措施与技术的总称。[①] 从狭义上讲，重新犯罪预防，是指为减少、消灭重新犯罪原因，遏制重新犯罪机会，控制重新犯罪成本，重建重新犯罪预防关系而采取的各种措施的总称，以达到减少和防止重新犯罪的目的。

二、重新犯罪预防的类型

（一）重新犯罪预防主体

重新犯罪预防主体，是指在一定条件下实施重新犯罪预防行动的国家机关、企事业单位以及社会团体、家庭、学校、社区、个人。[②] 由此可见，重新犯罪预防主体具有多元性、差异性。但是相较于普通犯罪预防，重新犯罪预防主体的特殊性表现在以下几方面。

刑罚执行机关，即监狱、社区矫正机构和看守所是重新犯罪预防的重要主体。由于重新犯罪是指触犯刑事法律并受到刑罚处罚后又重新故意实施犯罪活动，依法应当追究其刑事责任的行为。[③] 预防主体中，公安、法院、检察院、监狱、社区矫正机构、看守所都是预防重新犯罪的主要职责单位，在不同阶段发挥不同作用。家庭、学校、社区同样也是预防重新犯罪的主体，对于未成年人，家庭是青少年成长的第一场所，家庭的教养方式直接影响青少年的成长。而学校是陪伴未成年人时间最长的机构，学校教育中的文化、思想、道德、法治等内容都能帮助未成年人形成正确的价值观。此外，基层政府和社会组织同样对重新犯罪预防负有主体责任。比如，司法所承担

① 凌秋阳：《关于犯罪预防理论走向的考察》，载《犯罪研究》2018 年第 6 期。

② 王瑞山：《犯罪预防原理》，法律出版社 2019 年版，第 18 页。

③ 白正春、杨冰川：《论和谐社会视野下重新犯罪问题及对策》，载《南方论刊》2010 年第 12 期。

着安置帮教职责，在罪犯刑满释放5年内的安置帮教期内负责对刑满释放人员的监督和安置帮教，帮助他们解决实际困难。个人也可以看作被害人犯罪预防的主体。传统的犯罪预防针对潜在犯罪人，全社会可以形成犯罪防范的意识。但是重新犯罪预防由于重新犯罪人员（以下简称重犯人员）的特殊身份，其所实施的犯罪行为更容易被发现，因此更便于提前防范。特定犯罪类型侵害的主要是单位或集体的利益，如挪用公款、贪污等职务犯罪等，可以采取提前加强财务管理、增加防盗装备等措施。从被害人的角度来看待犯罪预防问题，特别是高风险人员被识别后，犯罪预防的目的性和针对性增强，能够有效减少重新犯罪。由此可见，重新犯罪预防主体是一个集国家机关、社会组织、公民于一体的协同性预防主体，共同承担着预防和减少重新犯罪的主体责任。

（二）重新犯罪预防的方式

根据重新犯罪预防措施着眼点的不同，可以将其分为社区犯罪预防、情境犯罪预防、发展犯罪预防以及循证犯罪预防。

1. 社区犯罪预防：以融入为导向的重新犯罪预防

刑满释放人员回归社会后面临的最大困难就是社会融入与社会孤立问题，如果社区氛围“友好睦邻”，给予刑满释放人员接纳和信任，其再次犯罪的机会就会减少。特别是对我国传统邻居间的社会关系和邻里文化而言，社区友好的情境能够帮助潜在犯罪人放弃犯罪机会。针对监狱服刑人员的社区犯罪预防，在刑事执行一体化的理念下，社区矫正机构同监狱加强合作：一方面，可以组织社区志愿者为监狱教育、心理咨询等提供社会力量的支持；另一方面，社区矫正机构为即将刑满释放人员回归社会提供条件，帮助3个月后即将出狱且危险性评估低的罪犯提前进行社会接触，提供场所和监管的支持。综上所述，社区作为重新犯罪预防的有力补充，在充分利用社会资源、发挥基层现代化治理能力、有效减少重新犯罪方面可以发挥重要作用。

2. 情境犯罪预防：以机会为导向的重新犯罪预防

情境犯罪预防，主要是减少犯罪机会。理性选择理论、日常生活理论都是情境犯罪预防的重要基础理论。情境犯罪预防主要是通过对动态风险因素的分析，掌握直接犯罪动机的影响因素，采取内部或外部手段加强控制，切实降低犯罪发生的概率，或者减轻犯罪的危害程度。[①] 情境犯罪预防的目的性和针对性更强。[②] 情境重新犯罪预防主要是监狱监管情境下的犯罪预防模式，即监管预防（也称矫正预防），旨在预防监狱场所内犯罪行为的发生，如脱逃、袭警、故意伤害等。监狱属于特殊环境，具有封闭性、隐蔽性特点。监狱内的情境犯罪预防，主要是特定地点的机会阻断。以监狱监区、食堂、劳动矫正场所为中心地点，每个区域内设置特殊风险点，便于提前发现安全风险隐患，断绝罪犯接触任何违禁品的机会，从而有效防止犯罪发生。

3. 发展犯罪预防：以风险为导向的重新犯罪预防

发展犯罪预防主要是建立在生命历程理论的基础上，集中研究罪犯生命历程和犯罪生涯中的影响因素，用证据表明犯罪的发生与某些风险因素密切相关，通过阻断风险因素来预防重新犯罪。重犯人员经历了“初次犯罪—被判刑—刑罚执行—出狱—再次犯罪—判刑—刑罚执行”周期性过程，通过对罪犯犯罪生涯的纵向考察，能够看到风险因素的变化和影响，识别对犯罪具有阻断或者转折作用的因素。因此，有效预防重新犯罪，首要条件是查明影响重新犯罪的因素。

4. 循证犯罪预防：以证据为导向的重新犯罪预防

循证犯罪预防，是指遵循最佳证据进行犯罪预防，即将经过证明的最佳证据运用到犯罪预防政策制定、执行、评价的全过程和各领域。[③] 2002 年联合国经济及社会理事会通过的《预防犯罪准则》（*Guidelines for the Prevention of Crime*）第十一条明确包含了循证犯罪预防的内容，即“预防犯罪的战略、政策、方案和行动应当建立在有关犯罪问题、犯罪的多种原因以及有希望并经过验证的做法的广泛、跨学科的知识基础之上”。[④] 与传统预防犯罪相比，循证预防犯罪更加科学，它将有效的循证理念与国家治理现代化相结合，运用循证犯罪预防理论，发挥证据在决策中的作用，有助于实现决策科学化。[⑤]

---

① 参见姚兵：《未成年人犯罪预防策略研究》，载《预防青少年犯罪研究》2015 年第 2 期。

② 参见张远煌：《犯罪学原理（第 2 版）》，法律出版社 2008 年版，第 446 页。

③ 参见周勇：《当前全球犯罪治理新趋势研究——以第 14 届联合国预防犯罪大会及其通过的〈京都宣言〉为视角》，载《犯罪研究》2021 年第 3 期。

④ 联合国经济及社会理事会：《预防犯罪准则》（经济及社会理事会第 2002/13 号决议，附件），载《联合国预防犯罪和刑事司法标准和规范简编》，2007 年版，第 231 页。

⑤ 参见杨涵：《循证犯罪预防：理论及其本土化建构》，西南政法大学 2014 年硕士学位论文。

（三）重新犯罪预防的分级

基于犯罪预防的病理学分级理论，将犯罪预防分为初级预防、次级预防、三级预防和四级预防。[①]

1. 初级预防

初级预防指向一般人群和场所，是在犯罪发生之前针对潜在的致罪因素而采取的各种措施。初级预防所采用的策略包括宏观的社会政策、中观的环境管理和微观的社会心理干预。正所谓，最好的社会政策就是最好的刑事政策。如上文所论及的社会犯罪预防，它包括对“失业、缺乏教育、贫困及其他社会病症所导致的异常行为等的预防；初级犯罪预防意图减少初次的犯罪及受害，并降低犯罪所产生的恐惧感”。[②] 中观的环境管理，如环境设计以预防犯罪理论为基础，通过城市社区中街区的规划和建筑设计来抑制犯罪并增强居民的安全感。微观的社会心理干预主要指心理因素，它除通过家庭、学校、社区等各种途径来培养健全的人格外，还要通过各种制度安排和现实运行来维护社会公平，增强社会成员的幸福感，减少犯罪，促进社会和谐。

2. 次级预防

次级预防是针对已有症候的特殊人及情境，通过找出潜在的犯罪风险因素并加以干预，以达到避免犯罪的目的。因此，次级预防的干预措施是针对被确定为风险中的具有特定违法犯罪倾向的社会人群或场所。在布兰廷汉姆和福斯特的概念中，次级预防仅指那些具有较高犯罪风险的人群，并不包括高风险的场所。但随着环境犯罪学的发展，犯罪热点场所已经成为警务战略中的重要参考因素。相对一般场所而言，犯罪热点场所受到更高的关注，因此应采取特别的干预措施，并将其纳入次级预防的范畴。次级犯罪预防亦包含偏差行为所导致的犯罪，如酗酒者或吸毒者所产生的异常偏差行为，应给予该类发展倾向者一个目标指引，以避免其犯罪。学校也可扮演重要角色，以解决青少年所遇到的问题，同时，父母、专家及邻里也可提供指导与帮助。

---

① 王瑞山：《犯罪预防原理》，法律出版社 2019 年版，第 21 页。

② 许春金：《犯罪预防与私人保全》，三民书局股份有限公司 2004 年版，第 5 页。

3. 三级预防

针对重新犯罪群体，三级预防就是通过重新适应社会的个别化措施使罪犯回归社会或者至少使犯罪人与社会隔离，防止其实施严重危害社会的行为。[①] 三级预防主要是刑事司法系统的工作，也是重犯人员预防的重点领域和环节。刑罚的特殊预防属于三级预防的范围。刑罚的预防功能分为一般预防和特殊预防，特殊预防指向刑罚惩罚对象，包括特别威慑和犯罪能力剥夺两种预防功能，通过刑罚惩罚、教育矫正等手段，达到预防再次犯罪的目的。三级预防和次级预防都是对犯罪行为本身的关注。三级预防主要是刑事司法系统的工作，它关注的是阻断犯罪进程或降低犯罪行为的危害程度，如对已知的潜在犯罪人进行治疗和矫正。

4. 四级预防

四级预防主要是对即将出狱的刑满释放人员回归社会的犯罪预防。四级预防具有针对性和特殊性，即以衔接为导向的四级重新犯罪预防。重新犯罪人员在刑满释放前 3 个月内，面临着监狱与社会的衔接和过渡。回归前的衔接包括“观念衔接”和“心理归位”，特殊的时间节点和情境变化会对服刑人员产生重要影响。因此，监狱应为服刑人员回归社会做准备，帮助他们了解社会的发展变化，联系亲属会见、提高就业帮扶力度，特别是与服刑人员户籍所在地司法行政部门取得联系，走在安置帮教政策前延，由司法所工作人员协助提前办理身份信息、医疗保障、困难救助等，解决服刑人员出狱后的生活困难，特别是接受矫正康复治疗的服刑人员，应该将矫正项目延续到出狱后的安置帮教阶段，巩固矫正康复的效果。

三、重新犯罪预防的思想

我国重新犯罪预防一方面传承了中华传统的精华、孔孟儒学的精神；另一方面也于实践中采纳了现代国际化的标准，使犯罪预防体现了国内国际、现代与传统的相辅相成。

（一）我国重新犯罪预防思想

我国古代重新犯罪预防思想体现在“教法兼施、礼刑并用”。通过礼，绝

---

① 王瑞山：《犯罪预防原理》，法律出版社 2019 年版，第 21 页。

恶于未萌，以法禁于已然之后。同时也是预防犯罪的原则，凡是刑所不禁，即所谓“礼之所去，刑之所取，出礼则入刑”。在维护封建宗法制度的基础上，孔子曾提出“礼治”和“以德去刑”的主张，但并非让统治者放弃刑杀。荀子在继承和批判先秦儒家和法家学说的基础上，提出“治之经，礼与刑”的观点，既“隆礼”又“重法”，开创了儒法合流。他提出“法者，治之端也”。他主张礼仪教化与刑罚相结合，反对“不教而诛”和“教而不诛”，对有犯罪苗头的人要用礼仪来教化，如不改之，则要予以惩处。荀子“礼法统一”的预防犯罪思想对汉代影响很大，也为封建社会“德主刑辅”的法律思想奠定了基础。不论是对待初犯还是对待再犯，《唐律疏议》及唐初制定的律令都体现了“德主刑辅”的思想。宋明理学的代表人朱熹提出两种控制犯罪的方法：一是道德教化，使人们自觉遵守法律制度和伦理关系；二是“克制”，即对敢于触犯封建礼法，有“人欲”的人进行镇压，处以刑罚。礼的作用是使人从内心去恶从善，从根本上预防犯罪。朱元璋将礼的预防犯罪作用与法有机结合，提出“以德化天下”，兼“张刑制具以齐之”，才能“恩威并济”，这种思想体现在《大明律》中。在控制犯罪与恶行更大的重新犯罪问题上，始终以“德主刑辅”为指导原则，体现了惩罚与教育相结合的特点。

进入现代，犯罪预防举措在我国改革开放以来得到充分发展。一是打防并举。普法教育、人民调解等都反映了我国的犯罪预防思想。1991 年《全国人民代表大会常务委员会关于加强社会治安综合治理的决定》确立了“打击和防范并举，治标和治本兼顾，重在治本”的方针，包括打击各类危害社会的违法犯罪活动，采取措施，加强治安防范工作，妥善安置刑满释放和解除帮教人员，减少重新违法犯罪等。二是法治教育。法治宣传教育就是传播和宣传法律知识、法律理论、法治观念，帮助人们树立法律意识，重视制定、执行和遵守法律制度的专门活动。开展法治宣传教育活动既是预防犯罪的重要途径，也可提高个人抵御违法犯罪的能力。通过法治宣传，提高广大群众同违法犯罪作斗争的自觉性，减少和预防犯罪，形成犯罪预防的有利环境。法治宣传是既具有治标功效，更具有治本效能的重要措施。三是人民调解委员会是犯罪预防的专门机关，发挥着特殊的预防功能。人民调解属于群众预防，具有犯罪预防基础，可将矛盾纠纷化解在萌芽状态。人民调解工作制定“调防结合、以防为主”的工作方针，发挥“第一道防线”作用。据统计，犯罪原因是多方面的，但是由矛盾激化引起的刑事案件屡见不鲜，特别是暴力犯罪、激情犯罪，因此要避免和防止矛盾激化，有效化解纠纷，避免和减少犯罪发生。无论是古代“德主刑辅”的思想，还是当代“打击、防范、教育、管理、建设、改造”的社会治安综合治理实践的发展，都体现了中国特色预防性法律制度体系。

（二）域外重新犯罪预防思想

至少在1960年以前，犯罪预防的含义主要是指再犯预防。在以前的刑事法学领域，犯罪预防几乎是可以等同于再犯预防。传统的再犯预防，其目的更侧重于惩戒，强调报应论，预防功能更多表现为惩戒职能的附带效果。随着时代的发展，“通过刑罚执行来预防将来的犯罪”的理念才逐渐被人们所认同。在现代，这种理念表现为关注犯罪者的矫正改善，社会回归的犯罪者处遇（treatment）论，即处遇型再犯预防。在当今国际上，处遇型再犯预防逐渐成为一些国家的主流再犯预防模式。在美国，从1960年起就不断开展各种对受刑者的矫正改善项目，从心理、身体、行动方式以及药物等各领域出发进行多角度的治疗，以消除犯罪者所具有的“危险因子”。之后，这被称为犯罪者处遇的“医疗模式”。在日本，结合了惩罚要求和预防要求的“相对报应论”成为日本刑罚论的主流。以该理论为基础，日本确立了“以对象者的特质以及其所处的环境为依据，着眼于对象者的自觉性，把唤起对象者改造自新的意欲和培育对象者适应社会生活的能力作为目标”的个性化处遇原则，并以此为依据展开犯罪者处遇。但是，在1960年以后，特别是从1970年开始，犯罪预防理论逐渐突破再犯预防的框架，进入“百花齐放”的时期。

1. 从宏观犯罪学到微观犯罪学——情境犯罪预防理论

从思考犯罪发生发展机制的区别出发，犯罪学理论可以划分为宏观犯罪学与微观犯罪学两大阵营。宏观犯罪学看待犯罪现象多从宏观角度出发，其中较为典型的理论是紧张理论、标签理论、冲突理论等①。其中涉及的各种理论角度各异，宏观犯罪学理论的特点在于，将犯罪问题的根源建构在整体的社会结构不平衡、分配不公、文化歧视等因素上，主张减少犯罪的途径在于社会大环境的改善，如教育资源、收入分配、文化环境等。但对紧迫的犯罪预防实践而言缺乏及时性、有效性、针对性。微观犯罪学正是基于此应运而

① Lemert，E. M.：*Social Pathology*，New York：McGraw-Hill，1951.

生，包括日常行为理论和情境行为理论。其中，日常行为理论起源于科恩和费尔森于 1979 年在《美国社会学评论》发表的一篇研究文章。他们明确地将其理论设定为一种微观层面的设想（micro-level assumption），为微观犯罪学开创了新的理论篇章。[①] 该理论的核心论点是，具有某种犯罪倾向的个体与某种促使犯罪发生的环境之间的相互作用触发了感知选择过程，这一过程最终导致了犯罪。[②] 它并不是完全推翻宏观犯罪学取得的学术成果，但主张预防犯罪不仅需要长效机制，也需要情境性即时机制。微观机制的目的是从更现实、更急迫的角度解决犯罪问题，通过给犯罪者制造情境障碍阻止其犯罪动机。以克拉克为代表的犯罪学家提出了“情境预防”的概念，试图通过干预外界条件降低犯罪率，开发有效的犯罪预防措施与策略，务实地解决犯罪问题。情境犯罪预防模式在消除可能引发犯罪产生的情境基础上，通过主动干预和控制犯罪机会，以达到让潜在犯罪人难以实施犯罪的积极效果。情境犯罪预防理论体系一般包含以下三种联系密切的理论模式，即理性选择理论、日常活动理论和环境犯罪学理论。[③]

2. 从静态犯罪学到发展犯罪学——发展犯罪预防理论

从犯罪学理论适用的时空限定性出发，犯罪学理论可以分为静态犯罪学与发展犯罪学。静态犯罪学的典范是“犯罪的一般理论”（a general theory of crime）。戈特弗里德森和赫希的“犯罪的一般理论”是对各种犯罪现象都具有诠释力量的理论。其核心主张是犯罪的实质是自我控制水平低，基于此，他们又将这一理论称为“自我控制理论”（self-control theory）。[④] 自我控制理论的核心观点是，低水平的自我控制会导致犯罪的发生。这一理论提出了七大假设：（1）年龄与犯罪的关系恒定不变；（2）区分犯罪与犯罪性是很重要的；（3）实施犯罪倾向方面的个别差异可能在于个体自我控制水平的差异；（4）自我控制水平的差异不仅可以解释所有类型的犯罪行为，而且可以解释

① Cohen，L. E. & Felson，M.：“Social Change and Crime Rate Trends：A Routine Activity Approach”，Vol. 44，No. 4，*American Sociological Review*，1979，pp. 588-608.

② Hirtenlehner，H. & Reinecke，J.：“Introduction to the Special Issue with some Reflections on the Role of Self-control in Situational Action Theory”，Vol. 15，No. 1，*European Journal of Criminology*，2018，p. 3.

③ 桑瑞娇、李德恩、郑滋椀：《情境犯罪预防理论的网络空间应用研究》，载《政法学刊》2023 年第 2 期。

④ ［美］迈克尔·戈特弗里德森、特拉维斯·赫希：《犯罪的一般理论》，吴宗宪、苏明月译，中国人民公安大学出版社 2009 年版，第 7 页。

不构成犯罪的类似行为，如抽烟、喝酒、赌博；（5）自我控制水平的差异，源自童年时期的养育活动；（6）犯罪和越轨行为不会随着时间的流逝而发生变化；（7）犯罪行为会随着年龄的增加而减少。[①]

发展犯罪学则认为犯罪的生成机制具有时空的局限，以生命历程作为发展的重要背景看，不同生命历程中经历的外在环境与内在素质的交织，会对犯罪行为的发生产生不同的影响，其代表性理论有两种：一是桑普森、劳布的“逐级年龄非正式控制理论”（age-graded theory of informal social control）以及墨菲特的“犯罪人发展分类法”（a developmental taxonomy）。立足于发展犯罪学立场，生命历程观点（life-course perspective）有两大关键词：其一是“轨迹”（trajectory），是指在生活过程中工作、婚姻、自我认知、犯罪行为等方面发展变化的路径；其二是“转变”（transition），是指在上述轨迹中相对突然发生的标志性生活事件，如第一份工作或初婚。二者的结合可能会促生“转折点”（turning points），修正既有的生活轨迹，从而影响实施犯罪或终止犯罪的决定。[②] 二是霍金斯的社会发展理论（Seattle Social Development Project，SSDP），强调保护性因素和风险性因素相互交织，预防和干预再犯罪应当采用减少危险性因素和强化保护性因素的双重策略。[③] 美国犯罪学家利默特开创性地提出了初次越轨行为和继发越轨行为。他认为，当初次越轨行为被发现后，犯罪者因为接受了正式的惩罚而被贴上标签，被贴上标签不但不会制止这些行为，反而会增加或扩大这些行为的发生率。犯罪者觉得自已被主流社会孤立，他们会与同病相怜的人形成亚文化或小团体，导致他们的犯罪行为继续增多，进而成为一名累犯。[④] 最近研究发现，刑事司法过程是增加而不是减少犯罪卷入，桑普森和劳伯发现监禁促进

---

① 转引自［美］迈克尔·戈特弗里德森、特拉维斯·赫希：《犯罪的一般理论》，吴宗宪、苏明月译，中国人民公安大学出版社2009年版，第8—9页。需要说明的是，其中的（6）与（7）似乎存在矛盾，但实际上二者的侧重点有所不同。按照犯罪的一般理论，“犯罪和越轨行为不会随着时间的流逝而发生变化”主要是指人们的犯罪倾向恒定不变，而“犯罪行为会随着年龄的增加而减少”主要是指犯罪者随着年龄的增加，特别是老年人实施的犯罪行为和犯罪动机会逐渐减少。

② Sampson，R. J. & Laub，J. H.：*Crime in the Making*：*Pathways and Turing Points Through Life*，Cambridge，MA：Harvard University Press，1996，pp. 7-8.

③ Hawkins，D. R.：*Preventing Adolescent Health-Risk Behaviors by Strengthening Protection During Childhood*，Archives of Pediatrics and Adolescent Medicine153，pp. 226-234.

④ 刘柳：《从福利支持视角论刑满释放者的社会融入》，载《国家行政学院学报》2014年第6期。

了违法行为的发生[①]，因为监禁使违法者与正常的社会联系变少，只有系统地考察违法者通常要经历的刑事司法过程，才能对违法生命历程的发展有全面的理解。

3. 从生物犯罪学到社会犯罪学——社区犯罪预防理论

生物犯罪学（biosocial criminology）是一种犯罪研究的整体范式（paradigm）。[②] 它主张通过探索生物因素和环境因素来解释犯罪和反社会行为，强调将诸如遗传学、神经心理学和进化心理学等领域的知识引入犯罪现象的解读和分析中。生物犯罪学倡导将犯罪问题视为"科学"问题，以实证方法加以验证和解决，包括进化论犯罪学（evolutionary criminology）、生物社会犯罪学（biosocial criminology）、神经犯罪学（neuro criminology）以及行为遗传学（behavior genetics）四个研究方向。[③] 社区犯罪预防理论，是指在影响居住区违法活动而改变社会条件及机构的所有行动。社区犯罪预防理论包括伯吉斯提出的同心圆理论，布尔西克提出的犯罪系统模型理论，以及社会控制理论、差异交往理论和社会学习理论等。目前发展为社区综合性犯罪预防理论，强调运用社区综合性合作机制，瞄准犯罪现象产生影响的多个领域（如个人、家庭、同辈群体、学校、社区团体、商家、社区规范）、多重原因机制（如公众教育缺失、机遇减少）、多样化的目标群体（如不同年龄的处于风险中的青少年、父母、帮派成员），以及服务提供者的多元化（如警方、学校、社会、社区团体），将各种不同机构和组织融合在社区犯罪预防的合作机制框架内。例如，刑事司法战略合作机制，推广"平安社区计划"，对已知的枪支使用者执行"胡萝卜加大棒"的措施，这些措施将打击与威慑手段和减少风险因素的服务（如提供就业岗位、提供住房、治疗药物滥用和教育服务）相结合。研究发现，试点城市的暴力犯罪率下降了8%，而对照组城市则没有变化。[④] 因此，社区犯罪预防论更重视"人与人"之间的社会性视

---

① Sampson, R. J. & Laub, J. H.: *Crime in the Making: Pathways and Turing Points Through Life*, Cambridge, MA: Harvard University Press, 1996.

② Eichelberger, R. & Barnes, J. C.: Biosocial Criminology, in Wesley G. Jennings (ed.), The Encyclopedia of Crime and Punishment (1st Edition), UK: John Wiley Sons, Inc., 2016, pp. 1-2.

③ 参见［英］阿德里安·雷恩：《暴力解剖：犯罪的生物学根源》，钟鹰翔译，重庆出版社2016年版，第67—68页。

④ McGarrell, E. F. Hippie, N. K., Corsaro, et al.: *Project Safe Neighborhoods-A National Program to Reduce Gun Crime: Final Report*. Washington, DC: US Department of Justice, Office of Justice Programs, National Institute of Justice, 2009.

角。它既包括家庭、学校等社会组织对孩子精神方面的影响措施，也包括民间或者官民合作而形成的犯罪预防活动，国家对犯罪预防有益的社会政策，地区对犯罪预防有益的宣传政策等各种以规范人的思想和行为为内容的犯罪预防对策。

四、重新犯罪预防现代化

（一）现代化

“现代化”一词的确切含义究竟是什么，学术界至今没有统一的看法，但归纳起来大致有四种观点：（1）现代化是指在近代资本主义兴起后的特定国际关系格局下，经济落后国家通过技术革命，在经济和技术上赶上世界先进水平的历史发展过程。（2）现代化实质上就是工业化，更确切地说，就是经济落后国家由传统农业社会向现代工业社会转变的过程。这种观点与第一种观点在实质内容上并无区别，只是前者的特点在于它的政治立论。（3）现代化是对自科学革命以来人类急剧变动的过程的统称。按照这种观点，人类社会在现阶段发生的史无前例的变化，不仅发生在工业领域或经济领域，同时也发生在知识增长、政治变革、社会转型、心理适应等方面。这一观点的特点在于，它不仅着眼于现代化的纯粹经济属性，而且更关注社会制度和结构与工业化及经济发展的关系；认为科学革命具有改变人类环境的巨大力量，并形成特定的社会变迁方式。社会各单元对这一新环境和新变化的适应和调整过程就是现代化。（4）现代化主要是一种心理态度、价值观念和生活方式的改变过程。这种观点主要是从社会学、文化人类学、心理学的角度来分析现代化的含义。① 实际上，现代化是一个更加综合的概念，它不仅指生产方式的转换或工艺技术的进步，还指一个民族在其历史变迁过程中文明结构的重新塑造，是包括经济、社会、政治、观念和文化诸层面在内的全方位变革。其中，经济变革是物质层面，社会变革是制度层面，而观念和文化变革则是思想的深度层面。

从历史进程来看，现代化特指人类社会完成从建立在自然经济基础上的传统农业社会向建立在发达市场经济基础上的现代工业社会的转变，它既是

---

① 王平：《刑罚执行现代化》，北京大学出版社2018年版，第12—15页。

一种全球性的时代发展趋势，也是世界各国、各地区发展的必经之路。实现现代化，是中华民族伟大复兴的历史任务。许多先进人物为之进行了各种各样的尝试和奋斗，但真正把它提到历史进程中的是中国共产党。1954 年，在第一届全国人民代表大会上，毛泽东、周恩来第一次提出了“四个现代化”目标。1964 年，第三届全国人民代表大会提出：要在较短的历史时期内，把我国建设成为一个具有现代农业、工业、国防、科学技术的社会主义强国。[①] 十八届三中全会把“现代化”一词与国家治理体系和治理能力连用，提出“推进国家治理体系和治理能力现代化”，立刻引起人们的高度关注。但各国的现代化并没有统一模式，而国家治理体系现代化作为现代化的一部分，也没有各国通用的模式。一个国家选择什么样的治理体系，既是由这个国家的历史传承、文化传统、经济社会发展水平决定的，也是由这个国家的人民决定的。[②]

（二）犯罪预防的现代化

犯罪预防是犯罪治理的一部分，犯罪预防的现代化是契合犯罪治理现代化的有机组成部分。犯罪治理现代化，是中国式现代化的应有之义。推进中国式犯罪治理现代化，要以习近平法治思想为根本遵循，坚持党对犯罪治理的全面领导、人民在犯罪治理中的主体地位、守正创新，走中国特色社会主义犯罪治理道路。贯彻总体国家安全观，把切实维护国家安全和社会稳定作为犯罪治理的首要任务。因此，应根据新时代犯罪产生的原因和变化规律，探索深化犯罪治理的对策措施。[③]

推进犯罪预防现代化是一个系统工程，需要统筹兼顾、系统谋划、整体推进，在进行犯罪预防战略等顶层设计时，要深刻洞察经济社会发展大势，深入探索犯罪发展规律，使制定的政策和对策体现时代性、把握规律性、富于创造性。在具体开展犯罪预防实践时，要切实提高惩处遏制犯罪、化解矛盾纠纷的针对性、实效性、及时性，实现犯罪预防的科学化、专业化、规范化、法治化、社会化。

---

① 杨胜群：《邓小平提出“三步走”发展战略》，载 http://cpc.people.com.cn/big5/n1/2019/0307/c69113-30961722.html? eqid=f413ef3e001911010000006648dbf64，最后访问时间：2024 年 1 月 2 日。

② 韩保江、李志斌：《中国式现代化：特征、挑战与路径》，载《管理世界》2022 年第 11 期。

③ 万春：《学习贯彻习近平法治思想推进中国式犯罪治理现代化》，载《国家检察官学院学报》2023 年第 6 期。

（三）重新犯罪预防的现代化

随着我国经济社会的全面发展进步，治安形势和犯罪结构发生了重大变化，主要体现在“两降两升”，即重罪率、重刑率明显下降，轻罪率、轻刑率明显上升。与此相对应的是，我国的犯罪治理也在发生深刻的变化：从重罪向轻微罪板块的整体位移和层次下移，从自然犯向法定犯、经济犯转移，从线下犯罪向网络犯罪转移，从实害犯、结果犯向危险犯、秩序犯转移，从犯罪治理向违法越轨行为的源头转移，刑法功能从以惩罚打击为主向以预防治理、教化规训为主转移。[①] 因此，在国家治理体系与治理能力现代化语境下，重新犯罪预防必须走向现代化、科学化。

重新犯罪预防现代化应当是整个社会现代化的一个组成部分，是随着整个社会现代化进程的启动，顺应历史潮流，全方位实现由传统向现代转变的过程。具体地说，重新犯罪预防现代化应当具备以下两层含义：（1）重新犯罪预防现代化是整个犯罪治理现代化的一个有机组成部分，受其历史进程的影响和制约，是一个动态的历史进程。（2）重新犯罪预防现代化表现为以习近平法治思想为指引，实现由传统向现代转变的过程。在立法上，针对出现的新型犯罪形态和突出问题，及时修订和制定相应的法律，防范和预防重新犯罪行为。在执法上，政府和执法机关在犯罪治理过程中应当依法履职，保护罪犯的合法权益；运用现代科技提高犯罪预防的效率和准确性，通过大数据分析，可以从海量数据中挖掘出犯罪模式和发展趋势，帮助预测和预防犯罪。在司法上，贯彻总体国家安全观，践行和发展新时代“枫桥经验”“浦江经验”，努力把各类矛盾化解在基层和萌芽状态，有效减少和防范犯罪的发生。基于新型犯罪和轻罪行为的特点，探索建立轻微犯罪前科消灭制度，实现对轻罪案件处理的程序从简、从快、从宽。在守法上，加强法治宣传教育，提高公民的法治素养，同时加强社会组织和公民的参与，形成共建、共治、共享的犯罪预防新格局，法治国家、法治政府和法治社会于一体的犯罪预防框架。

---

① 万春：《学习贯彻习近平法治思想推进中国式犯罪治理现代化》，载《国家检察官学院学报》2023 年第 6 期。

第二节　重新犯罪预防的研究背景

一、研究意义

重新犯罪问题是世界各国面临的一个严重的社会问题，也是一个涉及法学、社会学、犯罪学和心理学等诸多学科领域的复杂问题。[①] 重新犯罪问题的复杂性决定了重新犯罪预防是一个社会治理难题。

（一）有助于促进社会的安全稳定

2020年，我国GDP突破百万亿元。[②] 我国也被誉为世界最安全的国家之一。[③] 但是我国刑事案件的犯罪数量仍然不容忽视，特别是考虑到“犯罪黑数”等因素，实际犯罪数量比刑事案件立案数要多。根据相关统计，全国人民法院刑事一审案件的立案数从1989年的392564件到2020年的1293911件（见图1）。人民法院审理刑事案件罪犯从1997年的526312人上升为2018年的1428772人，增长了2.7倍（见图2）。由此可见，我国刑事犯罪案件立案数逐年稳步增长，虽然有小幅度波动，但是整体数量在不断增加。同时，最高人民法院相关数据显示，新型犯罪形式层出不穷，而传统犯罪治理模式已无法满足现行刑事犯罪治理的需求。

---

① 殷尧：《重新犯罪的心理归因分析及其心理预防》，载《中州大学学报》2004年第2期。

② 第一财经：《2020年中国GDP超百万亿 三大原因成就“全球唯一正增长”》，载http://news.youth.cn/gyn/202101/t20210118_12669564.htm，最后访问时间：2021年2月3日。

③ 乐玉成：《中国是世界上最安全的国家》，载https://www.mfa.gov.cn/wjbxw_new/202201/t20220113_10490992.shtml，最后访问时间：2023年12月2日。

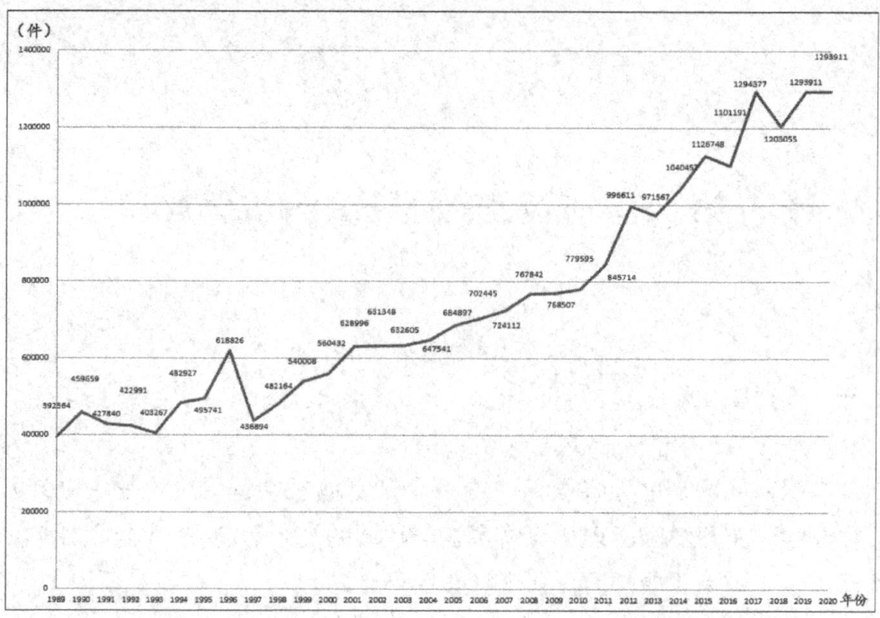

图 1　1989—2020 年全国人民法院刑事一审案件立案数①

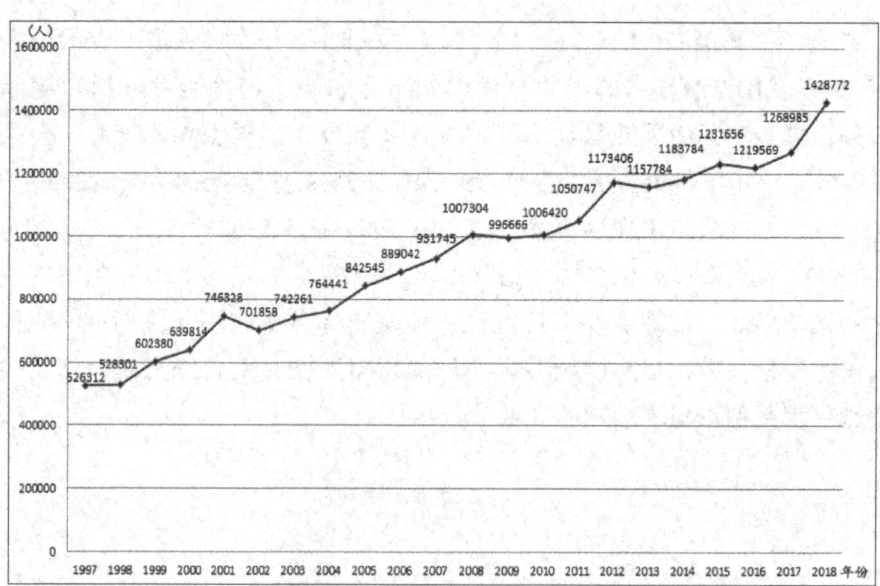

图 2　1997—2018 年人民法院审理刑事案件犯罪情况②

---

① 数据来源：《中国统计年鉴》，载 http：//data. stats. gov. cn，最后访问时间：2023 年 9 月 13 日。

② 同上注。

犯罪与社会治安和人民生活满意度密切相关，当重新犯罪保持上升趋势，社会治安则处于恶性循环状态。[①] 相对于初次犯罪，重新犯罪给社会造成了更为严重的人员伤亡和财产损失，具有更大的社会危害性。比如，孙某果涉黑案、郭文某案等，均系刑满释放人员所为，给人民群众带来巨大的“不安全感”和“不稳定感”。[②] 在建设更高水平的平安中国进程中，人们更希望国家能够采取有效的措施来预防和减少犯罪，特别是针对刑满释放人员的重新犯罪问题。[③] 因此，预防重新犯罪研究有着重要的现实意义，既符合人民的期盼，也是社会安定的需要。

（二）有助于犯罪学科体系的发展

任何犯罪的发生都是内因和外因共同作用的产物，正如“刑制罪，同样罪反制刑”[④]。重新犯罪问题是社会发展的痼疾，随着社会经济的发展，我国重新犯罪率居高不下，引起社会公众以及犯罪学家和实务部门的关注。国内外学者还曾经创立过许多理论和学派，提出各自的理论假设、研究范式等，试图解释犯罪现象，有的已经应用到实践中并发挥了重要作用，有的还在实证中经受检验。但是，在重新犯罪预防领域，学术界整体都未能做出令人满意的系统的科学回答。因此，预防重新犯罪本身就是围绕预防观念展开的特定的、不断变化的制度实践，通过多学科、多视角对重新犯罪现象进行研究，探索重新犯罪规律，对其后果进行预测，并对犯罪行为发展进行干预，由一系列不同的理论和实践组成的体系。当前，推动犯罪预防研究向着更开阔的领域发展，特别是形成具有中国特色的重新犯罪学话语体系和学科体系，成为我国犯罪学者和实务工作者面临的重大课题。

（三）有助于合理调整刑事政策内容

预防犯罪研究提供了不同于传统的惩罚式社会控制模式。虽然传统的刑事政策在减少和防止重新犯罪方面发挥着作用，但是重新犯罪仍然呈现上升趋势，导致传统刑事司法的“必要性、有效性和经济性”遭到质疑。那么，

---

① 丛梅：《重新犯罪实证研究》，天津社会科学院出版社 2011 年版，第 2 页。

② 高铭暄：《新时代刑事治理现代化研究》，载《上海政法学院学报（法治论丛）》2020 年第 7 期。

③ 同上注。

④ 参见储槐植：《刑事一体化论要》，北京大学出版社 2007 年版，第 85 页。

我国监狱矫正的效能如何？是真的矫正无效吗？特别是当刑事立案数不断上升，重新犯罪率居高不下，刑满释放人员恶性刑事案件屡见不鲜时，我们又该如何正确评定监禁矫正效能呢？矫正效能的评价标准是什么？更进一步说，我国重新犯罪发生的原因是什么？监狱是否应该为刑满释放人员重新犯罪承担责任？我国目前的监禁刑在预防罪犯重新犯罪方面起到多大作用？① 监禁是否仍是预防重新犯罪的最佳手段？这一系列问题需要实证结果的科学解释。

当前，在“预防性刑法观”② 下，刑法从事后惩罚转为事先预防，从而导致犯罪圈扩大，给犯罪学带来挑战。预防性刑法会不会过度干预犯罪？在预防犯罪的同时也在制造犯罪，造成一些行为被定性为犯罪行为，但是这些轻微行为又没有“出罪”的机制，从而导致进入刑事司法程序的犯罪嫌疑人不断增多。因此，预防性立法需要犯罪学相关理论和实践的支持。③ 而重新犯罪预防学恰恰是运用循证预防、情境预防等理论，引入精算法、风险管理、监督、情境预防、发展预防等方法，便于对风险和风险行为进行深入解读，挖掘预防性犯罪的深层次根据与原因，为预防性立法提供客观的理据④，从而“犯罪学让刑事立法找到理性”⑤。

（四）有助于罪犯的人权保护

对重新犯罪根源的挖掘和影响因素的检验，无不体现出罪犯的弱势群体地位。对于重新犯罪群体，其合法的尊严和基本权利得不到保障，成为其重新犯罪的重要因素。研究重新犯罪问题的目的除预防和减少重新犯罪外，其深层次的目的还在于罪犯的人权保护。随着国家人权事业的发展和进步，进入全面建设小康社会时期，人权事业取得了全面的发展。⑥ 罪犯作为特殊群体，从罪犯的基本生存权、发展权到人格权、经济权、政治权利，除了法律明确剥夺以外，其余都是其基本合法权利的内容，理应受到保护。通过重新犯罪

---

① 王超：《监禁矫正效能实证研究》，吉林大学 2015 年博士学位论文，第 134 页。

② 高铭暄、孙道萃：《预防性刑法观及其教义学思考》，载《中国法学》2018 年第 1 期。

③ 参见姜敏：《刑法预防性立法对犯罪学之影响：困境与出路》，载《政治与法律》2020 年第 1 期。

④ 同上注。

⑤ 王牧：《犯罪学让刑事立法找到理性》，载《检察日报》2007 年 8 月 21 日第 3 版。

⑥ 中华人民共和国国务院新闻办公室：《全面建成小康社会：中国人权事业发展的光辉篇章》白皮书（全文），载 https：//m. gmw. cn/baijia/2021-08/12/35076028. html，最后访问时间：2021 年 9 月 23 日。

调查的实证研究，侧面反映出罪犯权利保护缺失、合法权利受到侵犯，基本权利得不到保障的情况，甚至有极个别罪犯的基本生存权和发展权都受到威胁。只有尊重和保障罪犯的基本人权，满足其人格尊严和基本生活需求，消除歧视和污名化，解决其合法的就业权、住房权、最低生活保障权等，才能让每一个人都感到公平和正义，充满对美好生活的向往。这个目标不仅是社会文明进步的标志，也是国家法治文明的体现。

新时代重新犯罪治理面临社会体制改革、社会发展变迁，社会主要矛盾的变化等外在环境，刑事司法制度改革、犯罪形势日趋严峻的内在冲突，重新犯罪治理由事后惩罚转向事先风险防范，从控制到预防，是新时代犯罪治理转型的必然选择。① 将预防重新犯罪有效性的循证理念与国家治理现代化相契合，运用循证犯罪预防理论，发挥证据在决策中的作用，有助于实现决策科学化，② 从而超越犯罪预防及控制的局限性，促进犯罪预防决策的科学化与民主化。通过对重新犯罪原因的深入挖掘和致罪的理性剖析，总结规律和特点，从系统观念入手，形成一套紧密相连、相互协调、科学高效的重新犯罪预防体制机制，③ 发挥预防的功效，不仅有助于维护社会安定，而且有助于节约司法资源。重新犯罪预防体系的形成体现了现代刑事治理模式的转型，从国家主导犯罪治理的一元化模式，转变为国家、社会、公民多元一体预防模式，从而增进全社会犯罪预防的实际效能。重视和保障罪犯的权利，特别是采取措施帮助刑满释放人员重新融入社会，保障他们基本的生存权和发展权，形成全社会尊重和保障每一个公民合法权利的法治意识，坚持人民幸福生活是最大的人权，坚持人权的法治保障④，“不断增强人民群众的获得感、幸福感、安全感”，⑤ 成为预防和减少重新犯罪的最终目标。

二、研究成效

重新犯罪预防的目的是什么？预防的成效是什么？目前国际社会还没有

① 高铭暄、傅跃建：《新时代刑事治理现代化研究》，载《上海政法学院学报》2020 年第 4 期。

② 杨涵：《循证犯罪预防：理论及其本土化建构》，西南政法大学 2014 年硕士学位论文，第 34 页。

③ 高铭暄、傅跃建：《新时代刑事治理现代化研究》，载《上海政法学院学报》2020 年第 4 期。

④ 中华人民共和国国务院新闻办公室：《全面建成小康社会：中国人权事业发展的光辉篇章》白皮书（全文），载 https：//m. gmw. cn/baijia/2021-08/12/35076028. html，最后访问时间：2021 年 9 月 23 日。

⑤ 黎昕：《不断提高人民群众获得感幸福感安全感》，载 http：//theory. people. com. cn/n1/2019/0510/c40531-31076833. html，最后访问时间：2020 年 1 月 2 日。

统一规定，但是居高不下的犯罪率引起了世界各国的高度关注。重新犯罪率被视为衡量一个国家犯罪严重程度和刑事司法制度成功与否的标志之一，其既是衡量社会治安状况的一项重要指标，[①] 也是衡量监狱改造效果的标志，更是影响人民群众安全感的重要因素之一。因此，通过比较各个国家之间的重新犯罪率，可能会提供有关不同刑事司法政策相对有效的信息，侧面反映该国重新犯罪的预防成效。

重新犯罪率概念的界定和计算标准在不同时期有不同规定。

我国自 20 世纪 80 年代以来，组织过两次大规模重新犯罪调查，重新犯罪率的计算对象不同，计算公式也不同。第一次调查，重新犯罪率是刑罚执行完毕和赦免后 3 年内重新犯罪率与同年度刑罚执行完毕和赦免人数的比率。[②] 1982—1986 年的比率为 5. 19%；第二次调查，重新犯罪率是监狱服刑罪犯释放后一定期限内再犯罪的概率，[③] 我国 1997—2001 年 3 年内重新犯罪率为 8. 15%。[④] 为尽可能提高国内外重新犯罪率数据的可比性，基于已有数据资料，将我国和部分国家 1997—2016 年的监狱释放人员 1—5 年内重新犯罪率数据进行了比较（见表 1）。

表 1 监狱释放人员重新犯罪率数据比较[⑤]

国家	1 年	2 年	3 年	4 年	5 年
美国	23%	36%	45%	51%	55%
法国	26%	40%	48%	54%	58%
奥地利	15%	26%	32%	36%	—
德国	—	—	48%	—	—
瑞典	51%	61%	65%	—	—
荷兰	35%	46%	—	—	—
爱尔兰	—	—	51%	—	—
丹麦	51%	63%	—	—	—
爱沙尼亚	16%	35%	—	—	—

① 舒洪水：《累犯制度研究》，载《山东警察学院学报》2005 年第 5 期。

② 李均仁：《中国重新犯罪研究》，法律出版社 1992 年版，第 30 页。

③ 司法部预防犯罪研究所课题组、周勇：《关于监狱释放罪犯重新犯罪问题的调查报告——对全国 1997 年—2001 年监狱释放罪犯重新犯罪的考察》，载《犯罪与改造研究》2019 年第 5 期。

④ 同上注。

⑤ Yukhnenko, D. , Wolf, A. & Blackwood N. , et al. : *Recidivism rates in individuals receiving community sentences: A systematic review*, PLoS ONE, 2019, Vol. 14, No. 9.

续表

国家	1年	2年	3年	4年	5年
芬兰	—	36%	—	—	—
冰岛	—	27%	—	—	—
挪威	—	20%	—	—	—
拉脱维亚	—	50%（29个月）	—	—	—
澳大利亚	—	53%	—	—	—
新西兰	46%	61%	—	—	72%
智利	—	39%	—	—	—
新加坡	—	27%	—	—	—
日本	7.7%	27.2%	38.2%	44.1%	47.9%
韩国	—	—	25.2%	—	—
中国	3.94%	6.46%	8.15%	9.44%	10.32%

注：①重新犯罪率统计以重新定罪率为标准；日本、韩国为重新监禁率，其中日本数据不含假释人员。

②监狱释放时间：国外为2000—2016年，中国为1997—2001年。

不同国家的重新犯罪率存在较大差异。首先，重新犯罪的衡量标准和统计口径不同。国外重新犯罪的衡量标准主要有“重新逮捕率、重新定罪率、重新监禁率”，其中重新定罪率是最常用的衡量标准，[①] 统计的对象主体不仅有监狱释放人员，还包括社区矫正解矫人员。我国选取1997年第二次调查统计结果，其他国家选取2000年以来的统计数据，均按照2年考察时间进行比对。中国1997—2001年的重新犯罪率为6.46%，日本2015—2016年重新监禁率为27.2%，美国2005—2010年重新逮捕率为60%、重新定罪率为36%、重新监禁率为29%，澳大利亚2014—2015年重新监禁率为45%。[②] 由此可见，我国1997—2001年监狱释放人员重新犯罪率（6.46%），远低于国外监狱释放人员重新定罪率或重新监禁率的最小值（27.2%）；虽然国外是按照重新定罪率和重新监禁率标准来统计的，犯罪构成的标准也不同，但是却在一定程度上表明，我国重新犯罪率处于全球较低水平。

① 参见周勇：《开展重新犯罪问题调查研究的价值意义与思路构想》，载《犯罪与改造研究》2019年第7期。

② 参见谢晓燕、周勇：《国际重新犯罪率数据比较初探》，载《河南司法警官职业学院学报》2022年第1期。

由表 1 可知，我国 1997—2001 年监狱释放人员 1 年内重新犯罪率为 3.94%，日本为 7.7%，其他国家均大于等于 15%；2 年内我国重新犯罪率为 6.46%，远低于国外监狱释放人员 2 年重新定罪率数据的最小值（20%）；3 年内我国重新犯罪率为 8.15%，其次为韩国 25.2%（2011—2016 年韩国监狱释放人员 3 年内重新犯罪率均介于 21%—26%），其他国家重新犯罪率都大于 30%，而我国监狱释放人员 5 年内重新犯罪率也仅为 10.32%，远远低于国外的数据。这表明，我国重新犯罪率处于全球较低水平。需要指出的是，国内外在重新犯罪的统计标准和口径方面存在一些差异。比如，在我国，刑满释放人员受到行政处罚不作为重新犯罪的范围，而在许多国家却属于重新犯罪的范畴，这些差异很可能会对重新犯罪率的数据产生一定程度的影响。

同时，从上述国外重新犯罪率数据中可以看出，不同国家的重新犯罪率存在较大差异，除了不同国家的经济社会环境不同、犯罪治理水平不同之外，不同国家的重新犯罪统计标准和口径不同也是造成重新犯罪率存在较大差异的一个重要原因。比如，监狱释放人员的重新定罪率，瑞典 2 年内的重新定罪率为 43%，明显低于英国（英格兰/威尔士）的 59%，但是英国（英格兰/威尔士）的定罪准入指标中包括罚款，而瑞典的指标中不包括罚款；社区矫正解矫人员中，丹麦的数据针对的是 20 岁以上的罪犯，爱尔兰共和国的数据不包括性犯罪，这些不同的重新犯罪准入指标使不同国家的重新犯罪率数据之间的可比性降低，单纯比较不同国家报告的重新犯罪率数据意义可能不大。

此外，各国重新定罪率的数据也不同。挪威 2005—2006 年的重新定罪率为 20%，是重新定罪率最低的国家，瑞典重新定罪率为 61%，是重新定罪率最高的国家。① 但是，高犯罪率未必代表治安秩序差。随着全球化不断深入，如果想增强重新犯罪调查数据的国际可比性，可以借鉴“世界法治指数”加强国际重新犯罪调查合作，统一重新犯罪调查统计的标准。同时我国对重新犯罪率的统计也应该借鉴国外经验，对重新逮捕率、重新定罪率和重新监禁率进行调查，② 全面展现我国重新犯罪全景，为针对性犯罪预防战略提供翔实的数据支撑。

---

① 参见谢晓燕、周勇：《国际重新犯罪率数据比较初探》，载《河南司法警官职业学院学报》2022 年第 1 期。

② 参见周勇：《开展重新犯罪问题调查研究的价值意义与思路构想》，载《犯罪与改造研究》2019 年第 7 期。

由此可见，国外重新犯罪率的衡量标准主要有重新逮捕率、重新定罪率、重新监禁率，其中重新定罪率为最常用的衡量标准，统计的对象主体不仅有监狱释放人员，还包括社区矫正解矫人员。因此，在对重新犯罪率数据进行比较时，首先应确定重新犯罪率采用的衡量标准和被统计人员。比如，美国俄勒冈州 2014 年监狱释放人员 2 年内重新逮捕率、重新定罪率、重新监禁率分别为 51%、36%、14%，社区矫正解矫人员 2 年内重新定罪率为 38.40%，不同人群采用的衡量标准也存在较大差异。为提高重新犯罪调查数据的国际可比性，加强重新犯罪调查之间的国际合作，明确重新犯罪的统计标准，对各种犯罪类别进行统一的划分十分必要，同时，重新犯罪率作为衡量社会治安状况的一项重要指标，既是衡量监狱改造效果的标志，也是影响人民群众安全感的重要因素。我国对重新犯罪问题的调查可以借鉴国外有益经验，采用重新逮捕率、重新定罪率、重新监禁率三个衡量标准的形式，并且可以将统计人员扩大到看守所释放人员、社区矫正解矫人员和监狱释放人员，以了解和掌握更为全面的全口径重新犯罪率数据，进而为制定完善的更具针对性的犯罪治理制度措施提供支撑。

第三节　重新犯罪预防的研究概况

一、国内重新犯罪研究的发展

（一）新中国成立初期至 1983 年的研究概况[①]

自新中国成立至 1979 年第一部《刑法》颁布，我国刑法学研究经历了创建和初步发展时期与 1957 年后期到 1976 年的基本停滞时期。此时的累犯制度研究尚未真正开始。从 1979 年至 1997 年新修订《刑法》的颁布实施，我国累犯制度的研究逐步走向正轨，有关累犯的概念、种类、构成条件及处罚

① 参见丛梅：《重新犯罪实证研究》，天津社会科学院出版社 2011 年版，第 11 页。

原则等基本问题，随着《刑法》的修订以及刑法学研究的不断深入而走向立法上的日趋完善，但是缺乏全面系统的研究。

累犯制度的产生源自人类社会出现的重新犯罪现象，可以说，重新犯罪现象的存在是累犯制度产生的现实条件。累犯是刑法学里的概念，重新犯罪是犯罪学里的概念，两者虽然概念不同，但是其研究的内容有相近之处。犯罪学研究始于十一届三中全会，从十一届三中全会到 1982 年中国法学会的成立，是我国犯罪学的诞生时期。这一阶段基本上是在刑法学的体系内对犯罪原因和犯罪预防进行研究的，因而具有浓厚的规范性、形式性等刑法学研究的特点，确定了诸如青少年犯罪和重新犯罪等研究方向，重新犯罪研究从此逐渐开展起来。1982 年以后，我国犯罪学进入发展时期。这一阶段，犯罪学开始注重实证研究，追求理论上的深度和新的研究领域的开拓与新的研究方法的运用，重新犯罪研究也有一批新的成果问世。

对新中国成立初期重新犯罪问题和刑满释放回归社会人员的社会表现，实际工作部门在 20 世纪 50 年代和 20 世纪 60 年代做过一些零星调查，但从未进行过系统的调查研究。为了考察刑满释放和解除劳动教养人员回归社会后的表现，提高改造质量，预防和减少重新犯罪，我国司法部，由预防犯罪与劳动改造研究所、劳改局、劳教局联合组织，开展了连续五年（1982—1986 年）的抽样调查和普查。参加调查的司法劳改、劳教机关先后有 27 个省、市、自治区，1 万多名干部，被调查对象累计 20 万余人。这是自新中国成立以来对刑满释放和解除劳教人员的社会表现、重新犯罪情况进行的一次大规模的、系统的调查研究。在此基础上，出版了我国第一部有关重新犯罪的专著、国家“七五”哲学社会科学规划项目的重点课题成果——《中国重新犯罪研究》。

（二）“严打”期间重新犯罪研究概况①

1983 年“严打”以来，在“严打”的刑事政策指导下，我国把始发犯罪的打击力度摆在了核心位置，这就不同程度地淡化了对重新犯罪的控制和预防。自 1986 年起，我国的重新犯罪率开始上升，1984—1990 年全国监狱劳改队在押的犯人中，被判刑两次以上的犯人比重明显增多，绝对数更是大幅度增长。有些地方已达到相当惊人的程度，个别地区 1990 年较 1984 年绝对数

① 参见丛梅：《重新犯罪实证研究》，天津社会科学院出版社 2011 年版，第 12 页。

增长一倍以上，还有6个地区增长的幅度在50%以上。①

这一时期，有关重新犯罪的学术研究，除李均仁同志主编的《中国重新犯罪研究》（法律出版社1992年版）外，国内再无有关重新犯罪研究的专著问世。有关重新犯罪的研究论文散见于有关犯罪原因和社会治安综合治理研究的专著中，如国家哲学社会科学“七五”规划重点项目的《中国社会治安综合治理的理论与实践》（王仲方主编，1989年版）和1993年由曹子丹主编的《中国犯罪原因研究综述》，对刑满释放人员重新犯罪的多方面原因和治理对策进行了深入探讨和研究。此外，犯罪学界有关重新犯罪研究的论文主要有：力康泰、韩玉胜、袁登明的《刑满释放人员重新犯罪的原因及预防对策思考》（载《法学家》2000年第3期）；王志强的《未成年人的重新犯罪问题分析》（载《青年研究》2004年第11期）；江伟人的《社会转型期重新犯罪的综合治理》（载《社会》2004年第8期）；等等。

此时，刑法学界有关累犯的研究也在不断深入，主要文章有：黄文俊的《我国累犯制度初探》（载《法学杂志》1984年第5期）；陈明华的《我国刑法中的累犯制度》（载《西北政法学院学报》1985年第3期）；周振想的《论累犯刑罚的适用》（载《河北法学》1989年第1期）；罗堂庆的《从累犯的比较研究看完善我国刑法的累犯制度》（载《法律科学（西北政法大学学报）》1990年第4期）；赵军的《累犯辨析》（载《中外法学》1994年第1期）；徐安住、韩耀元的《对累犯制度及其适用的思考》（载《现代法学》1994年第3期）；郝守才的《关于累犯的比较研究》（载《法商研究》1996年第5期）；莫洪宪的《论累犯》（载《国家检察官学院学报》1996年第2期）；江礼华的《完善我国累犯制度的思考》（载《国家检察官学院学报》1996年第4期）；苏彩霞的《现行累犯制度的不足及其完善》（载《法学》2003年第4期）；等等。

在社会实践领域，全国政法部门在社会治安综合治理的工作中，对预防、控制和减少社会犯罪和重新违法犯罪做了大量工作，如加强对刑释解教人员的社会安置、管理和帮教工作，创造出许多社会治安综合治理好、社会犯罪和重新犯罪少的典型，有些地区和单位做到连续几年没有发生重新犯罪现象。

---

① 李均仁：《中国重新犯罪研究》，法律出版社1992年版，第130页。

（三）“宽严相济”时期重新犯罪研究概况①

“宽严相济”的刑事政策最初是和惩办与宽大相结合的刑事政策并提的。2004 年 12 月举行的全国政法工作会议指出，正确运用“宽严相济”的刑事政策，对严重危害社会治安的犯罪活动严厉打击，绝不手软，同时要坚持惩办与宽大相结合，才能取得更好的法律和社会效果。时隔一年，宽严相济首次作为独立的刑事政策提出。2005 年 12 月召开的全国政法工作会议明确，宽严相济是我们在维护社会治安的长期实践中形成的基本刑事政策。2008 年 3 月，最高人民法院工作报告提出：“严格执行宽严相济的刑事政策，做到‘该宽则宽，当严则严，宽严相济，罚当其罪’。”最高人民检察院工作报告也作了类同的表述：“认真贯彻宽严相济的刑事政策。坚持该严则严、当宽则宽、区别对待、注重效果。”2010 年 2 月，最高人民法院印发《关于贯彻宽严相济刑事政策的若干意见》，对宽严相济的刑事政策作出更为细致的解读。②

面对持续增长的重新犯罪率，我国预防和控制社会犯罪和重新犯罪的实践，虽然积累了丰富的经验，但理论研究却落后于实践。

对社会犯罪的理论研究，自 2004 年开始已经蓬勃展开并取得了许多重要的研究成果。尤其是对犯罪成因的方法论、对当时我国社会犯罪主要原因的认识，取得了突破性的进展。但是在某些问题的研究上，理论界的认识还没有达成一致，有的还存在较大的分歧和争论；对某些问题研究的深度、广度还不够，特别是对重新犯罪的理论研究大大落后于实践。我国学术界对重新犯罪问题的专门论著也是凤毛麟角。特别是对重犯人员狱内服刑状况、心理矫治、回归社会后的追踪调查等方面缺少实证研究和理论分析，致使实践上升为理论更加困难。

2005 年以来，随着“严打”刑事政策被“宽严相济”刑事政策所取代，重新犯罪研究越来越被重视，学术界对预防犯罪的内容开始重新认真思考，预防重新犯罪，特别是预防未成年人和短刑犯重新犯罪被提到新的高度，预防重新犯罪的措施开始被调整和完善，同时大批关于重新犯罪的研究成果不断产生，重新犯罪研究将一改“严打”期间曾经被忽视和淡化的局面，成为今后犯罪学的重点研究领域。

在此期间，有关重新犯罪研究的专著有翟中东的《国际视域下的重新犯

① 参见丛梅：《重新犯罪实证研究》，天津社会科学院出版社 2011 年版，第 13 页。

② 刘志刚、凌婧文：《宽严相济一词的由来与发展》，载《中国纪检监察》2019 年第 17 期。

罪防治政策》。研究探讨重新犯罪原因、现象以及治理对策的论文主要有：孔一的《少年再犯研究——对浙江省归正青少年重新犯罪的实证分析》（载《中国刑事法杂志》2006 年第 4 期）；丛梅的《和谐社会进程中流动人口重新犯罪问题分析》（载《中国人民公安大学学报（社会科学版）》2007 年第 1 期）；翟中东的《关于重新犯罪防治政策调整的思考》（载《法学家》2009 年第 2 期）；路永泉、赵军的《生存问题是刑释（解教）人员重新犯罪的最直接原因》（载《中国监狱学刊》2007 年第 5 期）；郑祥的《再论实行宽严相济政策与扼制重新犯罪》（载《中国监狱学刊》2008 年第 1 期）；丛梅的《重新犯罪中犯罪人与被害人的互动关系》（载《犯罪与改造研究》2009 年第 7 期）；翟中东的《关于完善重新犯罪防治政策出台机制的思考》（载《犯罪研究》2010 年第 5 期）；王志强的《犯罪易感与社会弱势视角的重新犯罪实证研究》（载《中国刑事法杂志》2010 年第 7 期）。还有关于研究重新犯罪心理的文章，如丛梅的《刑释人员重新犯罪心理初探》（载《中国人民公安大学学报（社会科学版）》2008 年第 4 期）；丛梅的《社会转型时期重新犯罪心理特征分析》（载《犯罪与改造研究》2008 年第 9 期）；等等。此时，刑法学界有关累犯制度研究的文章也层出不穷，如于改之、吴玉萍的《单位累犯否定新论》（载《法学评论》2007 年第 2 期）；于志刚的《累犯中人格评价因素探析》（载《人民检察》2005 年第 18 期）；颜九红的《论中国累犯刑事政策的重构》（载《北京航空航天大学学报（社会科学版）》2007 年第 1 期）；等等。[①] 全国许多省市还纷纷对重新犯罪问题进行了地区性深入调研，如天津、北京、上海、广州等地对重犯人员进行的实证调研。2007 年年初，中央综治委、司法部、公安部等联合部署开展了对刑释解教人员的调查摸底活动。经过近 10 个月的调查摸底，初步摸清了 2004—2006 年刑释解教人员回归社会后的衔接、帮教、就业的总体情况，从中发现了工作中存在的问题，增强了做好刑释解教人员安置帮教工作的针对性和实效性。并且，中央综治委一再强调要最大限度地预防减少重新犯罪。

（四）“国家治理现代化”时期[②]重新犯罪研究概况

此时期的研究重点包括四个方面。一是关于重新犯罪原因的研究。对于重新犯罪原因的探讨是学术界始终关注的重点，以学术论文为主要形式。学

---

① 孙平：《累犯制度理论研究评述》，载人民大学复印资料《刑事法学》2010 年第 10 期。

② 国家治理现代化时期，系指 2013 年中国共产党十八届三中全会提出的“国家治理体系和治理能力现代化”以后的阶段。

者从不同角度分析重新犯罪原因，运用不同学科的基础知识与犯罪学相融合，解释犯罪原因。目前，有关犯罪原因的研究成果远远超过了对重新犯罪预防的关注。国内比较有代表性的研究成果如下：陈德智、高齐柏指出，刑满释放人员重新犯罪的原因包括四个方面：社会环境因素、家庭关爱因素、个人素质因素、服刑改造因素。① 王志强教授指出，重新犯罪受个体因素、矫正经历、社会处遇的共同影响，现阶段的重新犯罪是刑释解教人员犯罪易感性和社会弱势性共同作用的结果②。四川省监狱管理局课题组通过在全省开展重新犯罪调查，总结重新犯罪特点后认为，刑满释放人员重新犯罪既有罪犯个人原因又有社会原因，同时监狱体制机制不健全也对重新犯罪有一定程度的影响，假释虽作为有利于预防重新犯罪的制度设计，但在实践中普遍适用率不高。③ 张婧、周勇梳理归纳重新犯罪影响因素的理论观点时，总结有监禁因素理论，认为监禁是刑满释放人员重新犯罪的一种重要影响因素，因为监禁可能通过“交叉感染”或“深度感染”使犯罪行为更加恶劣、危害性更大④。缪伟君教授也指出，重新犯罪成因是多方面的，概括起来主要由诱发因素和社会控制因素构成，或者说是内部因素和外部因素共同作用的结果。遏制重新犯罪固然需要提高监狱罪犯改造工作的质量，但首要的是加强社会的综合治理，减少重新犯罪的各种诱发因素，与此同时杜绝重新犯罪的社会控制因素，具体如落实社会安置帮教工作、加强社会宣传教育、减轻对刑满释放人员的歧视、加强监狱理论研究和完善监狱立法等。⑤

二是关于重新犯罪预防的实证研究。随着重新犯罪率的攀升和重新犯罪案件的多发，重新犯罪问题受到研究者的关注，有关研究逐步增多，但多偏重于思辨性的讨论和宏观的分析。比较典型的是，北京监狱管理局、四川监狱管理局、天津监狱管理局等作为课题组进行的刑满释放人员重新犯罪实证研究，取得了丰硕的研究成果。

三是关于重新犯罪对策的研究。翟中东教授在充分检视我国现行控制重

---

① 陈德智、高齐柏：《刑满释放人员重新犯罪原因及对策研究——以A监狱为第一视角》，载《中国监狱学刊》2020年第2期。

② 王志强：《重新犯罪实证研究》，载《中国人民公安大学学报（社会科学版）》2010年第5期。

③ 四川省监狱管理局课题组：《四川省刑释人员重新犯罪问题探析》，载《犯罪与改造研究》2020年第5期。

④ 张婧、周勇：《关于重新犯罪影响因素的理论观点》，载《犯罪与改造研究》2018年第11期。

⑤ 缪伟君：《重新犯罪成因实证调查研究》，载《宁夏大学学报（人文社会科学版）》2012年第3期。

新犯罪的政策后提出了“五大政策防控理论”，即剥夺政策、矫正项目政策、重返社会政策、教育政策、职业培训政策，并在其随后出版的《国际视域下的重新犯罪防治政策》专著中进一步补充了“危险评估与控制类政策”，形成“六大政策防控理论”。[①] 陈文轩通过对重犯人员普遍具有的特征进行贝叶斯网络分析，找出了 7 个重要的风险点，提出应建立重点人员信息库、重视刑满释放人员再教育工作、建立健全刑满释放人员职业技能培训制度、加强对家庭经济困难的刑满释放人员帮教工作[②]。

四是关于再犯风险评估与预测的研究。狄小华教授认为，随着信息技术特别是人工智能的快速发展，依托网络、大数据、物联网和人工智能等技术，再犯风险评估智能化已成为一种必然趋势，依托大数据的智能化进行再犯风险评估，理论上虽然可以找到所有影响再犯的指标因素，并通过动态评估和精准推荐，真正实现量刑和行刑的公正，但需要积累所有影响再犯群体和个体的有效数据，并形成可解释的评估结论。在实践中，无论是有效数据的产生还是收集，抑或对评估结论的解释，都有赖于对影响再犯因素进行功能性分类，并以此构建全要素且可解释的智能化再犯风险评估指标体系。[③] 此外，庭承怡也在梳理国外刑满释放人员重新犯罪评估工具的历史演变后，提出要加强司法行政机构、高校、医院、社区等多主体的战略合作，构建大数据库平台，利用信息智能分析、行为分析、生理指标分析、建模技术等手段挖掘大数据算法，建立适合我国刑事司法实践的本土化重新犯罪智能化评估系统[④]。此外，挖掘大数据技术在再犯风险评估的具体实践。骆晓一等在对中外各国 30 个再犯风险评估问卷进行分析后，选取了 5 类 22 项指标构建了 3 个模型，并分别对 1500 名罪犯进行预测和验证；[⑤] 孙菲菲等也利用数据挖掘中的决策树分析技术对重复犯罪人的再犯罪进行了预测；[⑥] 冯卓慧等将基于关联规则的数据挖掘方法引入再犯罪特征的分析中，得出犯有盗窃罪前科、年龄小、文化程度低、刑期

① 翟中东：《国际视域下的重新犯罪防治政策》，北京大学出版社 2010 年版，第 1—3 页。

② 陈文轩：《刑满释放人员再犯罪风险防控》，载《犯罪与改造研究》2021 年第 11 期。

③ 狄小华：《全要素且可解释智能化再犯风险评估指标体系的理论架构》，载《安徽大学学报（哲学社会科学版）》2020 年第 5 期。

④ 庭承怡：《重新犯罪评估的演变与智能化评估系统的研发》，载《河南司法警官职业学院学报》2022 年第 2 期。

⑤ 骆晓一、王超：《数据挖掘模式下的再犯风险评估研究》，载《山东警察学院学报》2016 年第 6 期。

⑥ 孙菲菲、曹卓：《面向重复犯罪人的再犯罪预测方法》，载《湖北警官学院学报》2015 年第 4 期。

短的刑满释放人员再犯风险高的结论，这与之前在主观和经验上进行分析的文献结果相吻合，充分验证了数据挖掘技术的可行性和准确性。[①] 此外，还有利用模式识别、机器学习、人工神经网络、随机森林等大数据技术对社区矫正对象或刑满释放人员再次犯罪的危险性进行预测、预警、预防的研究。[②]

总体来看，我国重新犯罪治理研究虽大致呈现从定性到定量，从思辨、宏观分析到实证、微观研究的发展趋势，但也存在基本概念不够清晰、研究方法不够严谨、数据支撑不够有力等问题。问题主要集中在以下四点：一是已有研究中探讨重新犯罪预防的理论比较少见，特别是对重新犯罪预防问题的关注度不高。二是已有研究中对重新犯罪预防的研究多侧重于对重新犯罪再犯的预测，有再犯预测研究[③]、再犯预测量表[④]、再犯预测因子[⑤]、再犯危险性评估等，体现出对重新犯罪预防体系的重视程度不够。三是已有研究重视定性研究，但对于定量研究特别是宏观与微观相结合的研究方面缺乏系统的数据支撑，定量犯罪学还处于相对滞后的阶段。四是从人权保障角度看待罪犯权利问题关注度不高，罪犯污名化，遭受的就业歧视、前科歧视、生存歧视等严重影响他们回归社会，其弱势群体的地位始终没有受到重视。保障罪犯的权利，帮助其重新融入社会是联合国公认的标准。罪犯融入社会面临的种种困难体现出国家、社会对于其权利保障的不到位，因此本书也将从人权保护的角度，在法律保障的基础上关注对他们合法权利的保护，使惩罚犯罪与权利保障相结合，实现预防和减少重新犯罪的终极目标。

二、域外重新犯罪研究的概况

重新犯罪问题是世界各国面临的一个严重社会问题，各国涌现出不少犯罪流派和犯罪学理论。

---

① 冯卓慧、冯前进：《基于关联规则的再犯罪特征分析》，载《浙江理工大学学报（社会科学版）》2017 年第 1 期。

② 周逸璇、李晶晶、徐津霞、刘红杏：《基于大数据分析的社区矫正对象再犯罪预警研究》，载《网络安全技术与应用》2020 年第 4 期；郭兆轩、赵怡高、任锡杰、原智、吴梓豪：《基于大数据的社区服刑人员监管和再犯罪预防研究》，载《电脑知识与技术》2017 年第 13 期。

③ 张甘妹：《再犯预测研究》，法务通讯杂志社 1987 年版，第 89 页。

④ 黄兴瑞、孔一、曾赟：《再犯预测研究——对浙江罪犯再犯可能性的实证分析》，载《犯罪与改造研究》2004 年第 8 期。

⑤ 孔一：《犯罪预防实证研究》，群众出版社 2006 年版，第 32 页。

（一）“犯罪预防”有效性逐渐受到重视

犯罪预防理论起源于18世纪的古典自由主义理论，贝卡里亚认为“预防犯罪从某种程度上说，比惩治罪犯更重要”开启了对预防犯罪有效论的讨论。[①] 边沁以“最大多数人的最大幸福”的功利主义观念提倡预防犯罪从生理和心理两方面进行。[②] 考尔克洪也拥护旨在减少犯罪机会与诱惑的犯罪预防模式[③]。皮尔提出“新警务”（new police）的概念，[④] 打击犯罪是边缘任务，预防犯罪才是首要任务。[⑤] 随着预防导向警务观的失败，韦瑟瑞特指出“犯罪预防仍然是在边线上开展的工作，重要的工作是其他方面”。[⑥] 威尔逊在《关于犯罪的思考》（*Think about Crime*）一书中提出颠覆福利性质的罪犯改造思想，复兴了古典威慑观念，将强调非正式控制机制以及新实用现实主义（pragmatic realism）结合在一起，[⑦] 主张“寻求干预来减少对犯罪机会的供应”。加罗法洛指出，在预防思想考虑的首要因素中，与犯罪成因最接近（the proximal）的因素将会凸显其重要性[⑧]。

犯罪预防的泛化导致“社会政策的刑事化”（criminalization of social policy），社会政策的唯一正当性就是减少犯罪。该理论认为犯罪预防的提升代表了刑事司法与犯罪控制“范式的显著转变”，并从根本上改变了人们处理犯罪与构建社会关系的方式。[⑨] 克里克的“情境犯罪预防理论”认为“犯罪的情境预防将会成为关于如何对付犯罪的某种实践性的常识性的框架”。[⑩] 另外，还有日常行为理论、理性选择理论、发展犯罪预防理论、社区犯罪预防理论，

---

① 王牧：《犯罪研究：刑法之内与刑法之外》，载《中国法学》2010年第6期。

② 吉尔伯特·格斯、郭义贵：《边沁论犯罪预防与惩罚》，载《福建警察学院学报》1999年第6期。

③ ［英］麦克·马圭尔等：《牛津犯罪学指南（第4版）》，刘仁文等译，中国人民公安大学出版社2012年版，第695页。

④ 刘海亮：《新社区警务》，法律出版社2014年版，第89页。

⑤ 王良顺：《关于犯罪学的研究范式的思考》，载《广西大学学报（哲学社会科学版）》2016年第9期。

⑥ ［英］麦克·马圭尔等：《牛津犯罪学指南（第4版）》，刘仁文等译，中国人民公安大学出版社2012年版，第695页。

⑦ 同上注，第708页。

⑧ 同上注，第710页。

⑨ 崔海英：《犯罪预防的第三条路径——情境犯罪预防理论评析》，载《人民论坛》2015年第6期。

⑩ ［英］麦克·马圭尔等：《牛津犯罪学指南（第4版）》，刘仁文等译，中国人民公安大学出版社2012年版，第708页。

环境预防理论等，都推动了犯罪预防理论和学科体系的发展。社区安全逐渐取代预防犯罪，并鼓励更多的社区主体参与到打击犯罪的活动中来。[①] 对于特殊群体的犯罪预防，包括青少年犯罪预防、重新犯罪者特殊预防、毒瘾者犯罪预防等。随着犯罪学从理论性研究走向应用性研究，实用性检测工具被研发，矫正项目不断被评估。

（二）重新犯罪预防应用性的研究发展

对犯罪原因的讨论从犯罪人逐渐转移到对犯罪行为、犯罪现象的分析，重新犯罪者的犯罪预防始终让人们关注刑事司法效能，"刑罚威慑运动" 对司法系统产生重要影响。许多学者反对这种重刑惩罚的理念[②]，随后的研究更是利用复杂的元分析技术发现了减少重新犯罪的特定策略，即认知行为策略最为有效。相反，以惩罚为导向的矫正项目效果却很低。[③] "有效减少重新犯罪"一词进入国家政府和实务者的视野。谢尔曼发表的《预防犯罪：什么有效，什么无效，什么有希望》（*Preventing Crime*：*What Works*，*What Doesn't*，*What's Promising*）开启了"循证矫正"的时代。加拿大 RNR 原则，更是推动了矫正有效原则和方法的发展，RNR 原则被反复验证其有效性，提高了矫正的科学性。

（三）重新犯罪预测的探讨

从龙勃罗梭的天生犯罪人到安德鲁斯和邦塔确定犯罪行为的八大风险因素[④]，在犯罪预测研究方面，美国学者广泛运用元分析技术来确定哪些预测领域和精算评估工具是成年罪犯累犯的最佳预测因素，LSI-R 被认为是最有用的精算工具[⑤]，能够准确预测成年累犯的风险因素并确定最合适的精算工具，对于项目评估者、罪犯再犯率、政策制定、假释的适用等都具有重大意义。

---

① ［英］麦克·马圭尔等：《牛津犯罪学指南（第 4 版）》，刘仁文等译，中国人民公安大学出版社 2012 年版，第 699 页。

② Zimring，F. E. & Hawkins，G. H.："The new mathematics of imprisonment"，*Crime & Delinquency*，Vol. 34，No. 4，1988，pp. 425-436.

③ Lipsey，M. W. & Wilson，D. B.：*Effective intervention for serious juvenile offenders*：*A synthesis of research*，*in* R. Loeber & D. P. Farrington（Eds.），*Serious & violent juvenile offenders*：*Risk factors and successful interventions*，Thousand Oaks，CA：Sage，1988，pp. 313-345.

④ Andrews，D.，Bonta，J. & Hoge，R.："Classification for effective rehabilitation：Rediscovering psychology"，*Criminal Justice and Behavior*，Vol. 17，No. 1，1990，pp. 19-52.

⑤ 杨学锋、张金武：《以 LSI-R 为量具的缓刑犯违规风险评估实证研究》，载《中国刑警学院学报》2017 年第 4 期。

（四）重新融入社会的研究

域外重新犯罪预防研究开始关注于罪犯重新融入社会和去标签化的研究，成功融入社会成为联合国《预防犯罪准则》标准之一，并大力推动各国采取措施帮助罪犯重返社会，后许多国家采取措施帮助罪犯重返社会[①]。有学者呼吁封存或者删除犯罪记录，并有犯罪学研究表明，犯罪记录对于重新犯罪没有效果。[②] 超越刑事司法系统，确保重返社会的研究兴盛起来，新加坡的“黄丝带”，苏格兰的“回家”，创造性地让公民参与到重返社会的恢复性正义。[③]

第四节 重新犯罪预防的研究内容

一、研究原则

（一）系统性

系统性是具有基础性的思想和工作方法。从系统性的视角出发，重新犯罪预防研究存在三个层面的问题，即什么是重新犯罪？为什么预防重新犯罪？怎么有效预防？具体包括：（1）重新犯罪本体论。科学界定重新犯罪的概念，重新犯罪的内涵和外延，预防的范畴和内涵。重新犯罪认识论，研究重新犯罪的现象、原因、规律。（2）预防重新犯罪价值论。从维护社会秩序的价值取向出发，对待重新犯罪强调威慑惩罚；从人权保障的矫治取向出发，对待

---

① Maruna, S.: *Making good: How ex-convicts reform and rebuild their lives*, Washington, DC: American Psychological Association, 2001.

② Blumstein, A. & Wallman, J.: “Crime drop & beyond”, *Annual Review of Law and Social Sciences*, 2, 2006, pp. 125-146.

③ Lipsey, M. W., Howell, J. C., Kelly, M. R., Chapman, G. & Carver, D.: *Improving the effectiveness of juvenile justice programs: A new perspective on evidence-based programs*, Washington, DC: Center for Juvenile Justice Reform, Georgetown University, 2010.

重新犯罪要注重犯罪人重返社会预防再犯。“犯罪预防应该关注个人权利的保护，特别是应该保护被害人的权益，有效防止被害发生。预防犯罪的具体制度和策略都要以人为本。”[①] （3）发展重新犯罪预防论。从犯罪人到犯罪场，将犯罪人置于所处的环境和情境中，探讨在特定环境下导致犯罪发生的宏观因素和机制，提出犯罪预防的对策，掌握时空和环境的背景。

（二）数据性

一方面，对现有国内外重新犯罪文献进行荟萃分析，查找与重新犯罪相关的数据，通过数据的比对和清理，总结规律性结论；另一方面，对国内外现有重新犯罪文献进行梳理，将文献结论作为假设，以抽样调查的某省刑满释放人员的个别访谈数据为素材，检验结论的正确性和本土化的适用性。其中，文献的整理、数据的收集成为写作的关键。数据化可以更加清晰地呈现和描述事件发展的整体态势，犯罪治理体系和治理能力的现代化，越来越多地依赖于日常治理行为的数据化。[②] 通过对重新犯罪抽样数据的科学分析，为立法的科学性、司法的确定性、政策的合理性、措施的实效性提供重要的依据，为真正实现一体化重新犯罪预防研究奠定基础。

（三）有效性

本书重点关注如何有效地预防重新犯罪。有效的犯罪预防战略应当从根除犯罪诱因入手，其有效性指的是基于数据的定量和定性分析，科学反映重新犯罪现象的规律，并使对犯罪规律的认识准确转化为重新犯罪预防的对策。比如，加拿大、美国等国的循证矫正措施取得显著效果。[③] 因此，本书旨在借

---

① 严励：《再论犯罪学研究的路径选择——以中国犯罪学研究为视角》，载《犯罪学论丛》2008年第8期。

② 林维：《刑事司法大数据蓝皮书》，北京大学出版社2020年版，第23页。

③ 北美犯罪学研究者采用定量研究方法，提出以证据为基础的循证矫正理念（Evidence-base Correction），探讨犯罪预防和罪犯矫正的有效方法。其中加拿大著名的“风险、需求、回应性（RNR）三大原则”和犯因性的“八大要素”（Central Eight）——犯罪史、倾向犯罪的态度、不良交往关系、反社会人格、家庭婚姻问题、工作学习状况、药物滥用和休闲娱乐，以及美国推动的循证矫正实践提出有效干预的八大原则——细致的风险评估、提升内部动机、瞄准介入、开展技巧培训、加大正强化、在原生社区提供持续支持、评估相关实践过程和提供评估反馈。Clawson，E.，Bogue，B. & Joplin，L.：*Implementing Evidence-based Practices in Corrections*：*Using an Integrated Model*［M］.Boston，MA：Crime and Justice Institute，2005：6. 转引自熊贵彬：《犯罪学视角下的矫正社会工作专业性和有效性分析》，载《浙江工商大学学报》2021年第4期。

鉴“循证犯罪预防”理论并对其进行本土化适用，通过理论的思辨和学术论证，提出我国重新犯罪预防现代化的对策、建议和实现路径。

二、研究思路

（一）研究框架

本研究在初始阶段建立了一个总体的理论框架，鉴于对国内外既有研究成果文献的分析，发现影响重新犯罪的可能性因素非常多，融合生命历程、刑罚执行、教育矫正、重返社会、刑事司法各个环节，重新犯罪行为、重新犯罪现象融合社会学、人类学、法学、心理学、统计学等学科，影响因素涉及个人、家庭、交友、环境、社会、政府、机构、监狱等，本研究拟以循证犯罪预防理论为总体理论框架，将重新犯罪的诸多要素整合起来。循证犯罪预防理论的核心是将验证后最有效的证据运用到犯罪预防整个系统过程，包括政策的制定、执行和评估。① 循证犯罪预防理论强调对实践结果的评估，其有效性通常采用量化分析，通过对相关犯罪数据的整理、处理和使用，使预防结果精准有效。

此外，笔者还借鉴“因素空间论”和“多因素决策方法”。因素空间论，是犯罪原因论中的一种理论，源于“导致犯罪因素”这个概念。② 因素，是分析事物的要素。一个简单因素可以把事物抽象到一个单一的维度，并命其名。③ 每一个因素对应一个坐标，诸多因素对应诸个坐标，将各个维度交叉起来，就形成实物描述的一个普适坐标系，构成因素空间。④ 将数学的“因素空间理论”引入犯罪学研究领域，犯罪因素空间可以看成犯罪原因聚合的空间，是由多层次、多维度、多种因素彼此联系又互相作用的动态空间。重新犯罪因素空间同样聚焦于重新犯罪因素，其中既有相对于重犯群体的特殊的影响因素，又有相对于普通犯罪的一般性的影响因素。因此，从次数序列来分，

---

① 李博：《如此简单的循证——循证医学入门之旅》，人民军医出版社 2015 年版，第 117—118 页。

② 何平：《定量犯罪学：从描述到控制的探索》，中国人民公安大学出版社 2018 年版，第 83 页。

③ 汪培庄：《因素空间与因素库》，载《辽宁工程技术大学学报（自然科学版）》2013 年第 10 期。

④ 同上注。

包括初次犯罪影响因素、再次犯罪影响因素以及多次犯罪的影响因素。从发展状态来分，包括静态因素，如性别、民族、犯罪类型、量刑、家庭背景等，带有历史性质的要素；动态因素，如就业、婚姻、文化程度等，都会成为犯罪生涯中的变动要素。从作用效果来分，包括保护因素，如家庭支持、邻里守望等，阻断犯罪发生；风险因素，如药品滥用、越轨行为、违法同伴交往等，诱发犯罪发生。从影响因素的作用来分，其中核心致罪因素，即决定犯罪发生和变化的因素，与犯罪的发生具有因果联系，如代际犯罪、以贩养吸等。核心因素包含在风险因素内，特别是对于某类惯犯、常习犯发挥着核心的因果作用。从空间效力来分，显性因素通过文献梳理和考察，以及卡方验证、方差验证就可以证明其效力，白描性可以直接镜像反映。还有隐性因素，这些隐性因素并不直接导致犯罪行为的发生，而是影响犯罪环境和犯罪机会，如缺少照明、治安混乱、突发疫情等，环境、情境、被害人因素都属于隐性因素。在一定空间中，隐性因素会与其他因素发生碰撞，诱发犯罪。通过简单描述可以发现，重新犯罪因素空间，实际是一个重新犯罪原因的因素库，各个因素呈线状映射，三维坐标系都成为重新犯罪定性空间①。此外，在多因素决策问题中，因素权重的确定是制定决策的关键问题之一②，本书尝试从统计后 p 值的差异来说明影响因素的权重。

综上所述，本次研究以循证犯罪预防理论为总体理论框架，采取文献回顾和抽样调查相结合的方式，通过对安置帮教期内刑满释放人员采取分层抽样的方式，适当考虑年龄段、犯罪类型和犯罪次数的分布，进行半结构式访谈，形成样本数据资料。结合我国刑事政策和社会政策进行综合评估认定，以重新犯罪数据和规律来反映我国犯罪治理的问题和症结，并对我国的刑事政策、社会政策和罪犯权益保障等诸多方面进行理论分析和实践检验，提出针对性方案、建议，从而通过系统性政策措施，实施我国重新犯罪预防战略计划，实现减少和预防重新犯罪的目标。

（二）研究假设

在理论研究和文献回顾的基础上，本研究提出了一个总假设，即重新犯罪对象需经历五个时期：早年成长时期、初次犯罪时期、上次监狱服刑时期、

---

① 何平：《定量犯罪学：从描述到控制的探索》，中国人民公安大学出版社 2018 年版，第 89 页。

② 罗毅平、兰永红：《多因素问题决策的原理与方法》，载《湖南工程学院学报（自然科学版）》2005 年第 3 期。

首次刑满释放重返社会时期、再次犯罪时期。按照循证犯罪预防理论，影响重新犯罪现象产生的因素涉及多个领域（如个人、家庭、同辈群体、学校、社区团体、监狱、政府部门、基层组织、社区等）、多重犯罪原因理论（如自我控制、社会学习、教育缺失、社会排斥、犯罪亚文化、机遇减少等）、多样化的目标群体（如不同年龄段处于风险中的青少年、父母、监狱干警、政府公务员、被害人等），以及服务提供者的多元化（如警方、学校、社会、社区团体）等诸多方面。本研究的目的就是通过分析重新犯罪对象所处环境、所经历事情、所接触人员，找出究竟有哪些因素对他们的重新犯罪行为具有显著影响。找出这些显著影响后，确定哪些是保护因素，哪些是风险因素，预防犯罪项目有哪些，现行措施是否对犯罪预防有效，哪些才是被证明的科学矫正手段，不同类型犯罪改造手段有效性如何，国家、社会、家庭、个人应该发挥怎样的作用。

基于这些思考，笔者将可能影响重新犯罪的所有因素综合起来，尝试构建重新犯罪预防理论体系，依据以往的文献梳理和访谈调查，通过检验假设得出结论，将可能的因素纳入重新犯罪对象动态的发展历程中，以立体化的形式构成重新犯罪循证预防理论，从而为重新犯罪预防现代化提供理论支持。

1. 微观层面分段假设：个人生命发展历程与重新犯罪现象显著相关。影响因素包括但不限于：童年早期家庭成长环境、父母教养方式、违法同伴交往、越轨行为、家庭教育、学校教育、虐待经历、犯罪史等。

2. 中观层面分段假设：刑事执行效能与重新犯罪显著相关。影响因素包括但不限于：刑罚威慑、矫正效能、刑罚体验、刑事政策、亲情帮教、认罪认罚等。

3. 宏观层面分段假设：国家社会经济发展与重新犯罪显著相关。影响因素包括但不限于：经济发展、社会融入、社会资本、社会支持等。

三、研究设计

（一）研究方法

1. 系统论方法

重新犯罪问题是一个涉及多学科的综合性问题，它是一个在理论与实践中都非常重要的问题。本书基于循证犯罪预防的理论，纵向以重新犯罪者的生命历程为起点，进行犯罪生涯的系统分析，横向对宏观、中观和微观影响因素进行监测和分析，提出构建一体化重新犯罪因素空间场。

2. 定量研究方法

本书采用定量研究，对重新犯罪相关联的因素进行综合验证和分析。运用因素空间理论，对关联性因素进行分解和评定，通过统计软件进行数学建模的设置，针对不同影响因素建构无序回归模型、线性回归模型、二元回归模型、神经网络预测模型；通过数据挖掘，找出不同关联因素的效力权重，依据显著性的不同，推断因素的影响力，赋予影响因素不同权重，找到致罪因果关系，从而为预防犯罪决策提供数据依据。①

3. 综合调研法

本书综合运用了问卷调查与深度访谈相结合的综合评估方法。问卷调查法重在评估重新犯罪的关联性因素，深度访谈是为了找到关联性的因果关系。本书还运用模糊综合评价法进行综合评估，运用统计软件进行统计分析；使用描述统计、频率统计、回归分析、卡方检验等统计学方法进行研究，同时结合深度访谈进行比对验证。

4. 比较研究方法

重新犯罪研究不仅是一个理论问题，更是一个实践问题。但是国外无论是循证矫正还是犯罪学理论和实务都发展迅猛，取得大量的研究成果，为避免受到国外研究范式的影响，本书在梳理外国文献和数据的同时，更多立足于本土化，希望制订出预防重新犯罪的中国方案。

5. 交叉学科的研究方法

本书采用多学科视角来诠释分析重新犯罪。从心理学的角度探讨重新犯罪群体的成长经历（童年期创伤）、人格特质（寻求刺激、冷酷无情、精神病态）等与重新犯罪之间的关系；从社会学的角度研究不良交往、家庭支持、社会态度等对重新犯罪群体重新犯罪的影响；从发展犯罪学的角度研究重新犯罪的演进；从刑事政策学和社会学的角度，探讨发展完善重新犯罪治理的对策措施。

---

① 王超：《监禁矫正效能实证研究》，吉林大学 2015 年博士学位论文，第 45 页。

（二）研究步骤

1. 文献研究

此次研究主要查阅和分析了三类文献：一是学术研究文献，包括国外近30本外文书籍，国内50余本相关书籍、2300篇学术论文。二是个别访谈人员的档案资料，以及监狱、社区矫正、司法所等相关部门规章和行政法规、意见等。三是全国大规模重新犯罪调查：1986—1992年、1997—2003年，积累了大量的历史文献资料，为研究求本溯源提供史料。这类文献帮助笔者了解了国内外重新犯罪理论和实践发展，以及我国重新犯罪治理的历史沿革，便于从历史观和大局观中进行分析。

2. 个别分析访谈

笔者与安置帮教期内的刑满释放人员进行深入访谈，兼具访谈对象的多元性、差异性和典型性。访谈内容主要结合调研问卷的主观问题，如犯罪原因、犯罪态度、矫正效果等，根据访谈对象的反应随时增加问题，以获取更多信息，并且对访谈资料进行数据化处理，形成定量。

3. 变量的选取与测量

本研究在多层整群抽样的基础上，将访谈内容和问卷进行编码处理，通过对数据不断清洗，剔除无效样本和缺失值，并且对原始数据进行归纳和总结，形成重新犯罪对象数据包、未重新犯罪数据包，然后将原始数据录入科学统计软件包SPSS系统，根据不同研究目的进行数据整合汇聚和分析，并且在确保样本数据有效性的基础上进行模型搭建，运用统计学技术，开展多元回归分析、神经网络分析、预测模型分析、泊松回归分析等方法。重新犯罪问题属于交叉性学科，基于刑法学、犯罪学、社会学、心理学等学科理论基础。[①] 笔者在变量的选取上，首先根据国内外重新犯罪理论筛选出的重新犯罪影响因素并经过认可的变量，调研的问题选项和量表经过多次试调研，具有良好的信度和效度。

4. 解释犯罪指标

本研究根据抽样访谈数据整理，并依据国内外现有文献回顾，将重新犯罪关联性高的影响因素进行整理，用于解释自变量与因变量关系，或者因果

① 苏醒：《中国律师大辞典（上、下）》，法律出版社1992年版，第353页。

关系，或者相关联关系，或者显著影响性关系。严格按照社会科学实证研究的“假设推断”研究方法，结合统计学的建模分析，试图寻找影响因素与犯罪之间的高度关联，从而确定影响因素的权重。

（三）研究样本

1. 问卷调查样本

本研究对样本的代表性、客观性以及可推性提出了较高要求。本次抽样调查采取分层随机选取的方式，对某省辖区内多个司法所刑满释放的安置帮教人员进行半结构式访谈。确定了样本的范围及对样本的观察重点后，将调查内容分为微观、中观、宏观三大模块。将调查问卷和访谈资料回收之后，经过审核和编码，利用社会科学统计软件包 SPSS 对问卷进行数据录入和统计分析，剔除变量中缺失和无效的数值后，形成重犯人员数据库和未重犯人员数据库。①

本次抽样调查数据组包括两组对照数据：重新犯罪人员（至少有一次判刑经历后在一定期限内再次犯罪，并被法院判处有期徒刑以上刑罚，现在已经刑满释放，属于在安置帮教期内的具有 2 次及以上刑罚执行经历的刑满释放人员。以下简称重犯人员或者重犯群体）和未重犯人员（因犯罪被判刑，经刑罚执行完毕，回归社会后仍在安置帮教期限内未重新犯罪的人员，现在社区生活）。其中，重犯群体和未重犯群体具有相同点和相异点。重犯群体是指至少具有 2 次因犯罪行为被判处有期徒刑以上刑罚，在监狱服刑期满后，刑满释放 5 年以内的人员。未重犯群体是指刑满释放后，在刑满释放 5 年、社区矫正解矫 3 年内，没有重新犯罪的人员。重合的经历包括：童年早期成长史+第一次犯罪+第一次服刑+第一次释放后经历。再犯人员的特殊经历表现在第一次犯罪经历与第二次犯罪经历的比较，包括犯罪前 6 个月以内的经济、家庭、职业、收入、居住、犯罪地情况；犯罪时犯罪动机、犯罪情境、被害人；量刑裁判、刑罚预测。

---

① 值得注意的是，本次数据共对 200 余名刑满释放人员进行调查，通过分层随机选取具有重新犯罪经历和没有重新犯罪经历的刑满释放人员进行个别深度访谈，最终形成样本数据库，其中重犯组（有 2 次及以上刑罚执行经历 138 人），未重犯组（初次犯罪刑满释放后未再犯 52 人）。本次访谈注重定量和定性研究相结合，对访谈资料进行编码处理，重点说明重新犯罪影响因素的关联性，不表明因果关系。

2. 个别访谈样本

本研究采取半结构式访谈方式对刑满释放人员进行提问并收集资料，同时针对不同情况就某一主题进行扩展性讨论，引出更多、更深入的问题，特别是针对重新犯罪核心影响因素的考察，进行定性研究，对访谈资料进行整理、分析和解释，将访谈资料“打散”“重组”“组织”“归纳”“连接”，最终将其转换成对研究有意义的数据或者结论。访谈对象的选择尽量兼顾性别、年龄、犯罪类型、犯罪次数、刑期、社会融入等方面的差异，以确保访谈对象的多元化，访谈的内容以调查问卷为模板，重点包括犯罪前科次数、认罪态度、监狱矫正效能、社会融入困难、标签化影响、再犯罪原因、社会支持、社会关系等。访谈安排在司法所，访谈前笔者会翻阅访谈对象的个人档案情况，了解其基本信息，通过与访谈对象互动，采取追问或者反问等技巧获取更多信息。访谈对象样本库虽然不大，但满足抽样调研的多层次、多样化的需求，犯罪类型包括盗窃罪、寻衅滋事罪、抢劫罪、诈骗罪、贩卖毒品罪、非法持有毒品罪等，犯罪年龄以中老年人居多，以男性为主。

（四）研究难点

一是本研究运用定量实证分析。通过对原始数据的录入后整理进行抽样数据的清洗和挖掘。这既是创新点，也是难点。本次调查采取分层随机选取的方式，对某省辖区内司法所刑满释放的安置帮教人员进行抽样调查。虽然样本数量不多，但符合统计学的抽样要求。对定量研究而言，数据是最重要的部分。由于全国样本量的横向和纵向数据尚未公布，这也是研究的瓶颈之一。有些结论与经验性结论相同或相似，因此比较难发现某些创新性或者差异较大的重大规律。

二是本研究属于交叉学科，将数学运用到刑法规范学研究和犯罪事实学研究中，域外采用定量研究比较多，而国内则相对较少，或者关注于宏观性犯罪与经济、流动人员与犯罪的研究，或者关注于微观青少年犯罪定量分析等，同时关注宏观与微观的研究具有挑战性。由于犯罪系统的复杂性、混沌性、动态性都让犯罪规律和结论缺乏证据验证，因此既需要严密、完备、科学的解释犯罪问题，又需要系统性、客观性的结论。另外，数理化工具的使用也是难点，一个回归模型需要变量调试和验证，变量之间的逻辑关系、交叉影响都会对模型的稳定性造成影响，因此只有建立在科学理论基础上，选取变量才能较为客观、科学。这需要研究者精通法学、犯罪学、统计学与计算机技术。

三是重新犯罪预防学的理论创新。域外“犯罪原因的理论研究远远超过犯罪预防学，犯罪预防不如犯罪原因那么直接、有效，它需要验证周期才能证明其有效性”。[①] 目前，域外出现四大预防犯罪理论[②]，但是对重新犯罪而言，存在理论有效性和本土化的问题。这也是犯罪学长期受制于刑法规范学，犯罪预防依附于犯罪原因论的框架中，使“有效性”的犯罪预防学[③]被忽视的原因，笔者尝试从刑事法层面对重新犯罪预防体系应有的理论工具和功能进行探讨。

四是重新犯罪预防的研究目的。一方面，通过定量研究试图查找和检验重新犯罪的关联性影响因素，将理论和研究成果转化为应用性工具是一个挑战；另一方面，通过定性研究检验刑事司法效能和重新犯罪预防的有效性，从而提出完善刑事司法的建议，这也是本书的重大挑战。如果笔者的某一点思考能够促进刑事司法改革，那么本书的价值也就不言自明了。

四、研究结构

本书除前言外，正文包括五章。

前言提出问题，介绍问题缘由和研究背景，阐述研究的问题和内容。重新犯罪问题与罪犯的人权保护状况不无关系，因此研究重新犯罪问题的目的除了预防和减少重新犯罪以外，更深层次的目的是保护罪犯的人权，保护罪犯权利是实现减少重新犯罪这一终极目标的必然要求。

第一章探讨了重新犯罪预防现代化的基础理论。本书认为，重新犯罪是指经法院刑事判决有罪并受到刑罚处罚的人员在刑罚执行机构执行完毕或者赦免后在一定期限内再次犯罪被判刑定罪的现象。围绕重新犯罪开展的预防工作，就是“重新犯罪预防”，这种预防是特殊预防，表现在预防客体特殊，即针对实施犯罪行为，并依法受到刑罚处罚的犯罪人；预防主体特殊，即国

---

① 岳平：《我国犯罪预防理论有效性的检视与发展进程》，载《上海大学学报（社会科学版）》2014 年第 5 期。

② 传统的社会预防、个体性的发展预防以及司法预防和情境预防，构成犯罪预防策略体系。转引自岳平：《我国犯罪预防理论有效性的检视与推进》，载《犯罪学论坛》2015 年论文集，第 136 页。

③ 同上注，第 140 页。

家、社会和个人构成预防共同体；预防内容特殊，即在重新违法犯罪发生之前采取的措施；预防目的特殊，即为了有效减少未来重新犯罪的发生；预防路径特殊，即检验重新犯罪的影响因子，循证预防重新犯罪。然后，论述了重新犯罪预防的思想演进、成效比较以及论点辩驳，对一些有关重新犯罪的观点做了分析，提出了笔者的见解。

第二章以重新犯罪对象的生命历程为切入点，以重犯人员和未重犯人员两组不同的群体为研究对象，通过“荟萃分析—研究假设—假设验证”，探讨了与重新犯罪相关的影响因素，并进行了微观、中观和宏观三个层面的分析论证。微观层面，在逐级非正式控制年龄理论下，家庭教养方式失当、违法同伴交往、犯罪史、认罪认罚的态度都对重新犯罪具有影响力；中观层面，在犯罪控制理论、标签理论、一般犯罪理论下，监狱矫正效能、刑罚威慑力、量刑标准、亲情帮教、刑事执行政策对重新犯罪具有影响力；宏观层面，在社会资本理论、社会支持理论下，经济发展不平衡、收入差距、流动人口、社会关系、社会保障、社会融入对重新犯罪具有影响力。

为进一步了解这些关联因素的权重，查找核心致罪因素，通过搭建统计学数学建模，以“重新犯罪因素空间论”和“多因素决策方法”为指导，对犯罪次数进行多元线性回归分析，对不同犯罪类型进行泊松回归分析，对关联因素进行分解，发现静态风险因素（初犯年龄、犯罪次数、犯罪涉案金额、被害人、家庭父母关系、教养方式、学校处分、越轨行为）以及动态风险因素（婚姻、就业、同伴交往、反社会人格、社会技能、教育程度、人际关系、矫正效果、减刑假释、刑罚体验、社会适应、社会排斥、社会融入、药物滥用），挖掘和筛查出核心致罪因素（年龄、性别、婚姻关系、违法犯罪经历、反社会人格、认知行为、自我控制、药物滥用、违法同伴交往、量刑偏轻、群体效应、家庭纽带、社会孤立、社会技能丧失），为预防重新犯罪提供数据支撑，进而为循证犯罪预防提供科学依据。

第三章采取学科交叉分析的方法，发现和总结重新犯罪规律，剖析重新犯罪原因。微观层面，聚焦个人成长经历的劣势累积，发现年龄“近强远弱”、越轨行为“凝聚加持”、家庭关系“共线性”；中观层面，聚焦刑事执行的效能，发现量刑“差异化”、刑罚威慑力“此消彼长”、监狱矫正项目“效应迭代”、减刑假释“功利化倾向”、亲情帮扶“赋能”；宏观层面，聚焦国民经济社会领域，发现经济发展与重新犯罪呈现“代谢增长”、失业率与重新犯罪呈现“同步性”、受教育程度与重新犯罪类型存在“有序差异性”、社会资本与重新犯罪控制存在“强弱不均”、社会融入与重犯人员呈现“动态波动”。核心因素，聚焦重新犯罪次数与重新犯罪类型，发现针对不同犯罪类型，保护因素与风险因素并存，而核心因素存在差异。由此推断出犯罪预测因素的科学性和可行性。通过对重新犯罪进行整体的、全面的研究分析，对犯罪原因及发生机制进行阐释，为刑事立法、司法量刑、刑罚执行提供理性依据，推动刑事政策和社会政策的转变。

第四章对重新犯罪预防的理论和实践进行检视与反思，对一般预防理论、预防性监禁制度、监狱矫正无效论、犯罪控制论以及犯罪冲突论进行探讨。结合理论的反思，对预防重新犯罪的实践和项目进行检视，发现存在的问题和值得总结的经验。

第五章基于上述研究发现，探索我国重新犯罪预防现代化的实现路径。本书梳理了域外被证明有效的犯罪预防的项目和策略，并结合我国国情和本土化特点，提出我国重新犯罪预防的策略和具体措施。本书建议在宏观层面，制订重新犯罪战略计划，以预防重新犯罪的有效性为目的，改革量刑标准、完善刑罚执行、封存前科制度、规制预防性刑罚、提升监狱矫正效能、完善出狱人员保护制度等，尊重和保障罪犯合法权利，提升人权教育理念。在中观层面以“刑事一体化”理念，通过科学反映重新犯罪现象的客观规律，并将对规律的认识准确地转化为国家预防重新犯罪的对策，通过理论创新、政策完善，文化和理念变革，“循数治理、循证预防”，充分发挥定量犯罪学研究优势，形成新时代重新犯罪预防的中国方案。在微观层面，运用发展犯罪预防模式、情境犯罪预防模式、循证犯罪预防模式，提升矫正的有效性。在核心层面，设立重新犯罪风险预测评估机制，编制重新犯罪风险预测量表。

最后本书指出，如果想从根本上解决重新犯罪问题，就需要全社会形成尊重保障罪犯权利的意识，在刑事执行场域内进行执法人员人权教育，在社会大众层面进行法治宣传教育，消除对罪犯的前科歧视、保障罪犯的基本生存权和发展权、建立有效的社会支持和保障系统、帮助罪犯重返社会，保护刑满释放人员的合法权利。尊重和保护每个人的合法权利既是国家法治文明的标志，也是实现人民对美好生活向往的必由之路。

第二章
重新犯罪关联性因素的发现

重新犯罪关联性因素如同重新犯罪肌体内的病灶，虽然不同重新犯罪对象有不一样的犯因，但依然有规律可循。重新犯罪关联性因素又被称为影响因素，但是其不同于风险因子和保护因子，关联性因素只能说明两者的相关性，而不能证明其因果性。因此，在科学犯罪学理论指导下，可以假设重新犯罪是一种病症，通过分析筛查、查找病因，对关联性因素进行检验和评估，最终确定重新犯罪关联性因素，为制定预防重新犯罪对策提供科学依据和数据支撑。

第一节　微观层面："犯罪人"劣势累积发展

从微观层面来看，关注点在于重新犯罪的"犯罪人"，探究为什么是"他"再犯？或者为什么"他"实施犯罪时间更长于其他人？犯罪人的个人因素包罗万象，本节基于生命历程理论、逐级年龄非社会控制理论以及劣势累积理论，将重点研究重新犯罪对象（以下简称重犯）的个人成长史。预防重新犯罪首先需要了解重新犯罪人员，查找重新犯罪的原因、致罪因素，才能对症下药。

一、童年不良经历与重新犯罪

童年期不良经历是指个体在18周岁前经历的不良生活事件，包括虐待（躯体、情感、性）、忽视（躯体、情感）和家庭功能不全（父母死亡或严重疾病、父母分居或离婚、父母监禁、家庭贫困、家庭暴力、家庭成员有药物滥用或者精神疾病等）等多个方面。① 诸多犯罪心理学的研究表明，不良的童年经历（如遭受虐待、早期越轨等）是个体未来犯罪的重要成因，犯罪个体的劣势呈现出发展性和累积性特点。② 由于此类个体的致罪因素属于稳定特质，持续影响其行为表现，因而可能导致其重新犯罪。

---

① Felitti, V. J., Anda, R. F., Nordenberg, D., et al.: "Relationship of Childhood Abuse and Household Dysfunction to Many of the Leading Causes of Death in Adults: The Adverse Childhood Experiences (ACEs) Study", *Am J Prev Med*, Vol. 14, No. 4, 1998, pp. 245-258.

② Fox, B. H., Perez, N., Cass, E., Baglivio, M. T. & Epps, N.: "Trauma Changes Everything: Examining the Relationship Between Adverse Childhood Experiences and Serious", Violent and Chronic Juvenile Offenders, *Child Abuse & Neglect*, 46, 2015, pp. 163-173; Freeze, C.: "Adverse Childhood Experiences and Crime", *FBI Law Enforcement Bulletin*, 2019, pp. 1-7; Basto-Pereira, M.: Gouveia-Pereira, M., Pereira, C. R., Barrett, E. L., Lawler, S., Newton, N. & Sakulku, J.: "The Global Impact of Adverse Childhood Experiences on Criminal Behavior: A Cross-continental Study", *Child Abuse & Neglect*, 124, 2022, pp. 54-59.

（一）童年不良经历与重新犯罪关联性的理论基础

1. 生态系统理论

著名的发展心理学家布朗芬布伦纳提出了个体行为发展的生态系统理论，该理论强调个体与环境之间的互动和相互影响。该理论将个体置于多个不同层次的生态系统之中，探究这些系统如何影响个体的发展和行为。生态系统理论划分出了五个层面，分别是微观系统、中介系统、外层系统、宏观系统和时间系统。其中，微观系统是环境的最内层，是指个体直接接触或参与的生活环境，如家庭、学校、朋辈群体等。这些环境直接影响个体的人格和行为，并对未来行为具有预测作用。中介系统是指微观环境间的联系，如学校与家庭之间的互动。外层系统是指个体不直接参与的环境，如媒体、社区等。宏观系统是指环境的最外层，包含广泛的文化、社会价值观、法律等。时间系统是指随着时间发生变化的各种因素，如个体的发展阶段、家庭结构的变化等。在以上环境中，微观系统与个体的联系最为密切，对个体产生的影响最为持久。研究表明，微观环境要素对个体未来是否实施暴力犯罪具有显著预测作用。①

2. 生命历程理论

生命历程理论是一种关于个体发展和变化的理论框架，强调了个体生命过程中各种经历和事件的连续性、累积性和转折性。该理论认为，个体的发展和行为是受早年经历、社会环境、生活事件等多种因素共同影响的结果，而个体在生命周期内会经历不同的阶段和转折点，这些经历会塑造其未来的发展轨迹。因此，个体会随着时间和空间的推移在犯罪形成与犯罪持续上出现差异。②

由该理论可知，个体的重新犯罪行为不仅受当前环境的影响，还受早年经历和生命周期内各种事件的影响。研究表明，不良的家庭教养方式对未成年人未来的犯罪行为存在影响，③ 童年受虐经历对个体成年后的犯罪行为有正

---

① Flynn, K. & Mathias, B.: “How Am I Supposed to Act? Adapting Bronfenbrenner’s Ecological Systems Theory to Understand the Developmental Impacts of Multiple Forms of Violence”, *Journal of Adolescent Research*, pp. 1-34.

② 张小虎：《生命历程犯罪学的本土探究：典型罪案与核心原则》，载《社会学研究》2021 年第 4 期。

③ 王国祥、林安民：《家庭教养视角下未成年人犯罪特征差异研究》，载《青少年犯罪问题》2021 年第 5 期。

相关作用，且有充足的神经生物学证据。[①] 因此，了解个体生命历程中的早期经历，对于预防初次犯罪和干预重新犯罪行为具有重要的意义。

3. 逐级年龄非正式社会控制理论[②]

该理论是以生命历程为视角，纵向对个人从童年到青少年、成年时期的非正式社会纽带对犯罪的影响进行定量和定性分析的理论模型体系。其核心内容包括：家庭破裂、有父母犯罪经历等家庭、学校的变故会成为个人成长劣势背景；反社会性行为在犯罪生涯中具有一定的稳定性；婚姻、就业等积极因素可以成为“人生转折点”，在生命历程中对犯罪起到抑制或者阻断作用。[③]

有学者根据“逐级年龄非正式社会控制理论”展开实验分析，得出犯罪生涯中非正式社会控制具有影响力的结论。[④] 例如，家庭纽带弱化[⑤]会增加犯罪可能性；婚姻的亲密关系和就业的稳定人际关系能发挥社会资本的作用，降低犯罪的可能性。家庭、学校和伙伴对青少年的影响作用更大。[⑥] 在家庭与犯罪原因研究方面，父母与儿童的关系、[⑦] 虐待与违法行为的关系，[⑧] 都显示出很强的显著性。可见，逐级年龄非正式社会控制理论表明，个体在生命早期所经历的社会化和社会控制对其犯罪行为存在影响。

---

① 顾香、李仁军：《童年创伤与犯罪的关系研究进展》，载《国际精神病学杂志》2021 年第 2 期。

② 汪明亮：《逐级年龄非正式社会控制理论及其借鉴意义》，载《青少年犯罪问题》2008 年第 2 期。

③ Sampson, R. J., Lamb, J. H.: *Crime in the Making: Pathways and Turning Points through Life*, Harvard, rsity Press, 1995, p. 1. 转引自汪明亮：《逐级年龄非正式社会控制理论及其借鉴意义》，载《青少年犯罪问题》2008 年第 2 期。

④ 汪明亮：《基于社会资本解释范式的刑事政策研究》，载《中国法学》2009 年第 2 期。

⑤ 家庭纽带弱化的表现：(1) 来自父母的情绪化的、严厉的、威胁惩罚性的教养方式；(2) 父母放任自流，管教程度很低；(3) 父母对孩子不闻不问或充满敌意；(4) 孩子对父母情感依恋程度很低。

⑥ 汪明亮：《逐级年龄非正式社会控制理论及其借鉴意义》，载《青少年犯罪问题》2008 年第 2 期。

⑦ 在该综述中，他们为了让其他研究者更容易理解儿童行为问题，将孩子与父母的关系区分为四个维度：忽略范式（neglect paradigm），此范式注重研究父母与子女之间的关系状况以及父母对孩子的监管情况；冲突范式（conflict paradigm），此范式注重研究父母对孩子的管教情况以及父母与子女之间彼此的拒斥情况；行为和态度偏离范式（deviant behaviors and attitudes paradigm），此范式注重研究父母的违法犯罪行为和态度偏离行为情况；破裂范式（disruption paradigm），此范式注重研究父母间的冲突和父母的缺位情况。转引自［美］罗森海姆等编：《少年司法的一个世纪》，高维俭译，商务印书馆 2009 年版，第 138 页。

⑧ 转引自袁彬、阴艾华：《儿童虐待与青少年违法犯罪关系研究》，载《刑法论丛》2010 年第 4 期。

（二）文献回顾与假设

1. 家庭环境与重新犯罪的关联性

家庭是个体成长过程中最核心的微观环境，父母是孩子的第一任老师。研究表明，早期不良的父母教养方式是其子女成年犯罪的先导诱因。父母对子女较低的情感关怀与理解，以及对子女的惩罚、漠视、否定，都是导致其未来犯罪的风险因素。[①] 一项关于父母教养方式与犯罪行为的元分析显示，不良的教育方式与犯罪行为之间关联密切，且对个体的犯罪倾向存在持续性的影响。[②] 在这一问题上，国外的研究也具有高度的一致性。西蒙斯等人经研究发现，不良的教养方式对个体具有长期的负面影响，会引发个体持续的负面情绪、不良同伴关系、低自我控制以及高频的越轨行为。[③] 一项纵向研究也发现，不良的家庭环境与个体的刑事犯罪之间存在显著关联。[④] 王彬等人关于重新犯罪行为与童年期创伤的研究发现，累犯相比于初犯，有更多童年期创伤和父母不良教养的经历。[⑤] 北京市监狱管理局的一项研究指出，缺少家庭关心和约束的人在未来家庭责任感更少，容易重新犯罪，该比例高达50%。[⑥] 有学者指出，重新犯罪的未成年人大多出身于单亲家庭，比例接近80%，特别是城市重新犯罪的未成年人中，单亲家庭占92%。可见，不良的家庭氛围对重新犯罪有推动作用。[⑦]

2. 学校经历与重新犯罪的关联性

除家庭外，学校在未成年人教育和社会化发展中也发挥着重要作用。处于

---

① 王佳权、郑晓边：《服刑人员社会适应、父母教养方式及其应对方式研究》，载《中国健康心理学杂志》2008年第4期。

② 金灿灿、兰岚：《犯罪青少年与普通青少年的父母教养方式差异的元分析》，载《中国特殊教育》2014年第2期。

③ Simons, L. G. & Sutton, T. E.: "The Long Arm of Parenting: How Parenting Styles Influence Crime and the Pathways that Explain this Effect", *Criminology: An Interdisciplinary Journal*, Vol. 59, No. 3, 2021, pp. 520-544.

④ Kendler, K. S., Morris, N. A., Ohlsson, H., Lönn, S. L., Sundquist, J. & Sundquist, K.: "Criminal Offending and the Family Environment: Swedish National High-Risk Home-Reared and Adopted-Away Co-Sibling Control Study", *The British Journal of Psychiatry*, Vol. 2009, No. 4, 2016, pp. 294-299.

⑤ 王彬、李宝花、胡峻梅：《重新犯罪行为与童年期创伤的关系》，载《中国心理卫生杂志》2008年第8期。

⑥ 潘开元、李仲林：《北京市监狱管理局在押累犯犯罪原因及矫正对策》，载《中国司法》2006年第4期。

⑦ 高小勇：《未成年人重新犯罪实证研究》，载《人民检察》2008年第3期。

小学和初中阶段的儿童，心智尚未发育成熟，人格尚未完全建立，早年学校生涯经历对于其人生观、世界观和价值观的塑造和培养均产生影响。研究发现，重新犯罪群体的受教育水平普遍偏低，① 因此，学校作为未成年人接受教育的场所，学习成绩、师生关系、学生关系以及学校处分都会对其成长产生影响。研究表明，未成年人与学校的关系越紧密，对学校的信任感越强，越不容易发生偏差行为。② 在学校中表现越好的个体，其从老师和同学处得到的积极信息越多，正反馈能够促使个体成为遵纪守法的人；反之，则会让个体感受到消极和打击，导致其对生活产生负面态度。③ 有研究发现，通过对重新犯罪的未成年人的交往情况进行了解，有76%的人和有违法犯罪行为的人有接触；而初次犯罪的未成年人中，与违法犯罪的行为人有过交往的只占49%。④ 基于此，本研究提出第二条假设：重犯人员和未重犯人员在学校经历上存在显著差异。

3. 早期越轨经历与重新犯罪的关联性

阿格纽提出了“社会失范理论”，该理论指出，在“呈负向刺激”（presentation of negative stimuli）状态的作用下，会引起情绪上的挫败、愤怒，从而诱发吸毒、侵犯等偏差行为。⑤ “呈负向刺激”的来源具体包括儿童期被虐待、被忽视、成为犯罪目标、被体罚等令人不快的经历和与父母或同辈群体有关的问题。⑥“失范—压力”理论指出，重新犯罪群体童年的偏差行为，不仅与自身原因有关，而且与其所处的家庭、学校环境有关。与此同时，社会学习理论迅速发展，提出偏差行为是在社会交往中学习到的，差异性交往导致偏差行为的产生。⑦ 格莱瑟提出“差异认同理论”，认为差异交往导致差异

---

① Ehrlich, L.: “On the Relation between Education and Crime” (A). F. T. Juster. In Education, Income and Human Behavio (C). New York: McGraw—Hill, 1975, pp. 313-338. 转引自陈屹立：《收入差距、经济增长与中国的财产犯罪——1978—2005年的实证研究》，载《法制与社会发展》2007年第5期。

② 赵雍生：《社会变迁下的少年偏差与犯罪》，桂冠图书股份有限公司1997年版，第92页。转引自赵军、祝平燕：《学校联系紧密度与未成年人犯罪因果性经验研究——以旷课、逃学、辍学为指标》，载《教育研究与实验》2012年第1期。

③ Willits, D., Broidy, L. & Denman, K.: “Schools, Neighborhood Risk Factors, and Crime”, *Crime & Delinquency*, Vol. 59, No. 2, 2013, pp. 292-315.

④ 高小勇：《未成年人重新犯罪实证研究》，载《人民检察》2008年第3期。

⑤ ［美］亚历克斯·梯尔：《越轨社会学》，王海霞、范文明、马翠兰、嵇雷译，中国人民大学出版社2011年版，第14页。

⑥ 参见叶丽华：《约翰契弗小说中的男性失范行为研究》，上海师范大学2015年博士学位论文，第157页。

⑦ 张莹瑞、佐斌：《社会认同理论及其发展》，载《心理科学进展》2006年第3期。

认同，从而强化偏差行为。[①] 此外，伯吉斯的差异强化理论（different reinforcement）指出，如果行为偏差者过去的行为受到鼓励而不是惩罚，那么他们很可能会继续出现偏差行为。[②] 因此，早期由于受到同伴影响产生的偏差行为伴随着年龄的增长，在成年时逐渐发展成犯罪倾向，同时，偏差行为也容易导致未成年人与主流社会的联系疏离、纽带变弱。由此，本研究提出第三条假设：重犯人员和未重犯人员在不良行为上存在显著差异。

4. 同伴交往与重新犯罪的关联性

差别接触理论指出，犯罪行为是否产生取决于每个人对外在经验连接的方式不同，即犯罪是在和他人互动过程中学习的结果。可以说，犯罪发生的关键在于个体如何连接从亲近的群体互动中获取的经验。[③] 朋辈群体一直是未成年人行为的重要影响因素，不良的同伴影响将使个体在与同伴的互动中习得越轨的观念和行为倾向，为后续不良行为或犯罪行为埋下隐患。国外学者通过实证研究发现，差别接触对犯罪行为具有重要的影响。[④] 未成年人正处于社会学习能力较强、受影响程度较高的年龄阶段，与违法同伴交往影响往往更大。年龄越大的罪犯越成熟，同伴的影响随着年龄增加而越来越小。[⑤] 群体犯罪的实例往往也是社会学习理论中有关差别接触观点的例证，如黑社会组织犯罪团伙中，刑满释放人员的比例较高。根据一项 130 份裁判文书的实证调查分析，未成年人犯罪中共同犯罪突出且组织形式多样，既有社会上闲散的未成年人纠集在校学生进行犯罪，也有社会上闲散的成年人与未成年人共同的犯罪。其中，共同犯罪中的成年人多数也是刚满 18 周岁。从统计数据中发现，未成年人共同犯罪所涉罪名相对集中，主要为盗窃罪、诈骗罪等侵犯财产权利的犯罪以及故意伤害罪、寻衅滋事罪等侵犯人身权利的犯罪等。[⑥] 一项关于

---

① 陈李萍：《从同一到差异——女性身份认同理论话语的三重嬗变?》，载《妇女研究论丛》2012 年第 6 期。

② ［美］亚历克斯·梯尔：《越轨社会学》，王海霞、范文明、马翠兰、嵇雷译，中国人民大学出版社 2011 年版，第 20 页。

③ 屈佳：《自我控制水平、差别接触与暴力犯罪行为的关系研究——基于对贵州省三所监狱服刑人员的问卷调查》，载《公安学刊（浙江警察学院学报）》2021 年第 2 期。

④ ［美］斯蒂芬·E. 巴坎：《犯罪学：社会学的理解（第 4 版）》，秦晨译，上海人民出版社 2011 年版，第 228—233 页。

⑤ 孙炜红、陈果然、王延涛：《留守经历、不良同伴交往与未成年人暴力犯罪》，载《青年研究》2023 年第 3 期。

⑥ 赖慧中、林安民：《社会控制理论视野下未成年人犯罪原因及防控对策——基于 130 份裁判文书的实证分析》，载《青少年学刊》2024 年第 3 期。

北京市监狱管理局在押累犯的研究发现，在重新犯罪的客观原因中，被试认为是“哥们义气害了我”的占 31.69%，超过三成的个体都受到了朋辈群体的影响。[①] 广州监狱课题组研究发现，出狱后的人员在未来生活中受到不良朋友影响的比例为 21.6%，不良同伴交往是诱发重新犯罪的风险因子。[②] 某学者研究也有类似的数据比例，即有 21%的人认为重新犯罪是因为“受江湖义气影响”。[③] 基于以上内容，本研究提出第四条假设：重犯人员和未重犯人员在同伴经历上存在显著差异。

综上所述，基于理论和实证研究结论，本节将通过对重新犯罪群体和未重新犯罪群体的抽样调查，检验以下四条核心假设。

假设 1：重犯人员和未重犯人员在父母教养方式、家庭关系、受虐经历方面存在显著差异。

假设 2：重犯人员和未重犯人员在学校经历上存在显著差异。

假设 3：重犯人员和未重犯人员在不良行为上存在显著差异。

假设 4：重犯人员和未重犯人员在同伴经历上存在显著差异。

（三）研究方法及结果

1. 被试

通过对文献数据的整理和访谈资料的数据化处理，按照“文献综述—提出假设—检验分析”的循证方法进行分析，探讨童年不良经历与重新犯罪的关联性问题，并为此后相关问题的定量研究提供参照。

2. 统计结果

本书采取的统计方法之一是卡方检验，用于检验所设置的假设是否成立。卡方检验主要用来查看我们观察到的数据和预期的数据是否有差别，实际发生的频数和预期的频数是否一致。卡方检验的结果给我们提供了两个关键数值：一个是计算出来的卡方值，另一个是对应的 p 值。卡方值越大，说明不同组别间的差异越大。通常来说，如果 p 值小于 0.05（这是一个常见的显著性水平），则说明数据达到了统计学显著水平，即差异性假设成立。如果 p 值

---

① 潘开元、李仲林：《北京市监狱管理局在押累犯犯罪原因及矫正对策》，载《中国司法》2006 年第 4 期。

② 广州监狱课题组、黄冬荣：《对 250 名重新违法犯罪人员的调查报告》，载《犯罪与改造研究》2009 年第 8 期。

③ 翟中东：《关于重新犯罪防治政策调整的思考》，载《法学家》2009 年第 2 期。

小于 0.01 或 0.001，则说明不同组别间的差异非常显著，就可以印证本章提出的相应假设。本章多次使用卡方检验，其统计意义在每个部分均有具体阐述。

（1）父母教养方式

根据家庭环境的描述性统计分析结果显示，关于重犯人员早年家庭成长时期的相关特征或状态显示出如下结果。

其一，重犯组和未重犯组在父母教养方式上存在显著差别。在父亲教养方式上，$\chi^2=149.39$，$p<0.001$。相比于未重犯组，重犯组被试的专制型模式更多。在民主型教养方式上，未重犯的人数显著更多。在母亲教养方式上，$\chi^2=111.44$，$p<0.001$。相比于未重犯组，重犯组接受溺爱型教养方式的人数显著更多。相比于重犯，受到民主型教养方式的未重犯人数显著更多。在家庭关系层面上，不同组别间的关系差异显著，$\chi^2=64.26$，$p<0.001$。

其二，抽样统计显示，重犯组和未重犯组在童年受虐经历上存在显著差异，重犯组子女经常被父母打、被赶出家门的比例是未重犯组的 3 倍以上，在是否存在不管不问的态度方面也有明显差别。显然，父母对越轨行为的态度以及父母的教育态度会助长严重不良行为或犯罪人格的养成，进而对其重新犯罪产生持续影响。随着《未成年人保护法》的普及，暴力殴打儿童的行为显著减少，但是冷暴力的突出表现形式“不管不问”却显著上升，成为儿童期发生率较高的不良经历。根据美国学者赫希的理论，犯罪是个人与社会的联系薄弱的结果。① 因此，家庭成长环境中的消极父母教养方式往往会让未成年人受挫，产生自私、自卑等负面情绪，容易形成儿童时期受虐心理，并对其今后产生持久的不良影响，这在一定程度上印证了上述重犯组中受到消极父母教养方式的影响较为严重。

（2）学校表现

重犯组和未重犯组在学校表现上存在显著差别。具体而言，不同组别的群体在学习成绩上差异显著，$\chi^2=81.73$，$p<0.001$。重犯组中学习成绩不好与一般的占 68%，未重犯组中占 62%；重犯组中学习成绩很差的占 9.66%，

① 参见［美］特拉维斯·赫希在《少年犯罪的原因》中提出，犯罪是个人与社会的联系薄弱的结果。他在加州西康特拉科斯塔县（Western Contra Costa County）对 17500 名中学生按种族、性别、学校、年级的标准进行分层抽样，抽取了 5545 名样本进行问卷调查，取得了 4077 名样本的完整资料。按照赫希的理论，人之所以不犯罪，与四种社会控制或社会联系有关：依恋、奉献、参与、信念。参见白建军：《控制社会控制——一种犯罪学范式的分析》，载《中外法学》2000 年第 2 期。

未重犯组仅占 4.55%，可见重新犯罪群体在学校期间的学习成绩存在差异性，但是与犯罪的关联性不够显著。

未成年人与学校联系的紧密程度，尤其是旷课、逃学、辍学与未成年人犯罪之间的关系，历来是未成年人犯罪领域研究的重点。一项调查显示：在 966 名接受调查的未成年犯中，只有 23%的有效个案处于正常在学状态，其余 77%的有效个案在实施犯罪进入少管所前即已辍学。未成年犯辍学率与非犯罪未成年人辍学率之间的巨大反差，清楚地表明了辍学与未成年人犯罪之间的相关性，与学校联系处于断绝状态的未成年人更倾向于犯罪的研究假设。①

（3）早期越轨经历

重犯组和未重犯组在早期越轨行为上存在显著差别。对于每一项越轨行为（旷课逃学、吸烟、饮酒、进入不适宜场所、夜不归宿、沉迷网络、打架斗殴、持有管制刀具、离家出走、强行索要钱财、偷窃财物），卡方检验的结果均达到显著。通过对照未重犯组和重犯组的相关数据，可以发现以下规律。

一是旷课逃学与重新犯罪具有关联性。无论是重犯组还是未重犯组，逃学旷课都高居首位。

二是吸烟行为较为普遍。根据社会学理论，这个现象一方面表现出青少年的从众心理、差异交往认同感、社会交往圈层文化；另一方面表现出偏差青少年较低的自我控制能力。同时，基于自我控制理论，经常吸烟的个体容易具有“易瘾性”体质。

三是与社会闲散人员交往较多，青少年同社会闲散人员交往过密，容易向他们学习，产生身份差异认同和强化，一旦闲散人员有违法犯罪经历，就极易诱发其重新犯罪。

四是重犯组和未重犯组偏差行为中，差距最大的首先是经常旷课和逃学的青少年，其次是与社会闲散人员交往的青少年。

3. 同伴经历

重犯组与未重犯组在同伴经历上的差异显著。第一次犯罪时，家庭成员被处分或者判刑的重犯人数显著高于未重犯人数，$\chi^2=77.97$，$p<0.001$，重犯人数是未重犯人数的 2 倍之多。对于重犯组和未重犯组，第一次犯罪前，

---

① 赵军、祝平燕：《学校联系紧密度与未成年人犯罪因果性经验研究——以旷课、逃学、辍学为指标》，载《教育研究与实验》2012 年第 1 期。

好朋友曾被治安处罚、强制隔离戒毒或被判刑过的人数差异显著，$\chi^2 = 235.64$，$p<0.001$，重犯组的社会圈中有违法犯罪经历的人数远远超过未重犯组。

（四）讨论

本研究聚焦重新犯罪群体童年时期的家庭、学校、越轨行为，注重从其自身因素和家庭、学校、社会关系因素进行筛查，通过定量分析，查找显著因素。

一是从统计结果来看，父母的差异性教养方式对于青少年有不同的影响，重犯群体中，父亲“专制”与母亲“溺爱”比较典型，而“不管不问”的亲子关系也给青少年带来心理影响，负向的家庭经历会给青少年成长带来一些不利因素，但是出现犯罪倾向的青少年未必都有负向的家庭经历。其中一部分是由于父母疏于管教，青少年与社会不良人员接触，产生差异性认同后，在周围环境的影响下出现偏差行为，继而导致犯罪倾向的产生。

二是本研究发现，青少年犯罪成长过程中“家庭”和“学校”对青少年的影响至关重要。第一条发展轨迹的意义在于说明家庭经历的重要性；第二条发展轨迹的意义在于说明学校经历的重要性，在学校的表现侧面反映出青少年的偏差行为和社会纽带的关系。学校惩罚措施效果不明显，如一半以上受处分的学生对学校的处分无所谓，和学校的联系变弱。

三是青少年偏差行为是具象表现，其深层次原因是低水平的自我控制。一旦有诱因发生，在时机和条件都允许的情况下，低水平控制能力很容易诱发犯罪。因此，青少年的偏差行为，需要综合个人、家庭、学校和社会进行全景式干预。同样，预防青少年重新犯罪，也应该从偏差行为、家庭关系、学校关系中阻断违法犯罪行为的影响因素。

二、犯罪经历与重新犯罪

（一）文献回顾与假设

初次犯罪是犯罪生涯的开始，初次犯罪历史是指罪犯初犯时的年龄，初犯的原因、前科的次数等。初次犯罪的历史在整个犯罪生涯中具有举足轻重的作用，基于“破窗理论”，因为一些微小的规则被破坏，可能会产生连锁反应，进一步导致更严重的犯罪行为。因此，初犯前的经历为了解重犯诱因和风险因素提供了依据。[①] 重新犯罪是指经法院刑事判决有罪并受到刑罚处罚的人员，在刑罚执行机构执行完毕或者赦免后一定期限内再次犯罪被判刑定罪的现象。正如学者帕累托提出的二八定律[②]，即少数犯罪分子实施大多数犯罪。因此，有效控制犯罪可以从控制少数危险罪犯入手。也有学者提出，犯罪与违法有一定的连贯性和稳定性，反社会行为与犯罪构成同行连贯性。[③] 犯罪决策是行为人选择可能产生社会危害性的行为方式以实现目的的权衡与决定过程，可以理解为一种认知加工过程。[④] 具体而言，犯罪决策是个体在面临各种选择时，通过权衡可能的收益与风险，考虑自身利益最大化的过程。个体会在犯罪行为所带来的潜在收益和可能的处罚之间作出理性的选择，以达到自己的目的。这种决策过程既考虑了社会、经济、心理等多方面因素，也影响个体决定是否从事犯罪行为。

1. 犯罪年龄与重新犯罪

诸多实证研究表明，犯罪年龄与重新犯罪之间关系密切，年龄、次数与犯罪有关，年龄越小，违法犯罪次数越多。[⑤] 一项关于重新犯罪的个体原因分析发现，初次犯罪时年龄越小，其未来多次重新犯罪的可能性就越大。[⑥] 从发展的角度看待重新犯罪可以发现，反社会行为或犯罪与年龄这一变量之间呈负向关系，即初次犯罪的年龄越大，未来重新犯罪的概率越低，且个体的反社会行为或犯罪行为在整个生命周期中呈下降的趋势。[⑦] 斯普鲁伊特等人的研究显示，年龄是累犯的重新犯罪风险因素之一，个体早期的不良经历更能够预测其未来的危险行为。[⑧] 潘开元等人的研究发现，累犯的年龄区域呈现年轻化趋势。累犯中，25 岁以下的罪犯占总数的 18.1%，这些人中 2 年

---

① 翟中东：《危险评估与控制——新刑罚学的主张》，载《法律科学（西北政法大学学报）》2010 年第 4 期。

② 同上注。

③ 汪明亮：《逐级年龄非正式社会控制理论及其借鉴意义》，载《青少年犯罪问题》2008 年第 2 期。

④ 马皑、章恩友、李婕：《犯罪心理学（第 2 版）》，中国人民大学出版社 2018 年版，第 70 页。

⑤ 翟中东：《关于重新犯罪防治政策调整的思考》，载《法学家》2009 年第 2 期。

⑥ 丛梅：《我国犯罪学本土化之重新犯罪原因分析》，载《犯罪学论坛（第一卷）》，中国法制出版社 2014 年版，第 16 页。

⑦ 曾赟：《逐级年龄生平境遇犯罪理论的提出与证立——以重新犯罪风险测量为视角》，载《中国法学》2011 年第 3 期。

⑧ 同上注。

内又犯罪的占49.85%，几乎达到半数。该比例说明了青壮年是累犯的高发人群，释放后2年内是重新犯罪的高发期。[①] 黄冬荣的研究也发现，重新违法犯罪人员的初次犯罪和重新犯罪均呈现年轻化、低龄化趋势。初次犯罪在25岁以下的占64%；26—30岁的占22.4%。重新犯罪在25岁以下的占21.2%；26—30岁的占26.4%。这些比例说明重新违法犯罪人员无论是在初次犯罪还是在重新犯罪时都主要集中在青壮年时期。[②]

逐级年龄非正式社会控制理论是由哈佛大学社会学教授桑普森和马里兰大学刑事司法和犯罪学教授劳布在20世纪90年代提出并论证的一种用非正式社会控制解释童年时期、青少年时期以及成年时期的违法犯罪行为的理论模型。生命历程理论还分析了违法犯罪行为的连续性和稳定性。发展犯罪学的奠基人格鲁克夫妇提出，犯罪行为的严重程度和持续程度与年龄密切相关，在儿童早期发生偏差行为的，很可能会将这种行为模式一直延续下去，直到成年之后。美国学者墨菲特从发展犯罪学的角度出发，提出犯罪群体可大体分为两类：其中一类特定群体会从生命早期开始，在此后人生的每个阶段都表现出各种形式的反社会行为，鉴于其犯罪生涯的持续性，给此类犯罪人贴上“终身持续性”的标签，即终身犯罪人；还有一类群体，其反社会行为的年龄更为短暂，大多数发生在青春期，并在此后逐渐减少乃至完全消失，这类犯罪人被墨菲特标注为“只限青春期”犯罪人。这两类犯罪人的反社会行为存在诸多差异，包括反社会行为产生的原因、行为类型、持续时间、戒除情况等各异。[③] 因此，年龄对于重新犯罪的影响不容忽视。基于此，本研究提出假设1：犯罪年龄与重新犯罪之间存在一定的关联性。

2. 犯罪动机与重新犯罪

“理性犯罪人”不会实施没有理由或者不理性的犯罪行为。[④] 对重新犯罪群体而言，刑事司法政策遏制犯罪的效果值得商榷，犯罪人会进行犯罪收益和成本之间的计算。[⑤] 此外，心理学家从犯罪心理角度对犯罪动机与重新犯罪

---

① 潘开元、李仲林：《北京市监狱管理局在押累犯犯罪原因及矫正对策》，载《中国司法》2006年第4期。

② 黄冬荣：《对250名重新违法犯罪人员的调查报告》，载《犯罪与改造研究》2009年第8期。

③ 赵希：《“终身犯罪人”和“只限青春期犯罪人”——特里·墨菲特犯罪人二分法的创立、演变及启示》，载《刑法论丛》2021年第1期。

④ 乔治·B. 沃尔德：《理论犯罪学》，中国政法大学出版社2005年版，第258页。

⑤ 美国经济学家加里·贝克尔在《论犯罪与刑罚：一种经济学研究》中运用“成本—收益”这一经济学基础理论对犯罪和惩罚问题进行全面分析与论证。

关联度进行研究，对于初犯和重犯，其犯罪心理不同。初犯实施犯罪时既有理性也有感性，而重犯则主动寻找犯罪机会。特别是对同质类罪犯而言，其犯罪心理相对强大，了解犯罪后果，但是仍然选择再次犯罪。国内学者丛梅通过对1996—2005年的初犯和重犯进行比较研究，发现90%的重犯人员是在预期惩罚成本很低的心理状态下实施的犯罪行为。[①] 犯罪动机是指导个体进行犯罪行为的内在因素或动力，基于理性选择理论的犯罪决策过程与犯罪动机之间的关系密切。[②] 犯罪动机可以对一个人是否会重新犯罪产生重要影响，主要体现在以下四个方面。

（1）经济动机：其是最常见的犯罪动机之一。对一些个体来说，经济困难可能会推动他们选择犯罪手段获取利益。因此，如果一个人在犯罪行为中获得了一定的经济收益，那么他就可能会因为贫困或金钱需求再次犯罪。并且，如果出狱后的处遇难以维持基础的生活需要，那么这些人员选择重新犯罪的概率就会上升。根据北京市监狱管理局的调查发现：有63.42%的累犯反映刑释后找不到工作，63.56%的人没有稳定收入，进一步的调查显示，认为“政府一直没有为我安排过工作”的占被调查累犯总数的46.99%。[③] 可见在基础的经济生存压力难以满足的情况下，这些人员重新犯罪的可能性会增加。冯昀在研究中指出，刑满释放人员无固定职业和稳定的生活来源是其重新犯罪的主要原因。生存是人的第一需要，“民以食为天”，刑满释放人员回归社会后，最迫切的就是尽快找到一份有稳定收入的工作。一旦这个需求无法满足，基于经济动机的犯罪就有可能再次发生。[④]

（2）心理动机：其包括对权力、控制和满足感的追求，以及对其他个人或社会的敌意、怨恨或挑战。这种动机可能驱使个体再次从事犯罪行为，以满足其心理需求或寻求满足感。在北京市监狱管理局调查的累犯中，有50.52%的人对重新犯罪行为有破罐子破摔的消极心理。[⑤]

（3）社会动机：其涉及个体对社会或政治体系的不满或反抗，以及对社会价值观的否定。这种动机可能导致个体再次从事犯罪行为，作为对社会现

---

① 丛梅：《重新犯罪实证研究》，天津社会科学院出版社2011年版，第149页。

② 杨鑫辉：《西方心理学名著提要》，江西人民出版社1998年版，第69页。

③ 潘开元、李仲林：《北京市监狱管理局在押累犯犯罪原因及矫正对策》，载《中国司法》2006年第4期。

④ 冯昀：《完善监狱改造制度　预防重新犯罪》，载《法制与社会》2008年第30期。

⑤ 潘开元、李仲林：《北京市监狱管理局在押累犯犯罪原因及矫正对策》，载《中国司法》2006年第4期。

状的一种抗议或反抗。

（4）成瘾行为：某些犯罪行为与其有关，如吸毒、赌博等。这些行为可能是由于个体对物质或行为的成瘾而产生的，而这种成瘾可能会导致个体再次从事犯罪行为，以满足他们的成瘾需求。

因此，本研究提出假设2：不同的犯罪动机影响个体的重新犯罪行为。

下文将根据这两条研究假设，研究变量选择为犯罪年龄和犯罪动机。

（二）统计结果

1. 犯罪年龄与重新犯罪

在年龄方面，初犯年龄在20岁左右是高峰期，50岁以后则急速减少。样本数据调查中，被调查对象初次犯罪年龄仅有10岁，在工读学校就读，工读学校是面向处在违法犯罪边缘的未成年人开设的专门学校，免予刑事处罚。初犯的平均年龄为27岁，初犯年龄的分布接近正态分布，18岁以下和55岁以上的人员占比较少，中间年龄段人数居多。第二次犯罪平均年龄为34岁，30岁左右是犯罪高峰值，再犯年龄为18岁以下或55岁以上的占比依然较少。此外，第一次刑满释放人员的平均年龄为30岁，正值生命历程中的黄金年龄，如果刑满释放后不能顺利融入社会，就很容易诱发再次犯罪。进一步对不同年龄的人员进行犯罪类型分析发现，从年龄差异看，未成年人的犯罪类型集中在盗窃和抢劫罪、故意伤害罪，60岁以上老年人重犯率相对较低，成年男犯集中在盗窃罪、毒品罪和诈骗罪。其中毒品罪居于首位，这主要与毒品犯罪中存在"以贩养吸"和"毒品圈"有关。发展犯罪学的奠基人格鲁克夫妇提出，犯罪行为的严重程度和持续程度与年龄密切相关，在儿童早期发生偏差行为的，很可能会将这种行为模式一直延续下去，直到成年之后。同样，墨菲特教授提出了这样的假设：年龄—犯罪曲线可能隐含着两类不同的犯罪群体，一类人从童年开始出现反社会行为，并且在之后的整个生命历程中持续从事反社会行为；而另一类人可能只是在年龄—犯罪曲线的高峰时间段从事反社会行为，并在此后逐步停止。这既可以解释年龄—犯罪曲线倒"U"的高峰产生的原因，也可以解释为何一部分人在高峰过后继续从事犯罪活动。①

---

① 赵希：《"终身犯罪人"和"只限青春期犯罪人"——特里·墨菲特犯罪人二分法的创立、演变及启示》，载《刑法论丛》2021年第1期。

从我国监狱中老年犯人口的增长来看，监狱老龄化危机已成为许多监狱系统面临的主要问题。监狱长刑期罪犯存在年龄的自然增长和叠加，同时减刑和假释从严掌握，特别是对于一些特定犯罪类型罪犯，在《刑法修正案（八）》调整后，被限制减刑、缓刑、假释以及不得暂予监外执行，意味着少部分长刑期罪犯面临终身监禁制度的可能性增大。刑事执行政策的调整，延长罪犯服刑的年限，导致监狱刑期较长罪犯的数量增加，监狱关押的老年犯越来越多。从司法成本和效益的角度来分析，老年犯重新犯罪率低、社会危害性相对较小。但是在监狱里，由于劳动能力低，百分考核分数上升缓慢，因此获得减刑假释的次数相对较少，关押时间会延长。而随着年龄增长，监狱需要投入的司法成本也会相应增加，特别是在医药费、慢性病的防治方面，增加监狱负担。如果采用宽缓刑事政策，对于服刑 20 年以上并且年龄达到 80 岁以上的老年人，扩大假释比例既是对老年犯人权的尊重、健康权的保障，也是帮助其回归社会，减少司法资源浪费的有力途径。因此，如何在宽严相济的刑事司法政策下，处理好老年犯重新犯罪问题，成为司法改革的一项重要任务。

2. 犯罪动机与重新犯罪

从访谈调查结果来看，重犯组和未重犯组在“获取钱财”“报复他人”“发泄对社会不满”“追求性满足”“恶作剧”“讲义气”“不知道是犯罪”“进监狱治病或养老”的人数上存在显著差异，p 值均小于 0.05。例如，初犯可能更倾向于因为不知道是犯罪或是为了恶作剧而犯罪，而重犯则可能更多的是为了获取钱财、报复他人或追求性满足而再次选择犯罪。这种差异表明，在预防和处理犯罪问题时，需要充分考虑犯罪人群的不同特点和动机因素，以制定有针对性的犯罪预防和惩治策略。因此，深入分析这些差异有助于更好地理解犯罪行为背后的动机，为有效预防和打击犯罪提供重要参考。

另外，从初犯动机的年龄交叉分析结果来看，“获取钱财”在重犯群体各个年龄阶段的犯罪中是最主要的动机。这一发现表明，对重犯群体而言，经济因素在不同年龄段都是驱使其再次犯罪的主要原因。这可能与重犯群体中存在的经济压力、生活困境以及对物质享受的追求有关。值得关注的是，相对成年人而言，未成年人对自己所实施的危害社会的行为是具有一定认识的，但由于社会化程度有限，导致他们的这种认识是肤浅的、幼稚的、模糊的。从发展心理的角度来看，未成年人对事务性质的认识和分辨缺乏鲜明的标准和界限，对是非对错的判断甚至是颠倒的；在思维过程中，分析、判断与推理的能力较差，认识的深刻性、批判性等不成熟。由此实践中经常出现这样的案例，未成年人把抢劫同学视为“要钱”、把强奸视为“要朋友”、把盗窃看作“拿点东西”等，对造成的危害表现得无所谓，犯罪后一般也不会刻意逃避。[①] 这些都反映出未成年人所特有的基本认识特征，因此对于未成年犯罪人的处理，重要的是进行有针对性的教育和挽救，而不是以报应为主的严厉惩罚。这一发现提示我们，对未成年重犯群体的犯罪动机进行深入研究和关注尤为重要。未成年人处于身心发展的关键阶段，性满足等心理因素可能会对其行为产生重要影响。因此，针对未成年重犯群体的犯罪预防和矫治措施应当更加全面和细致，不仅要考虑经济因素，还需要充分关注心理、教育等方面的因素，以便有效地预防和减少未成年人的再次犯罪行为。

并且，在犯罪的预谋性上，初次犯罪时“有预谋”的人员不足25%，因事物引诱而偶然产生犯罪行为的高达40%，因冲动而犯罪的占22.5%；第二次犯罪时，“一时冲动”行为降低2%，而“早有预谋”占比明显上涨。[②] 这个发现为掌握犯罪机会和诱因，有效防控再犯提供了方向。“早有预谋”可以解释重犯人员在犯罪成本和犯罪收益之间选择的结果，当犯罪收益远高于犯罪惩罚的后果时，其会有预谋地实施犯罪行为。但是有预谋的故意犯罪却随着犯罪次数的增加而呈正态发展，可以预见重新犯罪动机更具主动性。从犯罪心理学的角度来说，冲动通常是由于外在刺激而产生行动的倾向，冲动性容易让重犯人员忽略刑罚的威慑力和犯罪风险成本。

三、认罪认罚与重新犯罪

（一）文献回顾与假设

随着2019年《关于适用认罪认罚从宽制度的指导意见》的颁布，我国认罪认罚从宽制度的建构进一步成熟。但是，“认罪认罚制度”的概念缺乏权威性界定。何谓“认罪”？何为“认罚”？对重犯而言，特殊预防的目的是帮助其重新融入社会。罪犯入监教育“第一课”，通过多媒体教学开展法律常识、

---

① 张远煌：《中国未成年人犯罪的犯罪学研究》，北京师范大学出版社2012年版，第11页。

② 闫佳：《刑罚执行场域中重新犯罪影响因素研究》，载《政法学刊》2024年第2期。

心理健康、认罪悔罪等相关教育，要求每名罪犯书写认罪悔罪书，唤起罪犯“忏悔、守法、感恩、自新”的意识。罪犯认罪悔罪同认罪认罚目标一致。[①]“认罪认罚”有利于在实现司法公正和效率统一的同时，推动重新犯罪治理的变革，如认罪认罚有助于重犯与被害人关系的修复，有助于重犯积极主动接受自我改造，有助于司法裁决的便捷迅速，有助于“宽严相济”刑事政策在量刑、刑罚执行、罪犯处遇上更好地发挥成效。

认罪认罚不仅是法律程序中的一个步骤，更是犯罪个体对其行为的自我认知和接受。通过认罪认罚，犯罪人员展示了对其所犯罪行后果的理解和对法院判决的尊重。这种自省能力有助于他们意识到犯罪行为对社会、受害人以及个人生活产生的负面影响，从而在心理层面上减少再次犯罪的动机。从理论上讲，认罪认罚的接受意味着犯罪人员对法律权威的认可，表明他们愿意遵守法律和社会秩序。这种态度可以使他们在未来避免涉及犯罪行为，并更倾向于遵循法律的指导和法院的规定。

研究表明，认罪认罚态度积极的个体通常表现出更高的法律遵从度和责任感，这对减少其重新犯罪的倾向至关重要。这些人倾向于对其犯罪行为负责并愿意接受法律的制裁，表明其在法律和社会规范面前的尊重和理解。这种态度不仅反映了其内在的道德认知，也反映了其更广泛的社会适应能力和决策的成熟程度。因此，认罪认罚态度良好的个体往往更能有效地避免再次犯罪，因为他们已经通过自我认知和法律接受程度，建立了更为稳固的社会适应基础。

基于此，提出假设：不同重新犯罪群体间的认罪认罚程度存在显著差异。

（二）统计结果

重犯人员两次犯罪认罪认罚态度的差异性检验包括两个部分：对法院判决评价、对犯罪行为评价。第一次和第二次犯罪判决后，个体在这两项上的人数差异均达到了统计学显著，p 值小于 0.001。在“对于法院判决结果评价”这一题中，重新犯罪者中认为初次犯罪判决适当的占 60%，认为过重的约占 30%，认为第二次犯罪法院判决过重的比例上升至 50%，两者差距较为明显。在对犯罪行为的评价上，第二次犯罪相比于第一次犯罪，感到后悔的

① 黑龙江监狱：《凤凰山监狱开展入监教育“第一课”规范管理“四步走”》，载 https://m.thepaper.cn/baijiahao_25574966，最后访问时间：2024 年 3 月 1 日。

人数显著提升，这是刑罚威慑力有效性的佐证。

同时，根据有关部门实证调查发现，认罪认罚罪犯的其他矫正表现相对更好。一是认罪认罚罪犯相较于非认罪认罚罪犯再犯率更低。例如，2021—2022 年 S 市 B 看守所认罪认罚罪犯 2347 人，再次犯罪的有 4 人，再犯率是 0.17%；非认罪认罚罪犯 575 人，再次犯罪的有 5 人，再犯率是 0.87%。二是认罪认罚罪犯相较于非认罪认罚罪犯的学习效果更好，法治意识树立情况优于一般罪犯。S 市四所监狱认罪认罚罪犯共 176 人，已完成当年普法考试的有 86 人，其中有 69 人的考试成绩高于当年的平均分。三是认罪认罚罪犯相较于非认罪认罚罪犯悔罪程度更深。S 市 Z 区社区矫正中认罪认罚罪犯 583 人，悔意来源于“对被害人或者社会的伤害”的有 264 人，占 45%；悔意来源于“对家人和自己的伤害”的有 300 人，占 51%。非认罪认罚罪犯 16 人，其中悔意来源于“对被害人或社会的伤害”的仅有 1 人，占 6%；悔意来源于“对家人和自己的伤害”的有 14 人，占 88%。[①] 四是根据监管民警反映，认罪认罚罪犯相较于非认罪认罚罪犯服从管理的意识更高，非认罪认罚罪犯则存在对抗管教等现象。但是，在罪犯层面，在不同场所服刑的罪犯对认罪认罚从宽制度的认知程度不同。针对 S 市四所监狱的 360 名罪犯的调查显示，自认为适用了认罪认罚从宽制度的罪犯有 287 人，而实际适用该制度的罪犯有 138 人，由此反映出监狱罪犯群体对认罪悔罪与认罪认罚从宽制度无法作出明确区分。具体表现为，部分认罪认罚罪犯在刑罚执行阶段中，认罚只认主刑而不认附加刑。大部分罪犯认为，认罪认罚只在审判阶段对其有影响，在执行阶段没有关系，从而导致部分罪犯虽然认罪认罚，但在执行阶段认为判决从宽不够，甚至判决过重，反映出该部分罪犯实际上对判决结果持消极、否定态度。[②]

因此，认罪认罚与重新犯罪具有一定的关联性，应该充分发挥认罪认罚从宽制度在刑罚执行阶段的功能和效用，对于认罪认罚越早、态度越稳定的罪犯，在法定的减刑起始时间、间隔时间、减刑幅度、假释考验期等方面给予从宽掌握，打通认罪认罚与执行阶段衔接的关键环节，最大限度地发挥刑罚的激励功能，在探索的基础上逐渐形成制度共识，逐步建立起一套更有效的认罪认罚罪犯管理机制，更好地将罪犯改造成守法公民。[③]

---

① 上海市浦东新区人民检察院课题组：《适用认罪认罚从宽制度罪犯矫正实效研究——以 S 市监狱、看守所及社区矫正罪犯为切入》，载《犯罪研究》2023 年第 6 期。

② 同上注。

③ 同上注。

第二节　中观层面：刑罚执行场域的效能检验

犯罪产生与社会发展、经济建设、制度更迭、文化背景、生态环境之间的关系密切而深刻。早在 1930 年，著名学者严景耀就提出犯罪是社会制约失效和社会解体所引起的必然结果。[①] 因此，在刑罚执行场域内考察重新犯罪问题，必须将其放在整个社会发展的时代背景下去评估，重新犯罪现象不仅是犯罪人的个人行为，也是刑事司法场域的问题，更是国家治理有效性的问题。本节从监狱矫正、刑罚体验、刑事执行变更等视角综合评估重新犯罪的深层次风险因素，而这些因素与罪犯监管改造有效性、刑满释放后重新犯罪密切相关，同样也是刑事政策关注的重点和难点。

一、矫正效能与重新犯罪

针对改造是否有效这个本源问题，早在 20 世纪 60 年代，美国就有学者进行了广泛的讨论。特别是以马丁森提出的“矫正无效论”为起点，罪犯改造的效果成为世界范围内监狱行刑理论最为重要的命题之一，至今实践和理论部门专家仍未达成一致的认识。[②] 重新犯罪率通常会作为改造效果的评价标准。刑罚执行期间的矫正既是重新犯罪控制体系最重要的环节，也是重新犯罪不同于一般犯罪的核心措施。重新犯罪群体关押在看守所、监狱等机构内，特别是有两次及两次以上监狱服刑经历，其中监禁矫正对于罪犯的威慑和改造作用最为显著。刑罚执行场所包括监狱、看守所等，由于监狱融合惩罚、矫正、隔离、回归多重目的，体现出监狱与罪犯之间的博弈和平衡，因此本节的研究范围仅限于监狱刑罚执行场所内。同时，监狱刑罚执行场域内亲情帮教、矫正项目、刑罚体验、刑事奖励等，是否与重新犯罪有关联，如何发

---

① 严景耀：《中国的犯罪问题与社会变迁的关系》，商务印书馆 2019 年版，第 19 页。

② 刘崇亮：《以再犯罪风险控制为导向的监狱行刑改革实证研究》，中国政法大学出版社 2020 年版，第 198—202 页。

挥监狱刑罚执行有效性，正是本节研究的主题和目的。

（一）文献回顾与假设

1. 监狱教育矫正与重新犯罪

刑罚威慑理论、教育改造理论、矫正论、人格改造论和犯因性差异理论，共同构成了监狱理论基础。龙勃罗梭否定刑罚特有的报应论，主张应基于犯罪人特征，针对不同犯罪特质和危险性，采取特殊刑罚措施，是最重要的理论之一。意大利刑法学家贝卡里亚曾提出“罪刑阶梯论”，按照犯罪从严重到一般的程度，需要相应的由强到弱的刑罚阶梯。[①] 犯罪严重程度和刑罚轻重对应着矫正效能程度，因此应促进矫正与犯罪和刑罚阶梯的实现。[②] 矫正效能需要矫正理论和矫正模式得以实现，若矫正理论不同，则产生的矫正效果不同。以我国特色罪犯劳动改造理论为例，它强调劳动在罪犯矫正中的作用。一方面培养罪犯劳动技能，另一方面改变罪犯恶习。监管改造能够帮助罪犯遵规守纪，成为守法公民；教育改造能够帮助罪犯培养人格、修正价值观、养成行为习惯等，因此监狱矫正通过不同的矫正手段和矫正项目促进罪犯行为规范和人格的改造。犯因性差异认为，犯罪者基于不同犯因性差异而接受改造，经改造过后犯因性的差异被改造或者缩小。[③] 矫正范式正是在理论指导下进行的矫正项目，随着特殊预防思想和预防性刑法立法的发展，矫正项目的有效性受到越来越多的关注。美国有学者根据刑罚的目的，将重新犯罪防治的政策范式分为四种，[④] 还有学者在此基础上，增加了重犯社会范式、综合范式。[⑤] 其中，重犯社会范式在重新犯罪防控中最为有效。刑罚执行领域循证矫正的运用体现在对监狱循证矫正项目和罪犯风险评估工具的研发上。美国《刑事司法体系中的循证矫正》明确了有效矫正的八项原则。[⑥] 加拿大犯罪矫正专家提出“RNR”原则，即有效矫正的三原则——风险（risk）、需求（needs）和响应（responsivity）是循证矫正的

---

① ［意］贝卡里亚：《论犯罪与刑罚》，黄风译，中国法制出版社2005年版，第15页。

② 储槐植：《刑事一体化论要》，北京大学出版社2007年版，第76—77页。

③ 吴宗宪：《监狱学导论》，法律出版社2012年版，第48页。

④ 翟中东：《国际视域下的重新犯罪防治政策》，北京大学出版社2010年版，第247页。

⑤ 同上注，第281—283页。

⑥ The NIC Information Center. *Evidence - Based Practices in the Criminal Justice System*. https: //nicic. gov/library/026917.

核心原则。[①]“再犯风险”作为“矫正有效性”的判断标准。但是再犯风险不等同于人身危险性，因此矫正的有效性不仅体现在服刑期间减少再犯，还体现在刑满释放人员回归社会后减少再犯。我国明确将罪犯改造成为守法公民，必须坚持惩罚与改造相结合、教育和劳动相结合，[②] 因此在监狱矫正过程中，教育改造作为矫正的重要手段是必要的。但是教育改造的有效性与罪犯释放后重新犯罪有何种关系？不同类型的重新犯罪人在监狱矫治因素上存在何种差异？结合以上理论及实证结果，本研究提出如下假设。

假设1：在监狱矫治因素上，不同类型罪犯之间存在差异。

假设2：不同类型罪犯在不同罪名上的教育改造效果存在差异。

2. 监狱亲情帮扶与重新犯罪

监狱教育改造过程中，家庭也是社会资源的一种，亲情帮扶教育对于矫正效能具有重要作用。中国传统文化历来重视“家本位”，以血缘亲情为纽带的家庭和家族文化，监狱服刑期间的家庭帮扶是罪犯与社会连接的纽带和媒介，有效的家庭帮扶对于服刑人员的感化和教育具有重要作用。家庭的亲情帮扶能够满足罪犯对于爱、归属和安全的需要[③]，特别是在监禁这种特殊环境下，罪犯情感和亲情需要的满足都需要家庭参与其矫正，这对于其积极改造和预防代际犯罪大有裨益。因此，可通过对罪犯服刑期间家庭参与度，亲情支持和帮扶情况的调查分析，考察其对于罪犯回归社会后重新犯罪的关联性。基于此，本研究提出假设3：不同类型罪犯的亲情支持情况存在差异。

（二）统计结果

1. 监狱教育矫正与重新犯罪

我国监狱教育矫正对于改善罪犯文化和技能素质，帮助其顺利重返社会，预防重新犯罪具有重要的作用。可通过对重犯组及未重犯组的访谈数据进行实证分析，验证监狱教育矫治的有效性。

从个别访谈调查汇总数据来看，在教育改造的过程中，重犯组和未重犯

---

① 康姣：《循证矫正的生成根据及其本土实践再思考——基于“有效矫正”的诉求》，载《中国人民公安大学学报（社会科学版）》2019年第6期。

② 王超、周倩、刘民：《试论正确把握和落实宽严相济的刑事政策》，载《中国司法》2008年第5期。

③ ［美］亚伯拉罕·哈罗德·马斯洛：《动机与人格》，陈海滨译，江西美术出版社2021年版，第39页。

组的文化程度均有一定程度的提升，但两组间的差异不显著，$\chi^2 = 2.28$，$p = 0.517$，表明大部分重犯和未重犯均能从监狱改造中实现扫盲及完成学业的任务。但是，在服刑过程中，不同组别的人员学习技能的程度有所差异，$\chi^2 = 21.66$，$p<0.001$，未重犯组人员中掌握技术且获得证书的人数明显高于重犯组，表明未重犯组人员存在更高的学习和改造意向。对于教育改造效果，两组之间的差异显著，$\chi^2 = 106.79$，$p<0.001$，未重犯组人员整体上的教育改造效果优于重犯组，有更多的人取得了比较有效的改造效果。最后，数据显示，重犯组和未重犯组人员在应该加强的教育方面存在显著差异，$\chi^2 = 87.08$，$p<0.001$。重犯组比未重犯组更需要加强法治教育、文化学习、技能培训、心理健康和形势政策教育。总体而言，监狱应当“依类施策”，针对不同类型的罪犯开展不同的教育改造项目，应当加强对重犯组人员各方面的把控和教育，同时鼓励未重犯组人员积极参与学习并尽快取得改造成效。由此假设 1 得到了验证。

为深入了解教育矫治的作用，让不同犯罪类型的重犯人员对其教育改造效果进行自陈式评估。结果显示，绝大多数寻衅滋事罪犯和诈骗犯认为教育改造有效，次之是故意伤害罪犯。这与犯罪类型的特点有一定的关系。例如，寻衅滋事罪犯中未成年人比例较大，文化教育改造需求相对较大。而诈骗犯文化程度相对较高，更加能体现出教育改造的效果。认为教育改造效果有效占比最低的是毒品罪犯，次之是盗窃罪犯和强奸罪犯。毒品和盗窃恰恰是重犯率最高的犯罪类型，二进宫、三进宫、多进宫人员较多。对多进宫群体而言，监狱文化教育的改造内容相对陈旧固定，据个别访谈人员反馈，第一次入监接受文化教育特别是传统国学教育时感到新鲜，第二次进监狱学习的内容还是一样的，就会感觉无聊，没有收获。对毒品犯来说，禁毒类知识更受欢迎。从以上结果来看，不同类型罪犯在不同罪名上的教育改造效果存在差异。由此假设 2 基本得到验证。

根据重犯群体认为最有效的教育矫治内容评估来看，法治教育最受欢迎。结合前期调研犯罪原因分析中，不懂法、不知法也是重新犯罪群体面临的困难之一，特别是随着刑法预防性立法推进，新的罪名不断出现，如高空抛物罪、酒驾罪等，但是重犯人员长期在监狱服刑，接收的信息资源和法律知识相对匮乏，对于罪与非罪、此罪与彼罪、罪刑标准等缺乏基本知识，知法学法懂法机会不多，法治教育成为他们普遍认可的教育内容。因此，针对性特色教育更容易发挥作用。

此外，监禁与犯罪关系的三元性。一是监狱将罪犯隔离，强制矫正，帮助他们回归社会后远离犯罪。二是监狱的生活环境对惩罚的严重性产生影响。情境预防理念下，监狱就是一种情境，监狱亚文化滋生，不同恶习和犯罪行为的罪犯聚集，不仅容易交叉感染，更便于罪犯之间交流犯罪技巧。三是罪犯污名效应的叠加，长期处在监禁状态下，污名影响会加剧。

2. 监狱亲情帮教与重新犯罪

从访谈统计的结果来看，重犯组和未重犯组在家庭亲情情况上存在一定的差异。具体而言，重犯组和未重犯组人员在第一次服刑期间的探视情况存在显著差异，$\chi^2=9.13$，$p=0.010$。相比于未重犯组，很少或几乎没有探视的重犯人数明显更多，表明重犯人员受到家人的关注相对较少，这可能是影响其重复犯罪的潜在风险因子。在第一次服刑期间，重犯和未重犯的家人无法进行探视的原因基本相似，不存在显著差异，$\chi^2=2.12$，$p=0.583$。

同时，重犯与未重犯在服刑期间的通信情况相似，两组之间的差异没有达到统计学显著，$\chi^2=0.15$，$p=0.93$。其中约有20%的人员并未收到家人通信，这是因为：一方面，信息社会通信联络方式缓慢、不便捷、相对滞后；另一方面，通信联络的方式并不太受服刑人员欢迎，特别是有些服刑人员的文化程度较低，无法使用通信方式沟通。

然而，在第一次服刑期间，两组人员收到汇款和包裹的情况存在差异，达到了统计学边缘显著，$\chi^2=5.66$，$p=0.059$。未重犯组相比于重犯组得到了家人更多的物质和精神关怀，这与前文的研究结果相类似，安稳、有爱的家庭环境也是防止重新犯罪的保护因素之一。良好的家庭支持和参与，对于发挥亲情力量激励罪犯自我改造，接纳罪犯融入社会具有积极作用。刑满释放后罪犯重返社会，家庭的接纳是他们与社会联系的第一粒纽扣。相反，监禁期间亲情缺失、社会关系割裂，罪犯一旦回归社会就很容易陷入孤立无援状态，无论是满足其基本生存需要还是诱发重新犯罪，都会带来隐患，因此监狱需要加大对家庭感化教育与帮扶参与的重视和支持。基于此，不同类型罪犯的亲情支持情况存在差异，假设3成立。

（三）讨论

监狱矫正的有效性因人而异，正如访谈调查统计数据显示，无论是刑罚体验还是刑罚感受、刑罚执行奖励，对于不同年龄、不同犯罪类型的罪犯都具有不同的影响力，因此单纯讨论监狱矫正是否有效意义不大，而应科学评估罪犯矫正需求，结合罪犯的犯罪风险因素的差异，实施针对性监狱矫正措施。不同类型的矫正措施，如教育矫治、劳动矫正、心理矫正等，对罪犯的思想和行动的影响力也不同，有些罪犯认为教育矫正效果明显，而有些罪犯认为教育矫正无效。在教育矫正内容的选择上，罪犯主张加强法治教育培训的人数占比最多，可见，重新犯罪调查数据印证了监狱矫治的成效和改革的方向。有学者指出，"刑罚执行观念的转变，让人们认识到通过刑罚执行来消除罪犯的主观恶性，防止其重新犯罪的作用"①，但是对未成年罪犯而言，刑罚执行威慑力的效果并不明显，因此需要建立一整套定性和定量相结合的分析机制，以评估罪犯管理考核评价体系，发挥监狱矫正作用，进而为其重返社会做好准备。

监狱教育矫正效能评价是推进教育矫正实践的基础性工作，需要厘清评价的主体、客体、对象及目的等基本内涵，并强化其创新性、复杂性、导向性、系统性、开放性等基本特性。监狱教育矫正效能评价体系的设计需要依托教育矫正活动的计划性、精细化和体系化来展开，针对个体与群体、单一与综合、短期与长期、经济与社会、直接与间接等不同样态加以完善，并加强工作理念、法律制度和专业人才等相关支撑。特别是在新时代，要立足当前经济社会发展的时代特色，更多地运用大数据分析等信息技术手段，以及社会学、心理学相关的研究成果，开发更高效的教育矫正项目；要立足全面依法治国进程和推进国家治理体系和治理能力现代化的新理论、新实践，在教育矫正及其效能评价的理论创新和实践探索中，坚持法治理念、法治思维，使教育矫正及其效能评价等工作成为推进监狱工作法治化、社会化的抓手，实现包括教育矫正及其效能评价工作在内的监狱各项工作的规范运行和健康发展。②

二、刑罚体验与重新犯罪

（一）文献回顾与假设

贝卡里亚曾说："刑罚的威慑力不在于刑罚的严酷性，而在于其不可避免

① 王泰主编：《罪犯管理概论》，法律出版社2001年版，第1页。

② 姚学强：《监狱教育矫正效能评价相关问题研究》，载《司法警官职业教育研究》2022年第3期。

性。”① 刑罚的威慑性在于刑罚所带来的痛苦，如果痛苦越大，人们产生的畏惧心理越强，刑罚威慑的效果越好。但是，如前所述，重刑下重新犯罪率并没有因此降低，刑罚威慑力的效果受到质疑。加重处罚力度的威慑效应有限，基于惩罚力度的感知与实际情况存在割裂，时间和空间上割裂，因此无论是刑罚的威慑力还是刑罚的及时性，刑罚对于重新犯罪预防都发挥着一定的作用，但是否为最有效的方式之一，值得进一步商榷。基于文献梳理，提出假设4：不同类型罪犯的监狱刑罚体验存在差异。

（二）统计结果

刑罚体验与重新犯罪的关系比较复杂。刑罚的威慑在于犯罪预防，但是其产生的“标签效应”导致犯罪人“破罐子破摔”，却又诱发其犯罪。那么，如何看待用刑罚威慑预防犯罪作用机制的方式？

首先，从预期惩罚角度比较，重犯组及未重犯组人员在犯罪前是否想过受到刑事处罚这一项上差异显著，$\chi^2=94.42$，$p<0.001$。未重犯组人员对犯罪后的刑事处罚持消极态度，存在对刑罚的敬畏；而重犯组中则有更多人员表示犯罪后受到的刑罚与预期相似或更轻，这可能是让他们不那么畏惧再次犯罪的心理原因。在想到刑事处罚依然选择犯罪的原因上，重犯组和未重犯组呈现出显著差异，$\chi^2=34.61$，$p<0.001$。重犯组人员中选择“怕，但合算”的人数明显较多，这表明重犯组人员因一时冲动或情绪化而不小心犯罪的可能性较小，犯罪反而是他们经过思考后作出的自认为正确的决策。重犯组会在犯罪机会与惩罚预期之间进行理性比较和权衡，当刑罚的威慑力和惩罚力低于犯罪所带来的收益时，他们宁可冒着风险仍然选择实施犯罪。

其次，在服刑后的刑罚体验上，未重犯组人员明显更加害怕再次受到惩罚，$\chi^2=208.72$，$p<0.001$。法律对未重犯人员具有较强的威慑力。从犯罪机会的角度比较，“不怕刑事处罚”的重犯组占比超过未重犯组，可见刑事处罚的威慑力客观存在，“怕刑事处罚但认为抓不住自己”比重最大。可见“心存侥幸”是罪犯“铤而走险”的重要原因。正如前文的文献提到的，贝克尔“威慑理论核心计算公式”经济利益的博弈，惩罚的确定性和力度影响预期的

① ［意］贝卡里亚：《论犯罪与刑罚》，钟书峰译，法律出版社2021年版，第137页。

犯罪成本，进而影响行为选择，形成威慑。① 罪犯实施犯罪时会觉得“合算”。“一时冲动”两组所占的比例都很高，重犯组和未重犯组人员自述想到“会受惩罚，仍犯罪”的原因就是“一时冲动”，可见，在犯罪发生的情形下，在犯罪场所、犯罪刺激、被害人原因、情绪和心理等诱因的共同作用下，罪犯会“不管不顾”，失去理智，表现出“冲动是魔鬼”的镜像。犯罪是人们权衡了成本收益以后做出的理性选择，而只有当收益大于成本的时候，人们才会进行犯罪。因此罪犯心理、被害人等需要重点关注。

同时，“非常害怕再受到刑事处罚”的未重犯人员比例较小，远远低于重犯组；重犯组人员经历刑罚后，“胆子更大，不会被抓”的比例相对较高，可以解释为在监狱亚文化理论下，罪犯受交叉感染影响，以及监狱矫正严厉性不足，罪犯处遇和罪犯分类不精准等问题，其深层次原因则需要进一步个别访谈。

最后，从获释后打算角度比较，不同组别人员的差异显著，$\chi^2=108.29$，$p<0.001$。绝大多数罪犯获释后，都表示“不再违法犯罪”。经过对表示“肯定再犯”人员再次核对发现，犯罪类型集中在“毒品罪、盗窃罪”比例相对较高，暴力犯最少。而这也与惯犯、习犯、累犯的特征有关，毒品罪犯中有一部分罪犯有吸毒史，存在“以贩养吸”情况，释放后再次犯概率较大。监狱推行罪犯风险评估，也是为了筛查出职业犯罪人或者再犯风险高的罪犯。可见，不同类型罪犯的监狱刑罚体验存在差异，假设 4 得到了验证。

三、刑罚变更与重新犯罪

（一）文献回顾与假设

刑罚的目的之一是惩罚与改造，帮助罪犯顺利回归社会，减少和降低再犯率。我国刑法规定了减刑、假释、暂予监外执行等刑罚执行的变更方式，以促进服刑人员的改造积极性。特别是我国《刑法修正案（八）》和《刑法修正案（九）》，对于刑罚执行变更给予新的规定，明确对部分死缓罪犯限制减刑、不得假释；扩大减刑假释的适用范围，新增对有关判处管

① Becker, G. S.: “Crime and Punishment Economic Approach”, *The Journal of Political Economy*, 1968, p. 2.

制、宣告缓刑的犯罪分子，法院可根据犯罪情况，发布缓刑禁止令或禁止令。[①] 刑罚变更的调整，如扩大“不得假释的范围”，使监狱某些类型的罪犯刑期延长，虽然通过延长刑期这种物理的隔离手段能够实现重新犯罪率降低，但是除了终身监禁、死刑之外，罪犯必然要重返社会，长期不得假释的境况使他们与社会进一步脱节，反而会增加其重新犯罪的可能性。犯罪作为社会必不可少的现象，无法消灭，只能尽可能地控制在合理范围内。根据犯罪学家的犯罪饱和、犯罪发生机制等学说，即使是累犯、再犯，也不能长期隔离、与世隔绝，在强调报应和威慑的同时，更要帮助其顺利回归社会，以控制再次犯罪的风险。那么，在减刑、假释、暂予监外执行政策持续收紧的背景下，重新犯罪与刑罚变更是否具有关联性？如何看待刑罚变革政策效力？

在研究重新犯罪影响因素时，刑罚变更在改善罪犯的后续行为中发挥着重要作用。刑罚变更作为司法体系中的一种干预措施，旨在通过激励和引导，促使罪犯在服刑期间和释放后更好地融入社会，并降低其再次犯罪的风险。研究表明，个体接受积极的刑罚变更，如法律奖励（如早期释放或减少刑期)、减轻刑罚（如缓刑）或保外就医（如医疗治疗或康复计划）后，可能会显著降低其重新犯罪的概率。然而，刑罚变更并非普遍适用且有效的犯罪预防手段。个体的复发风险、社会再融入支持、个人意志力以及刑罚执行的质量等因素，都可能影响其后续的行为表现和犯罪预防效果。因此，必须综合考虑这些因素，以制定更为有效和个性化的刑罚变更策略，从而最大限度地提升其预防犯罪的效果。

基于上述文献考察，本节提出探索性假设如下：

假设1：不同监狱刑罚执行变更情况下重新犯罪人数可能有差异。

假设2：不同法律奖励情况下重新犯罪人数可能有差异。

（二）统计结果

根据重犯组与未重犯组对照可以发现，不同重新犯罪对象的服刑后释放形式差异不显著，$\chi^2=1.56$，$p=0.74$，这说明服刑后不同的释放形式对重新犯罪的影响不明显。具体而言，减刑对于重新犯罪的影响并不显著。未获得

---

① 《刑法修正案（八）》在刑法第三十八条中增加一款作为第二款：“判处管制，可以根据犯罪情况，同时禁止犯罪分子在执行期间从事特定活动，进入特定区域、场所，接触特定的人。”

减刑的群体比例接近一半，其原因一方面是《刑法修正案（八）》延长了罪犯减刑后的实际执行刑期，对特殊累犯种类①限制减刑的条件，一些罪犯不限制减刑；另一方面短刑犯由于减刑受到时间限制，造成他们实际上无法享受到减刑奖励。此外，随着减刑、假释、暂予监外执行相关腐败案件曝光，② 对减刑、假释的要求更加严格，特别是2021年两院两部出台《关于加强减刑、假释案件实质化审理的意见》③，强化对案件审理的监督，严格规范减刑、假释工作。

此外，关于第一次服刑期间获得的法律奖励，不同组别间的差异也不显著。假释与减刑制度适用比例不平衡，假释制度适用率不足5%，之所以减刑在刑事执行变更中占据绝对的主导地位，在于假释规定的条件更加严苛④，假释附带考验期，而且需要评估"再犯危险性"和"对居住社区的影响"。对罪犯而言，大多数愿意选择减刑。实践中，暂予监外执行的适用仅为个位数字，需要严格的程序和条件。特赦和赦免属于特殊情况，其适用率更低。近年来，特别是实质化审理规定的出台，国家对减刑、假释的定位发生了明显变化。检察院和法院在对案件进行实质化审理的过程中，对证据的举证、质证以及不予采信证据等增加了一定的意外情况，"减假暂"案件提请数量、通过检察机关审查的数量和法院裁定率与实质化审理前相比明显降低。罪犯对获得减刑、假释和其他（如物质方面、精神方面）奖励的期望发生相应变化，减刑、假释的激励作用在功能和地位上都有所改变，通过刑罚执行变更执行制度激励罪犯积极改造的激励效果有所减弱。⑤

---

① 特殊累犯由原先仅限于"危害国家安全罪"扩大到现在包括"危害国家安全犯罪、恐怖活动犯罪、黑社会性质的组织犯罪"三种犯罪。

② 例如，2017年和2018年，人民检察院刑罚执行监督减刑假释案件分别为30888人次和42330人次，来源《2019中国社会统计年鉴》，统计年鉴分享平台，https：//www. yearbookchina. com/navipage-n3020032703000317. html，最后访问时间：2021年12月1日。

③ 《两部两高发布〈关于加强减刑、假释案件实质化审理的意见〉》，载光明网，https：//m. gmw. cn/baijia/2021-12/08/1302711396. html，最后访问时间：2021年12月11日。

④ 《刑法修正案（八）》规定："被判处有期徒刑的犯罪分子，执行原判刑期二分之一以上，被判处无期徒刑的犯罪分子，实际执行十三年以上，如果认真遵守监规，接受教育改造，确有悔改表现，没有再犯罪的危险的，可以假释……对累犯以及因故意杀人、强奸、抢劫、绑架、放火、爆炸、投放危险物质或者有组织的暴力性犯罪被判处十年以上有期徒刑、无期徒刑的犯罪分子，不得假释……"

⑤ 翟中东：《减刑、假释实质化审理背景下监狱行刑的思考》，载《犯罪与改造研究》2022年第3期。

第三节 宏观层面：重新融入社会的机会检验

宏观层面考察重新犯罪问题，必须将其放在整个社会发展的时代背景下去评估，重新犯罪现象不仅是犯罪人的个人行为，也是刑事司法场域的问题，更是国家治理有效性的问题，同样是全球各国共同面临的难题。本节结合国内外相关文献研究和重新犯罪的访谈资料，从刑满释放人员社会融入、社会资本、社会支持等视角综合评估重新犯罪的深层次风险因素，而这些因素与刑满释放人员回归社会密切相关，同样也是安置帮教政策关注的重点和难点。

一、社会融入与重新犯罪

（一）文献回顾与假设

西方学者布查德特曾提出“社会排斥理论”，认为社会排斥意味着个体没有以一个社会公民的身份参与社会活动的状态。① 杜菲认为，社会融入不仅要求个人在社区生活各方面得到平等对待与关怀，还应在家庭、朋友和社区中拥有被信任、欣赏和尊重的人际关系。② 因此，重新犯罪预防需要关注刑满释放人员的社会融入问题。除了外在的社会排斥，还应该关注刑满释放人员个体对所在社区、家庭和社会的参与性，其中社区包括被害人对刑满释放人员的接纳和认可。该问题可从刑事政策层面的制度融入、市场层面的经济融入来考察。污名对于刑满释放人员有着深远的影响，可能会增加其再犯的可能性。由于刑满释放的重犯人员所具有标签化和自我污名，导致其更易受到社

---

① Borchardt, T., LeGrand, J., Painchaud, D.: “Social exclusion in Britain 1991-1995”, *Social Policy and Administration*, Vol. 33, No. 3, 1999, pp. 227-244.

② Duffy, K.: The Human Dignity and Social Exclusion Project-research Opportunity and Risk: Trends of Social Exclusion in Europe, Council of Europe, 1998 (3). 转引自杨彩云：《规训与调适：社区服刑人员的社会融入研究》，华东理工大学出版社2018年版，第34页。

会歧视和社会排斥。并且，刑满释放人员受自身素质的限制，在就业市场处于严重弱势。据有关研究发现，刑满释放人员中除职务犯罪外，90%以上属于初中以下文化程度，他们的文化素质和劳动技能较差，而在服刑期间学到的又只是监狱企业较单一的生产技术和劳动技能，缺乏适合当地经济发展的职业培训，回归社会后很难找到工作。[①] 这无疑是影响这些人员再次犯罪的消极风险因素。本研究从刑满释放人员社会融入的影响因素筛查入手，从微观个体和刑事政策制度以及社会环境进行分析，考量个体因素、前科制度、就业歧视因素对重新犯罪的影响。据此，提出假设1：不同重犯对象的社会融入水平存在显著差异。

（二）统计结果

1. 就业困难与重新犯罪

就业被认为是降低重新犯罪率的单一的、最有效的因素。[②] 重犯组、未重犯组第一次犯罪前的就业情况差异显著，$\chi^2=347.74$，$p<0.001$。未重犯组中有稳定工作的人数远超重犯组人数，这表明不良的就业情况可能是导致犯罪的潜在风险因素。

从现有的重犯群体职业统计数据来看，不同的重犯对象在第一次犯罪前从事的工作类型差异显著，$\chi^2=59.20$，$p<0.001$。在第一次犯罪前有稳定工作的人群中，农民（务农、务工、经商、服务行业、牧民）、个体户和自由职业者、企事业机关工作人员均占有一定的比例。首先，未重犯组中，农民人数的比重略高于重犯组，其刑满释放后的就业问题相对容易解决，可以继续务农。其次，未重犯组中个体户和自由职业者的所占比重较高，出狱后可以继续经营个体经济，不易受“污名化”影响。据有关调查统计，捕前职业为农牧渔林、无业的，占重新犯罪人数的94.93%，是重新犯罪的高发人群。捕前职业为农牧渔林的，初中以下学历的占95.15%；捕前无业的，且为初中以下学历的占82.69%。这类人群文化水平低、专业技能低，很难获得较好的就业机会，容

---

① 冯昀：《完善监狱改造制度，预防重新犯罪》，载《法制与社会》2008年第30期。

② 利普西（Lipsey）对1950—1990年的400篇探讨出狱人就业与再犯关联性的所有文章，进行回溯分析，发现降低重新犯罪率的单一的、最有效的因素是就业。Lipsey, M. W.：“What do We Learn from 400 Research Studies on the Effectiveness of Treatment with Juvenile Delinquents?”, in McGuire, J. (Ed.), *What works: Reducing reoffending*, New York: John Wiley and Sons, pp. 63-78.

易被社会边缘化。[①] 根据对上海9所监狱调研发现，重新犯罪者中没有工作者所占比重比未重新犯罪者高出31.4%，高出未重犯人员37.1%，差异显著。[②] 最后，为清楚了解重犯人员不想工作背后的原因，进一步对无工作者进行分析。根据四川省监狱局的一项调研问卷显示，有45.71%的临释罪犯和刑满释放人员对重新回归社会感到迷茫，有40.59%的无过硬谋生技能，有42.35%的希望出狱前能掌握一门适应当前社会需要的实用技能，有58%的希望出狱后能自主创业。对刑满释放已满2年的人员进行实地走访调查，稳定就业的占34.3%，实现自主创业的占7.5%，就业不稳定的占38.4%，无业的占19.8%。这表明，罪犯在服刑期间最关注的是回归社会后能否具有适应社会发展需要的创业就业谋生能力，但其刑满释放后的就业创业情况并不乐观，有58.2%的刑满释放人员没能较好解决回归后的谋生问题。[③] 在对重犯人员就业难的原因进行分析中，将重犯人员与未重犯人员进行比较发现，因为有犯罪经历的重犯者所占比例比未重犯高出28.9个百分点，因技能不足占比高出15.4个百分点，因学历太低者占比高出25.5个百分点。[④] 这足以看出重新犯罪者的再就业情况不佳，也是引发其后续重新犯罪的潜在风险因素。

2. 社会排斥与重新犯罪

社会场域内的社会排斥，是指社会组织、企事业单位和个人等对刑事执行完毕的刑满释放人员，基于其“罪犯”身份而采取的偏见、抵制和隔离，意在阻隔或切断与“犯罪人”的联系。[⑤] 当刑罚执行完毕人员回归社会时，一方面，社会群体应接纳他们，帮助他们远离犯罪，成为守法公民；另一方面，源于不信任的歧视感，社会群体又会担心刑满释放人员劣习不改，重蹈覆辙，从而表现出防范和疏离。刑满释放人员由于受到社会排斥、家庭疏离等打击，增强了他们“犯罪人”的标签意识，这促使他们重新返回犯罪亚文化圈，回到有相似生活经历、犯罪经历的刑满释放群体中。因此，实证调查一方面，从社会排斥即“污名化”的表现来研究社会排斥与重新犯罪的关系，

---

① 四川省监狱管理局课题组：《四川省刑释人员重新犯罪问题探析》，载《犯罪与改造研究》2020年第5期。

② 李光勇：《刑满释放人员重新犯罪影响因素检验与预防对策实证研究：基于上海市9所监狱累犯群体的抽样调查》，中国法制出版社2018年版，第361页。

③ 四川省监狱管理局课题组、曾永忠：《促进刑释人员回归融入社会创新工作研究》，载《中国监狱学刊》2022年第5期。

④ 同上注。

⑤ 参见孔一：《生涯犯罪人的社会互动》，载《青少年犯罪问题》2021年第4期。

另一方面，从社会交往圈来研究社会关系网络与重犯的关联性。重犯和未重犯都是实施犯罪行为并被司法机关依法裁定的人员，“犯罪人”成为其身份标签。基于标签理论[①]，将“犯罪人”服刑属性的标签附着于刑满释放人员身上，容易引致“继发越轨”行为。

调查结果显示，曾经因为犯罪受过歧视的重犯人群比例较高。重犯群体认为，因犯罪而被家人、亲戚、朋友看不起所占比例分别比未重犯高 20.9%、39.9%、27.4%。[②] 据某监狱对刑满释放人员融入社会问题调研发现，92.5%的即将刑满释放人员认为，他们的服刑经历，会影响到其刑满释放后的社会融入，并导致其受到歧视和区别对待。[③] 罪犯经过刑事司法程序后，“犯罪”的标签会贴在犯罪人身上，即使刑满释放后，曾经的前科记录也将伴随着余生，“罪犯”的标签并没有随着刑罚的结束而淡化，相反，该标签更加强化其身份意识。刑满释放人员逐渐接受了社会对其负面评价，从而产生消极的自我认知与对个人能力的偏低评价，使他们持续处于自我否定、自我放弃的状态，社会歧视和排斥成为无形的压力和长期的困扰。刑满释放人员是一个隐性的少数群体，他们难以识别并难以从社会公众那里获得支持。

社会关系歧视体现在一种社会距离的自觉生成上，社会中的各种人群大多不愿意与刑满释放人员进行社会交往，从而将其排斥在社会支持体系之外。在中国传统的社会文化中，“一朝做贼，终生是贼”的“标签文化”占有主导地位。社区成员往往站在道德的制高点去评判刑满释放人员，使其原有的法律和道德污点难以真正得到社会的谅解和宽容，社区成员普遍对他们存有不信任感和不安全感，进而产生社会排斥心理。一方面，刑满释放人员面临被家庭成员接纳和认可的挑战。有些家庭成员因为刑满释放人员的犯罪经历带来的负向效应，以及“标签衍生性”——家庭成员也曾因罪犯家属身份受

---

① 标签理论，又被称为标定理论、社会反应理论，是借鉴社会学理论中的符号互动理论（symbolic in-reactionism theory）对犯罪原因进行解释的一组理论，强调包括司法系统、家庭、学校等在内的正式和非正式社会反应系统的犯因性，认为社会将一些实施了背离主流社会规范行为的人定义为越轨者或犯罪人，一旦这些人认同、内化了这一负向标签，他们将加入越轨或犯罪群体，再次实施犯罪。转引自李明琪、杨磐：《犯罪学标签理论的应然走向》，载《中国人民公安大学学报（社会科学版）》2012 年第 3 期。

② 李光勇：《刑满释放人员重新犯罪影响因素检验与预防对策实证研究：基于上海市 9 所监狱累犯群体的抽样调查》，中国法制出版社 2018 年版，第 417 页。

③ 张卫、薛长江：《刑满释放人员融入社会难问题研究》，载《中国司法》2019 年第 3 期。

到鄙视、歧视或者伤害，对刑满释放人员本身就带有怨气和不满。另一方面，是对有犯罪经历人员的子女的歧视。罪犯的未成年子女因父（母）入狱而被贴上“罪犯子女”标签以及因存在社会排斥后，与学校同学、亲属的关系变差，容易向不良朋辈群体寻求情感安慰，在交往过程中受不良文化的影响，从而养成犯罪习惯。

由此可见，社会对刑满释放人员的排斥充斥在社会生活的各个方面，形成了一种现实社会定式或固化的文化现象。虽然他们恢复了普通公民的身份，但是由于他们特殊的犯罪经历和刑罚执行的经历，让他们无法正常地参与社会活动，难以受到尊重和认可，反而常常受到排挤、隔离和边缘化。这种排斥和歧视甚至来自家庭关系和亲朋好友之间，一方面，家庭成员会因为他的犯罪经历而受到牵连，所以对他们产生厌烦；另一方面，朋友会因为他们的交往圈和社会地位不同而缺乏社会关系纽带，使他们之间无共同语言。因此，从心理学的角度讲，这种排斥和歧视将促使刑满释放人员内心产生自卑和焦虑，为了释放压力，他们会选择回归同质群体，①即原先的犯罪圈，其犯罪行为未得到遏制，反而受不良朋辈的影响愈演愈烈，最终他们往往会选择破坏性行为或再次违法犯罪。据调查，有高达87.5%的重犯人员认为他们重新犯罪主要是受“其他朋友”的影响。②虽然前科制度有其特殊预防的作用，但是从保护刑满释放人员利益的角度出发，为帮助他们更好地融入社会，可以考虑设置前科消灭或者封存制度。

二、社会资本与重新犯罪

（一）文献回顾与假设

社会资本理论提供了一种全新解释范式，布迪厄、科尔曼、伯特、林南都从不同角度对社会资本进行了界定。科尔曼强调，社会资本内置于行动者之间的关系结构中，指向社会网络中节点之间的“连线”③，并提出关系中的社会资本论；伯特提出，网络结构开放中“社会资本是指那些做得更好的人具有更好的关系”；林南提出，社会资源“资源强度命题”。国内有学者在将

---

① 丛梅：《我国犯罪学本土化之重新犯罪社会成因分析》，载《法治研究》2013年第8期。

② 同上注。

③ 对社交网络的分析被认为是连接社会学理论微观和宏观层面的工具。

其本土化过程中，结合我国传统文化中家本位特性、关系网的价值取向以及“差序格局”关系，认为“社会资本是在社会结构或社会关系之中，个人通过自己所拥有的网络关系获取稀有资源的能力”。①

对重新犯罪群体而言，他们先后处于“犯罪场域”“刑罚执行场域”以及“社会场域”内。在不同场域内，重犯群体所享有的社会资本依赖于其所能有效动员的社会关系网络。重犯群体具有同质性，其均背负“罪犯”的烙印，重犯群体作为“社会群体”，彼此成员之间具有“同质属性”——社会中成员愿意同与自己具有相似或同质的群体趋同，进而产生社会资源连接。但彼此之间也存在背景、性别、年龄等方面的差异，这些差异决定社会资本和资源投入所带来的特定回报的潜力不同：一方面，差序格局的结构决定了资源配置的规则，由于群体地位的不平等，导致了资源强度（strength-resources）和关系强度（strength-ties）的不平等，进而加深社会地位和社会资本的不平等。因此，“犯罪人”群体逐渐成为远离主流社会和资源的“边缘人”。另一方面，基于社会资本“社会网络属性”，重犯人员的社会关系网络包括以血缘关系为基础的同质性的“强关系”网络，以及社会帮扶和以社会治理为基础的异质性的“弱关系”网络。重犯人员可以从“强关系”即家庭中，获得直接的帮助和支持。而从“弱关系”即社会组织、社区关系、帮扶机构中，获得信任、帮扶。在“差序格局”理论框架下，即使同为重新犯罪群体，其所享受的家庭支持、社会保障、社会救助、安置帮教等也有所差别。因此，基于社会资本的视角考察刑满释放人员回归社会的影响因素，可通过对重新犯罪群体社会关系网络的分析，了解社会资源配置的合理性以及社会治理的有效性。据此，提出假设 2：不同重犯对象的社会资本存在显著差异。

（二）统计结果

对于犯罪人出狱后适应社会的情况。调查显示，有 45.71%的临释罪犯和刑满释放人员对重新回归社会感到迷茫，而有 63%的社会公众对刑满释放人员普遍存在戒备心理。在问及对出狱后生活的展望时，很多罪犯均表达了对出狱后重新适应社会的担忧。② 从临释罪犯和刑满释放人员的人际关系、人际

① 参见吕涛：《社会资本与地位获得——基于复杂因果关系的理论建构与经验检验》，人民出版社 2014 年版，第 44—46 页。

② 四川省监狱管理局课题组、曾永忠：《促进刑释人员回归融入社会创新工作研究》，载《中国监狱学刊》2022 年第 5 期。

交往行为、环境适应能力、应对问题的方式等方面综合评价其社会交往能力，其中评定为弱等次的占 70.9%，整体呈较弱特征。这表明，部分临释罪犯和刑满释放人员由于较长时间与社会隔离，已形成了一定的监禁反应，带着在监狱服刑中形成的监禁人格重返社会后，可能会引发回归后种种社会交往障碍。[①] 究其原因在于，一是监狱生活与社会迥然而异，甚至脱节，长时间生活在其中，已经习惯监狱，而不习惯或不适应社会生活。二是长时间与社会脱节，需要慢慢适应。因此，刑满释放人员普遍会遇到社会障碍的问题，除了本人主动适应社会生活之外，其家庭和社区接纳对于出狱人重返社会也至关重要。重新犯罪罪犯的家庭环境和婚姻状况对其世界观、价值观、道德观的形成有着重要影响。刑满释放人员回归社会后，由于家庭的不接纳、不包容，致使他们深感道德失落和价值虚空，进而走向重新犯罪的道路。刑满释放人员的家庭环境大多存在父母离异和家庭成员间不和睦的现象。四川省监狱重新犯罪调查显示，有 42.7%的重新犯罪罪犯认为其家庭关系差，家庭成员对其抱有偏见，且对其早已失去了亲和力和约束力。由于缺乏家庭温暖，以及婚恋不顺，导致他们再次做出违背社会的越轨行为，[②] 根据卡方检验，不同犯罪对象的被接纳程度差异显著。具体而言，在第一次释放后被家人接纳程度上，重犯组与未重犯组的人数差异显著，$\chi^2=26.22$，$p<0.001$，未重犯组中更多人被家人宽容接纳。同时，与重犯组相比，未重犯组的罪犯在出狱后与家人关系变好的比例更高，$\chi^2=23.14$，$p<0.001$。据调查，临释罪犯和刑满释放人员对出监后“重新融入家庭，承担起应尽的家庭义务”有信心的占 68.2%；“不知如何与家人相处”的占 47.7%；“担心家庭不理解不接纳”的占 54.5%；“对家庭不抱希望，妻子对自己态度冷漠，担心和过去一样经常发生争吵”的占 22.46%。[③] 未重犯组的家庭接纳程度高于重犯组。对长期监禁失去社会联系的罪犯而言，家庭的接纳能够帮助刑满释放人员增加信心，增强对自我价值的肯定，但是若遭遇家人嫌弃和歧视，则会使其在心理上越发自我否定和愧疚，负面标签累积后容易导致其“破罐子破摔”。还有相当一部分罪犯刑满释放后与家人的关系变得更差。主要是由于家庭因罪犯服刑而陷

---

① 四川省监狱管理局课题组、曾永忠：《促进刑释人员回归融入社会创新工作研究》，载《中国监狱学刊》2022 年第 5 期。

② 四川省监狱管理局课题组：《国家治理体系与治理能力现代化视域下罪犯回归工作创新研究——从重新犯罪谈回归工作创新》，载《中国监狱学刊》2021 年第 2 期。

③ 同上注。

入贫困，情感交流功能弱化，导致亲情纽带控制力减弱等。

在第一次出狱后的社会接纳程度上，重犯组与未重犯组的差异显著，$\chi^2=25.25$，$p<0.001$。相比于未重犯，重犯在社会适应中受到了更多来自社区的歧视。因此，重犯群体在社区接纳程度上要差于未重犯，他们会遇到更多周围人和社区成员的鄙夷、歧视、冷漠，这些将直接影响其出狱后的生活环境和日常活动的评价，更容易让他们产生羞耻感和被抛弃感。在与社区关系的变化考察中，未重犯与重犯表现出了明显的差异。在社区交往中，"喜欢社区"的未重犯人员比重犯人员多6.5个百分点。[①] 相比于重犯人员，未重犯人员的社会适应性略强，这源于我国实施的安置帮教政策，刑满释放5年内都是安置帮教期。各地由司法所牵头负责安置帮教工作，帮助刑满释放人员顺利回归社会。因此，这种关系的变好可能是司法所工作发挥作用的体现。根据"非正式社会控制理论"，为预防刑满释放人员重新犯罪，需要非正式社会控制机构的支持，如家庭接纳、邻里守望、社区关心，基于犯罪人"羞耻和耻辱"的价值本能，其自身就会自动远离重新犯罪。因此，家庭和社区机构对于预防犯罪至关重要。当家庭和社区机构缺位时，政府需要采取措施进行补救。

在与被害人的关系上，重犯组和未重犯组没有表现出显著差异，$\chi^2=6.50$，$p=0.16$。在与被害人关系考察中，两个组分别选择"关系变好"的被试均不足2%，可见犯罪人与被害人关系几乎没有任何修复。虽然犯罪行为可能针对个人或者单位，但是当罪犯刑满释放后回归到本来的社区和生活圈子时，与被害人的关系没有得到缓解和弥补，这对于被害人和施害者都是不利的风险因素。被害人对罪犯的仇视和怨恨以及罪犯本身的污名化都将影响罪犯出狱后的社会适应，不利于其回归正常的社会生活。

三、社会支持与重新犯罪

（一）文献回顾与假设

社会支持网络理论是社会支持与社会网络中个体与环境的重要连结点。

---

① 李光勇：《刑满释放人员重新犯罪影响因素检验与预防对策实证研究：基于上海市9所监狱累犯群体的抽样调查》，中国法制出版社2018年版，第396页。

该理论认为，个人在社会网络中获得支持的程度将影响其社会地位和社会发展，增强个人的社会整合度，帮助个人获得资源，并协助解决生活中的问题。① 社会支持理论是由美国犯罪学家卡伦提出，他认为社会支持在预防、降低犯罪过程中具有“缓冲器、利他观、改变行为习惯、减少犯罪”四种功能。② 集体效能是基于社区居民之间相互信任而建立起的联系，以社会控制规模和社会团结与信任规模来衡量。如果邻里之间表现出高水平的集体效能，有助于社区成员之间化解矛盾、相互支持，就如“邻里守望”。相反，邻里之间较差的集体效能不利于刑满释放人员的回归。③ 从理论推演出发，社会支持与犯罪存在关联性，如果能够获得强烈的社会支持，犯罪发生机制就可能提前受到阻断或者扼杀。从预防犯罪角度考虑，提升社会支持的层次和力度，扩大社会支持的广度，将政府、非政府机构都纳入进来，广泛吸引社会力量的参与，如邻里关爱、志愿者、社区参与等活动，通过社会网络人际关系的连接，扩大刑满释放人员社会交往圈，从而在各种群体中获得较多的社会资本。自我国安置帮教制度实施以来，全面创新社会治理，坚持“政府主导推动、社团自主运作、社会各方参与”的总要求，确保刑满释放人员更好地融入社会。

根据文献回顾和理论探讨，刑满释放人员回归社会面临社会融入、社会资本以及社会支持的宏观背景，其中就业困难、社会排斥、社会关系、社会救助、政府帮教对刑满释放人员重新犯罪有什么影响。解决这些问题，除了制定相应的法律法规之外，更多的是依赖社会政策的及时调整和强力推动。据此，提出假设3：不同重犯对象的社会支持存在显著差异。

---

① 参见曹立群、任昕主编：《犯罪学》，中国人民大学出版社2007年版，第91、93—95、97页；罗学莉、程凡：《社会工作介入单亲家庭大学生心理问题模式探索——以湖北文理学院学生为例》，载《才智》2015年第26期。

② 根据卡伦的研究，社会支持在预防、降低犯罪中具有如下功能：(1) 社会支持具有缓冲器的功能。当一个人感受到家庭或者社区的支持时，这种感受有助于减轻社会紧张和压力的负面影响，进而降低从事越轨和犯罪行为的可能性。(2) 社会支持可以培养人的利他观念或行为。一个具有明显利他思想和行为的人会更少地从事犯罪行为。(3) 社会支持可以改变一个人的行为方向。(4) 给予社会支持也可以减少犯罪的可能性。转引自汪明亮：《以一种积极的刑事政策预防弱势群体犯罪——基于西方社会支持理论的分析》，载《社会科学》2010年第6期。

③ Gatti, B., Tremblay, R. E.: “Social Capital and Aggressive Behavior”, *Eur J Crim Policy Res*, 13, 2007, pp. 236, 242-243. 转引自汪明亮：《以一种积极的刑事政策预防弱势群体犯罪——基于西方社会支持理论的分析》，载《社会科学》2010年第6期。

（二）统计结果

1. 安置保障

根据有关调查显示，初犯人员刑满释放重返社会后，无任何社会保障的人员过半。刑满释放人员返回社会后，享受医疗保险的人数最多，但也仅占24.5%，享受养老保险、最低生活保障、政府临时救助、免费技能培训的均不超过12%。①

2. 出狱后遇到困难

对未重新犯罪的安置帮教人员出狱后的情况进行统计分析，发现刑满释放人员面临严重的社会交往障碍，社会交往能力低下，无法从社会中获得必要资源和情感支持。他们在回归社会后面临社会关系结构的修复，但亲人的不理解、朋友的不信任、邻里的不接受等都容易让其产生自卑心理，污名的内化认同也将导致其对亲戚和朋友产生愧疚感，这些因素共同阻碍了其社会人际关系的完善。此外，社会交往能力弱化，导致刑满释放人员社会定位缺失、自我评价低下，容易破罐子破摔。如前所述，刑满释放人员在同社会群体交往中受到排斥、偏见、歧视，社会关系网络被破坏，修复正常的社会支持网络需要长时间的努力。在第一次刑满释放又重犯人员出狱后实证调查显示，他们遇到社会融入的问题相对严重，其中排在前四位的分别是：年龄偏大、被人遗忘、工作受到歧视、创业发展遇到挫折。②

3. 政府帮扶

（1）社会和组织帮助情况

其一，从政府帮扶情况看，四川省调研结果显示，刑满释放人员遇到困难时寻求过政府和组织帮助的比例极少。在调查未寻求帮助的原因中，绝大多数重犯和未重犯均表示“没有想过寻求帮助”。一方面，体现出政府和组织帮扶力度与有效性较差；另一方面，罪犯可能不知情，或者不相信政府能提供帮助，体现出刑满释放人员对政府帮扶的不信任感。根据四川省调研结果表明，45.6%的刑满释放人员没有前往当地公安派出所、司法所报到；48.6%

---

① 四川省监狱管理局课题组：《四川省刑释人员重新犯罪问题探析》，载《犯罪与改造研究》2020年第5期。

② 李光勇：《刑满释放人员重新犯罪影响因素检验与预防对策实证研究：基于上海市9所监狱累犯群体的抽样调查》，中国法制出版社2018年版，第396页。

的刑满释放人员表示“安置帮教部门人员没有找过自己”①，可以看出，政府机关和组织在社会安置帮扶方面没有充分发挥其应有的作用。究其原因，可能在于刑满释放人员第一次释放后主动寻求政府帮助或者政府主动提供帮扶的比例都很低，这说明安置帮教工作衔接不畅，成为刑满释放人员重新犯罪的因素之一。目前，安置帮教工作仍处于司法行政部门“单打独斗”的状态，以致在具体的实施过程中，司法行政系统与各成员单位、行政村（社区、居委会）、厂矿企业之间，往往单纯依据本单位的工作职责行事，最终导致安置帮教工作环节断裂、工作效率低下。

其二，从刑满释放人员出狱情况看，虽然罪犯刑满释放后成为合法公民，享有公民待遇，但是罪犯刚刚出狱就面临身份证办理、住房安置、收入来源等问题，亟须解决基本的生活保障。亲属朋友和政府工作人员的接送，能够帮助刑满释放人员与社会衔接，解决出狱当天的食宿问题。通过对刚刚出狱刑满释放重犯人员进行访谈，他表示：家人失联，无家可归，如果监狱没有送他到户籍所在地的司法所，他可能会滞留在监狱门口，无处可去。

（2）政府救助部门的统计

安置帮教制度对于帮助刑满释放人员顺利重新融入社会具有重要作用，但是监狱与承担负有刑满释放人员安置帮教职责的政府部门缺乏密切配合、衔接制度程序化的同时又流于形式。多数重犯人员认为，有关部门没有主动帮助自己解决社会适应问题，这表明这个群体对政府等组织缺乏了解或缺乏信任。目前，对于刑满释放人员的帮扶主要是政府负责，如安置帮教制度明确由基层司法所负责刑满释放人员释放 5 年内的安置帮教工作。但是由于法律缺位和执行实践中面临的种种问题，导致安置帮教执行实践中存在地域性、对象性差异，而且刑满释放人员面临的困难各式各样，有些不是安置帮教范围内的事项，有些违反法律和法规，实际上能够得到政府安置帮教的对象非常有限，这在一定程度上影响了刑满释放人员对政府和司法所的信任感。久而久之，刑满释放人员就会逐渐与基层司法所失去联系。同时，部分地区虽对人户分离刑满释放人员实行户籍地与居住地“双列管”措施作出了明确规定，日常帮教管理工作由居住地安置帮教机构负责，社会救助、社会保障等政策需要在户籍地办理的，仍在户籍地办理。但是，实践中，户籍地和居住

---

① 四川省监狱管理局课题组、曾永忠：《促进刑释人员回归融入社会创新工作研究》，载《中国监狱学刊》2022 年第 5 期。

地之间的衔接配合、职责任务、办理程序、办理时限、责任追究等都不明确、不具体，户籍地和居住地安置帮教部门之间矛盾重重，难以形成合力，取得安置帮教工作的实效。

（3）重新犯罪罪犯享受过保障或者福利统计

据四川省监狱管理局课题组调研数据，有84.9%的重新犯罪罪犯“未缴纳社会保险”。有的已参保罪犯，由于服刑，原有社会保险、医疗保障，以及职业、执业证照年审中断，重新就业难度大。社会保障就业政策不完善。有34.33%的重新犯罪罪犯回归后“在找工作时被歧视”，多数企业要求提供无违法犯罪记录，或开具无犯罪记录征信。① 同样，据调查反映，在第一次犯罪后第二次犯罪前，未享受过任何福利保障的罪犯过半，享受过政府生活救助的比例极小，国家对于刑满释放人员的福利政策的保障制度在某种程度上处于缺失状态。刑满释放人员作为相对弱势群体，出狱后对其加强管理只是一方面，更重要的是社会帮扶，帮助他们回归社会，提高社会归属感和融入感。

据了解，司法行政部门及其他社会机构为刑满释放人员提供过的帮助，主要有申请城市最低保障补助、政府临时救助、医疗救助金。调查数据显示，享受过医疗保险、最低生活保障、养老保险、免费知识技能培训、政府临时生活救助、工龄补偿的人员合计不超过3%②。一方面，根据国家有关规定，社会救助和保险等有严格的适用条件和标准，不能因刑满释放人员身份而予以倾斜；另一方面，刑满释放人员回归社会后更多的是普通公民，应该自食其力，依靠自己创造财富，不能等、靠、要，将司法所安置帮教当成避难所、福利站。

综上所述，社会支持和社会帮扶都是为了帮助罪犯顺利回归社会、降低再犯率。经国外相关研究证明，重返社会范式在防控重新犯罪上是一种很有效的措施。③ 但是，受制于法律规定不明、体制机制不畅、社会支持力度不足、联动协作不够紧密、犯罪附随后果较大等原因，安置帮教效能没有得到很好的发挥，不利于预防和减少刑满释放人员重新犯罪。因此，亟须在国家治理体系和社会治理能力现代化的背景下，完善安置帮教的法律规定，改进

---

① 四川省监狱管理局课题组：《四川省刑释人员重新犯罪问题探析》，载《犯罪与改造研究》2020年第5期。

② 同上注。

③ 有学者对20世纪60年代到20世纪90年代中期实施的社区项目如强化监督、报告中心、保护观察等进行研究，发现这些社区性项目在降低重新犯罪率上比监禁更有效果。转引自王超：《监禁矫正效能实证研究》，吉林大学2015年博士学位论文。

刑满释放人员的帮扶教育与管理，促进刑满释放人员顺利回归社会。在修订我国安置帮教规定和完善服刑人员社会帮扶体系时，在社会层面上，再吸引更多的社会资源，[①] 形成共建共治共享放在共治前面的社会支持体系，促进刑满释放人员更快、更好地适应发展变化的社会生活，真正实现帮助其“重返社会”的目标。

第四节 重新犯罪的核心要素

预防重新犯罪是一项系统性工程，根据文献回顾和深度访谈中发现，诱发重新犯罪的因素涉及罪犯生活历程和生活环境、生命阶段的各方面，如前文中提到的生命发展历程、情境层面、社会层面、刑事政策层面等，都含有诸多影响重新犯罪的因素。本节将重点考察重新犯罪风险究竟与哪些因素存在显著性关联，如果存在，则说明该核心因素对预防和减少重新犯罪风险、促进服刑人员顺利回归社会具有比较显著的解释力。这些显著要素就是重新犯罪预防的重点内容，也是构建我国特色重新犯罪预防体系的核心环节。只有明确核心因素，才能结合重新犯罪的个案与矫治成功的个案，制订多样化的重新犯罪预防方案并有效落实重新犯罪的预防措施。

一、重新犯罪影响因素的次数维度检验

（一）重新犯罪（多次犯）次数界定

本研究所称的多次犯罪是指多次实施相同罪名的犯罪次数，如多次实施盗窃犯罪行为，前罪和后罪都是盗窃犯罪。多次犯罪与一般犯罪以及前后罪名不同的重新犯罪侧重点不同，相较于后两种，多次犯人身危险性更加突出。[②]

---

① 参见唐玲：《服刑人员社会帮扶体系建设的调查与思考》，载《犯罪研究》2019 年第 3 期，第 76—82 页。

② 吴宗宪：《龙勃罗梭及其犯罪学研究论述》，载《刑法论丛》2007 年第 1 期。

（二）多次犯罪次数影响因素的筛选过程

根据本研究前几节的探讨，特别是在对国内外相关文献回顾与分析的基础上，筛选出与重新犯罪有关联性的因素。运用 SPSS 27.0 进行二元 logistic 回归分析，将犯罪次数作为因变量，其余指标作为自变量，来探究罪犯重复犯罪次数和其他因素的关系，以找出影响犯罪次数的主要因素，并据此建立相应的二元回归方程。

1. 变量选择（见表 2）

表 2　变量选择

人口学特征	社会学特征	犯罪史	服刑期	释放后
年龄	家庭状况	犯罪动机	矫正效能	希望感
性别	反社会人格	罪名	刑事奖励	社会融入
文化程度	童年经历	犯罪前职业	认罪认罚	社会排斥
婚姻状况	住房条件	犯罪经历	刑罚体验	社会支持

2. 二元 logistic 回归模型分析结果

仅保留二元 logistic 回归显著的因素，并针对其不同水平输出相对应的 OR 值和 p 值，具体数据结果如表 3 所示。

表 3　重新犯罪次数的二元 logistic 回归模型

变量名称	B 系数	OR 值	p 值
年龄	0.017	1.018	0.045
性别	1.807	6.095	<0.001
文化程度			
小学	1.841	6.300	<0.001
初中	0.232	1.261	0.037
高中/中专/职高/技校	0.138	1.148	0.040
大学专科及以上	0.402	0.669	0.232
婚姻状况			
未婚	0.897	2.452	<0.001
已婚	0.174	0.887	0.186

续表

变量名称	B 系数	OR 值	p 值
离异或丧偶	0.980	2.664	<0.001
家庭经济状况			
比较贫困	0.832	1.782	0.009
一般水平	0.500	1.803	0.006
比较富裕	−0.852	0.344	0.447
犯罪前是否有稳定收入来源			
有	−0.282	0.326	0.490
无	0.558	1.972	0.005
主要经济来源			
工作收入	−1.312	0.269	<0.001
救助站救助	−3.190	0.041	0.035
领取基本社会保障费	−2.177	0.113	0.008
乞讨为生	5.429	2.004	<0.001
非法收入	0.829	2.292	0.006
童年受虐经历			
有	0.499	1.143	<0.001
无	−0.252	0.971	0.008
家庭支持	−0.750	2.213	<0.001
不良同伴交往	3.108	0.693	<0.001
矫治效果	−2.653	1.909	<0.001
安置帮教			
有	−1.638	1.743	<0.001
无	0.349	0.387	0.269
犯罪类型			
毒品型犯罪	3.877	1.254	<0.001
财产型犯罪	2.098	1.760	<0.001
暴力型犯罪	0.903	0.900	0.002
其他犯罪	0.697	0.591	0.115

续表

变量名称	B 系数	OR 值	p 值
反社会人格	2.904	1.202	<0.001
希望感			
感到前途迷茫，没有出路	1.807	1.220	<0.001
对未来充满希望	−2.415	1.019	<0.001

注：p 值<0.05，即达到统计学显著。

从二元 logistic 回归分析的结果看，年龄、性别、文化程度、婚姻状况、家庭经济状况、犯罪前是否有稳定收入来源、主要经济来源、童年受虐经历、家庭支持、不良同伴交往、矫治效果、安置帮教、反社会人格以及希望感对重新犯罪次数的回归显著。

具体而言，年龄与重新犯罪次数呈显著相关性，随着年龄的增长，重新犯罪的次数呈下降趋势。性别对重新犯罪次数的回归效应显著，男性比女性更容易产生重新犯罪行为。在文化程度上，小学、初中、高中/中专/职高/技校三类学历水平均可以正向预测重新犯罪，可见文化程度越高越不容易屡次犯罪，这提示我们文化程度可能是重新犯罪的重要保护因子。在婚姻状况上，未婚和离异或丧偶对重新犯罪的正向预测作用显著，已婚则不然。该结果说明，已婚者通常更珍视家庭，需要对另一半和子女负责，因而不容易出现重复多次的犯罪行为。在家庭经济状况上，其可以负向预测重新犯罪次数，经济越贫困，越容易重复犯罪。在犯罪前无稳定收入来源的个体更容易产生重新犯罪行为，这说明有稳定收入是重新犯罪的保护因子。对于经济收入的来源，工作收入、低保、救助站救助费可以负向预测重新犯罪，拥有这些收入的人群重新犯罪率不高；而以乞讨为生和非法收入的人群则有着更高的重新犯罪率。本节研究发现，有童年受虐经历、不良同伴交往的个体更容易出现重新犯罪，这提示学者们关注犯罪人的早期经历及社会成长环境。在刑罚体验方面，感觉刑罚过于严重的个体会被刑罚严重震慑，表现出更低的重新犯罪率，而感觉刑罚并不严重的个体则表现出更高的重新犯罪意愿。犯罪人出狱后，若能够顺利适应社会，则不容易出现重新犯罪；反之，则重新犯罪率升高。监狱矫治效果越好，重新犯罪行为越少。有安置帮教的个体的重新犯罪意愿会下降，因此安置帮教也是重新犯罪的重要保护因子。犯罪类型对重新犯罪次数的预测作用显著，毒品型犯罪、财产型犯罪的犯罪人未来重复多次进行同类犯罪的概率较高，因此对这两类犯罪的预防应当引起重视。同时，个体因素对重新犯罪也存在影响，反社会人格可以正向预测重新犯罪，此类犯罪人的犯罪意愿往往起源于稳定的人格特质，不容易被监狱或社区的积极矫治措施所改变。本节研究还发现了希望感对重新犯罪次数的负向预测作用，对未来生活的希望感越高，越不容易重新犯罪。

一是年龄对重新犯罪次数的回归显著。初始犯罪年龄越小，重新犯罪次数越多。青少年犯罪群体比成年犯罪群体更容易继续实施犯罪。这个发现很好地解释了国家特别重视青少年犯罪问题的原因，相对于成年犯罪者，初次犯罪年龄越低，其犯罪生涯越长，犯罪次数也越多。2014—2019 年检察机关受理的未成年人刑事案件中曾受过刑事处罚的未成年人的平均重新犯罪率为 3.5%。[①] 因此，初犯的起始年龄是研究年龄与犯罪之间关系的重要纽带。

二是性别对重新犯罪次数的回归显著。相比于男性，女性重新犯罪次数更少。性别是犯罪行为的重要因素，2022 年《中国法律年鉴》统计显示，2021 年犯罪人数为 1714942 人，其中女性犯罪人数为 185417 人，仅占十分之一。女性多以侵犯财产罪和妨碍社会秩序罪为主，分别是 44500 人次和 81147 人次。[②] 由此推断，由于女性罪犯基数相对男性罪犯基数低很多，所以女性比男性重犯次数更少。

三是不良行为对重新犯罪次数的回归显著。具有小偷小摸不良行为的人员重新犯罪次数更多。根据有关调查发现，童年期间有小偷小摸行为的人在第一次犯罪后仍然具有劣习的比例相对较高，越轨行为不会随着时间的变化而消失，反而具有连贯性。[③]

四是经济因素对重新犯罪次数的回归显著。是以获取钱财为目的的罪犯重新犯罪次数较多。经济与犯罪密不可分，侵害财产型犯罪是犯罪的高发类型，其背后根源与经济收入、贫富差距、犯罪成本相关。“趋利避害”是人的本性，收入越低重犯概率越大。经济状况对于重新犯罪次数具有显著解释力，

---

① 最高人民检察院发布《未成年人检查工作白皮书（2014—2019）》显示，2014—2019 年检察机关受理的曾受过刑事处罚的未成年人占比分别为 3.02%、3.60%、3.80%、3.25%、3.52%、3.83%。参见《未成年人检察工作白皮书（2014—2019）》，载最高人民检察院官网，https：//www.spp.gov.cn/xwfbh/wsfbt/202006/t20200601_ 463698.shtml#2，最后访问时间：2024 年 4 月 7 日。

② 参见中国法律年鉴社编辑部主编：《中国法律年鉴（2022）》，中国法律年鉴社 2022 年版，第 1499 页。

③ 闫佳：《童年不良经历与犯罪关联性研究》，载《青少年犯罪问题》2024 年第 2 期。

经济贫困和经济收入一般的群体重新犯罪次数要高于经济富裕的群体。然而，将经济因素归结为贫困导致犯罪就显得偏颇，因为比较富裕的人群重犯率也高，呈现橄榄型。因此，应将经济状况放在周边的社会环境中进行比较，有相对的剥削感，或许会让犯罪人对自我经济状况始终不满意，对金钱的欲望没有止境，重新犯罪率就会增高。

五是创伤经历。有早期受虐待或创伤经历的个体重新犯罪的比例较高。据调查发现，家庭暴力会给儿童造成严重的心理创伤。[①] 根据国外“受虐妇女综合征”理论，家庭暴力不仅是受害人“恶逆变”的主要原因，也给受害人带来身心的创伤，还可能影响其行为选择。因此，司法实践中，对于有受虐史的犯罪者应该在量刑上酌情处理，并进一步完善《反家庭暴力法》的量刑规范。

六是家庭支持，重新犯罪次数与家庭支持具有显著关联。对那些被监禁的人来说，家庭关系和亲情关系是激励他们积极改造、认罪悔罪的情感支持和回归社会的动力。家庭本身就是一种社会资本，是罪犯与社会建立联系的连结点，积极的家庭关系能够有效降低重新犯罪的风险，[②] 对于促进康复和矫正具有重要作用。因此，监狱方面可以采取措施加大家庭探视的实践和拓展家庭会见，利用信息化视频等手段加强家庭在矫正中的参与度，以“有效的”循证矫正方法，帮助罪犯重新建立起社会联系；对于没有家人或其他支持的罪犯，可以增加亲戚朋友之间的联系，形成社会网络结构中的资源纽带。刑满释放人员回归后，家庭的接纳可以避免其陷入流离失所、无家可归、没有经济来源等难以生存的困境，但是犯罪除了带给个人惩罚之外，带给家庭结构的影响和伤害也是巨大的，如青少年可能会因为有一个被监禁的父母而感到耻辱，或者他们自己可能也会因此增加成瘾或犯罪的风险。[③]

七是安置帮教，有安置帮教经历的刑满释放人员的重新犯罪概率更低。根据重新犯罪人员调查统计，刑满释放后一年内是重犯高发期，可以对出狱前的刑满释放人员进行罪犯危险性评估，对危险性高的刑满释放人员在出狱时就界定为重点人群，强化日后监管。但是由于刑满释放人员回归社会后，

---

① 闫佳：《童年不良经历与犯罪关联性研究》，载《青少年犯罪问题》2024 年第 2 期。

② Brunton-Smith, I. & McCarthy, D. J.: “The Effects of Prisoner Attachment to Family on Re-entry Outcomes: A Longitudinal Assessment”, *The British Journal of Criminology*, Vol. 57, No. 463, 2016, pp. 463-482.

③ Travis, J., Mcbride, E. M. & Solomon, A. L.: *Families Left Behind: The Hidden Costs of Incarceration and Reentry*, Urban Institute Justice Policy Center, 2003, pp. 1-13.

恢复普通公民身份，对其进行监管缺乏法律依据，也可能造成基层司法所安置帮教部门的监管职能虚化。此外，如果刑满释放人员回归犯罪前生活的社区或者亚文化犯罪圈，高犯罪关联性又会诱发其犯罪倾向，因此重新安置需要预先评估回归后的社会关系网、家庭接纳、朋友圈、被害人接纳、犯罪史等，如果社区环境不适应或者社区犯罪圈固化，则采取中途过渡之家等方式进行过渡更为稳妥。

八是犯罪类型，相比于其他犯罪，毒品型、财产型、暴力型犯罪可以正向预测重新犯罪。从犯罪动机和冲动性的角度来看，毒品型、财产型和暴力型犯罪往往受到强烈的动机驱使，如金钱、生理欲望或是愤怒等情感。这些犯罪往往具有明确的目标和冲动行为，使犯罪者更容易被捕获。据有关调查发现，绝大多数罪犯获释后表示“不再违法犯罪”，经过对表示“肯定再犯”人员再次核对发现，“毒品罪”“盗窃罪”两种犯罪类型的重犯群体的比例相对较高。[①] 同时，研究发现，一些犯罪者存在特定的心理特征，如缺乏同情心、冷漠等。这些心理特征与财产型和暴力型犯罪有关，使犯罪者更容易陷入类似的犯罪模式中。此外，习惯效应也可能使犯罪者反复进行同类犯罪，因为他们已经建立了一种熟悉的模式。

九是反社会人格对重新犯罪次数的回归显著。反社会人格特征涵盖了冷漠无情、缺乏责任感、违反社会规范等方面，这些特征与个体在社会互动中的不适应直接相关。研究表明，持有反社会人格特征的个体更有可能在遭受惩罚后再次犯罪。这种关系可以通过多种机制解释：首先，反社会人格特征可能导致个体对惩罚的反应迟钝，从而减少了对犯罪行为的惧怕和避免。其次，反社会人格者可能缺乏对他人的情感共鸣和道德约束，使其更容易忽视犯罪行为的后果。此外，反社会人格特征与冲动性行为密切相关，而冲动行为已被证明是再犯罪的一个重要预测因素。因此，了解反社会人格与重新犯罪之间的关系有助于制定更有效的犯罪预防和再犯罪干预策略，促进社会的安全与稳定。

十是希望感对重新犯罪次数的回归显著。对出狱后生活的希望感越高的个体，越不容易重新犯罪。首先，高度的希望感可能反映了个体对未来积极结果的期待，从而增强了他们对通过合法途径谋生的信心和依赖。其次，希望感可能与社会支持网络的建立和维系相关，提供了更多的资源和机会，有

---

① 闫佳：《刑罚执行场域中重新犯罪影响因素研究》，载《政法学刊》2024 年第 2 期。

助于个体实现积极的生活目标。因此，对希望感与重新犯罪之间的关系进行深入研究，有助于我们更好地理解再犯罪的机制，并为相关的犯罪预防和康复干预提供理论支持与实践指导。

二、重新犯罪影响因素罪名维度的检验

（一）重新犯罪罪名差异

各类型犯罪除了具有整体犯罪共性之外，还具有特殊性，如重新犯罪调查显示，盗窃罪和毒品罪是重犯概率最高的两种犯罪，但是在女性重犯类型中，毒品罪的重犯概率远高于男性。而男性盗窃犯的比例远高于女性。因此，对犯罪按照其类型分析特征也很有必要。以下将运用 multi-logit 无序多分类模型对犯罪类型进行回归检验，并将盗窃罪、诈骗罪、抢劫罪、故意伤害罪和强奸罪这五个罪名与涉毒罪进行比对，分析不同犯罪类型影响因素权重的拟合。

（二）multi-logit 无序多分类模型

本节中重新犯罪次数为因变量，在描述性分析中体现显著因素为自变量，在各自变量中分析不同犯罪类型的差异。

$$\ln(\frac{p_2}{p_1}) = \alpha_1 + \beta_{11}x_1 + \beta_{12}x_2 + \cdots + \beta_{1k}x_k + \varepsilon_1$$

$$\ln(\frac{p_3}{p_1}) = \alpha_2 + \beta_{21}x_1 + \beta_{22}x_2 + \cdots + \beta_{2k}x_k + \varepsilon_2$$

$$\ln(\frac{p_4}{p_1}) = \alpha_3 + \beta_{31}x_1 + \beta_{32}x_2 + \cdots + \beta_{3k}x_k + \varepsilon_3$$

$$\ln(\frac{p_5}{p_1}) = \alpha_4 + \beta_{41}x_1 + \beta_{42}x_2 + \cdots + \beta_{4k}x_k + \varepsilon_4$$

p 为某件事发生的概率，其中，p_1 表示犯毒品罪的概率，p_2 表示犯盗窃罪的概率，p_3 表示犯诈骗罪的概率，p_4 表示犯抢劫罪的概率，p_5 表示犯故意伤害罪的概率。x_1，x_2，⇌ x_p 为影响犯罪类型的一系列重要因素，ε 为随机误差项。

（三）不同罪名 multi-logit 无序多分类模型统计结果

如表 4 所示，通过进行无序多分类 logit 统计，对重新犯罪率最高的前六种类型进行影响因素比对。以涉毒类重犯数据作为参照物，将不同类型的重犯与涉毒类重犯进行比较。针对不同重犯，我们发现相较于涉毒类罪犯，他们之间既有明显的差别，也有相似的共同变量，甚至五种犯罪类型都与某一变量具有显著的相关性，这必然会引起高度关注。

表 4　不同犯罪类型无序多分类 logit 统计

特征	盗窃罪	诈骗罪	抢劫罪	故意伤害罪	强奸罪
	系数 β（标准误差）	系数 β（标准误差）	系数 β（标准误差）	系数 β（标准误差）	系数 β（标准误差）
初犯年龄	−1.039**（0.474）	−1.518***（0.517）	0.043（0.699）	−1.099（0.769）	−2.232**（0.894）
小学毕业	−0.487（0.572）	−1.477**（0.733）	−0.108（0.679）	−0.831（0.886）	−0.969（1.056）
初中未毕业	−0.631（0.529）	−1.377**（0.617）	−0.436（0.632）	−0.481（0.795）	−0.670（0.978）
为了获取钱财	0.683**（0.262）	0.342（0.314）	0.355（0.304）	0.245（0.392）	0.745（0.490）
最低生活保障	−0.116（0.442）	−0.550（0.587）	0.117（0.547）	−1.741**（0.804）	−0.452（0.960）
政府临时生活救助	−0.809（0.982）	−0.651（1.140）	−2.477*（1.429）	0.957（1.399）	2.043（1.464）
不会再被抓住	−6.118***（0.005）	7.459（4.896）	−0.615***（0.030）	−0.903***（0.056）	−0.639***（0.045）
良好的人际交往圈子	−0.753***（0.257）	−1.105***（0.311）	−0.575*（0.303）	−1.197***（0.382）	−1.313***（0.475）

注：* 代表 $p<0.05$，** 代表 $p<0.01$，*** 代表 $p<0.001$。

第一，由表 4 可知，初犯年龄可以负向预测盗窃罪、诈骗罪和强奸罪的重新犯罪次数，即初次犯罪的年龄越小，未来多次实施盗窃罪、诈骗罪和强奸罪的概率越大。盗窃罪通常与财务动机有关，初次犯罪的年龄越小，重新犯罪率越高，这反映了个体在成长过程中频频遭遇经济困难。

第二，由表4第二行和第三行数据可知，低学历负向预测诈骗犯罪作用显著，而对其他犯罪类型的预测作用不显著。学历低的个体很难成功实施诈骗犯罪，更遑论多次重复诈骗。

第三，关于犯罪动机，表4数据显示，为了获取钱财而犯罪可以正向预测盗窃罪的重新犯罪次数，即个体越想要获取钱财，多次实施盗窃罪的倾向越明显。经济动机在犯罪行为中的作用是显而易见的。盗窃行为通常与个体追求经济上的利益或者满足物质需求有关。

第四，数据显示，最低生活保障可以负向预测故意伤害罪的重新犯罪次数，即一个人如果没有达到最低生活保障，则其最容易实施的犯罪便是故意伤害罪。

第五，数据显示，政府临时生活救助可以负向预测抢劫罪的重新犯罪次数，即在政府对于个体的生活救助充分且到位的情况下，个体实施抢劫罪的概率会大大降低。

第六，由表4数据可知，“不会再被抓住”的信念可以负向预测盗窃罪、抢劫罪、故意伤害罪和强奸罪的重新犯罪次数，即个体越坚信自己不会再被抓住，越容易去实施盗窃罪、抢劫罪、故意伤害罪和强奸罪。但是在分析中也发现，“不会再被抓住”的信念与诈骗罪之间不存在关联。

第七，良好的人际交往圈子可以负向预测所有犯罪类型，即个体平时生活的人际圈子越积极健康，个体越不容易从事犯罪，更不会多次重复犯罪。

因此，初犯年龄、学历水平、经济动机、生活保障、政府救助、罪责信念以及人际圈子都会影响到个体的犯罪选择。对于不同的犯罪类型，以上因素的影响程度各异，不同犯罪类型中的重新犯罪情况表现出了显著的差异性。关于每个因素影响重新犯罪的内部逻辑，详见后文的深入分析。

（四）重新犯罪综合评价和预测

社会政策具有“宏观犯因性特性”，既蕴含产生犯罪的因素，又对治理犯罪具有根本性和长远性作用。在持续提高经济水平和提高保障与改善民生水平的基础上，不断调整和完善社会政策，弥补经济社会发展中由各种原因形成的不平衡，消除不合理的贫富差距和社会矛盾，是实现犯罪源头治理的关键，只有政府、市场、家庭和社会四个方面相互联动、相互协调、相互作用，才能发挥犯罪源头治理的效能。针对社会弱势群体以及重新犯罪高风险群体存在的利益冲突和社会保障不足的致罪因素，制定科学合理的社会政策，补齐治理的短板，尤其是动态和持续关注直接影响犯罪的社会各阶层经济收入、社会支持、基本教育、社会救助等方面内容，以完善的社会政策化解在经济社会发展中不断出现的各类犯罪隐患，实现共建、共治、共享。这既是中国特色社会主义制度决定的，也是我国社会主要矛盾变化的必然要求。

根据被调查对象自报告的情况统计，无论是重犯人员还是未重犯人员，个人因素均是犯罪的主要原因，特别是重犯人员，造成其两次以上犯罪经历的因素中，个人原因更是直接诱因。但是根据个体差异理论，“为什么这些人会犯罪?”“是否这些人存在某些特征导致犯罪或者实施犯罪的可能性更大?”如前所述，我们可以基于生物学理论和心理学理论进行分析，通过个体差异因素的验证，对每个特征对于产生犯罪风险作用的大小进行比较，并筛查出风险因素与保护因素。同时基于紧张理论，将个人置身于社会关系和环境中，而不是孤立地看待“天生犯罪人”差异问题。

在分析阻断犯罪原因方面，根据自我评价报告，既有差异又有相似之处。首先，重犯人员和未重犯人员都认为，“良好的人际交往圈”和“普法教育”是阻断犯罪的保护因素。相反，对于“普法教育”，已经接受过监狱矫正的罪犯认为，出狱后能充分认识到普法教育对于阻断犯罪的重要意义：一方面，普法教育体现了监狱矫正的有效性，提升了罪犯的法治观念和法律意识；另一方面，作为改过自新的罪犯，普法教育帮助他们认识到自己的行为触犯法律，知法、守法、尊法的意识增强，促进他们改过自尊，成为守法公民。随着《刑法》的不断修订，犯罪圈的扩大，普法教育的及时性、精准性、有效性成为预防犯罪和教育罪犯的重要问题，亟待引起重视。据了解，未重犯人员回归社会后，就业环境和就业机会得到解决的比例较高，稳定的工作有助于维持社会关系和纽带，通过提供稳定的经济收入，对于阻断犯罪生涯具有显著效果。相反，重犯人员就业情况不乐观，前科禁止、社会排斥、自身不愿意就业、好逸恶劳等因素加重了就业困境，找不到稳定的好工作，相对于犯罪成本和惩罚成本，他们选择再次犯罪的概率就很高。就家庭因素而言，“家庭背景好”和“父母好的教养”对重新犯罪的影响力度也不同，重犯人员第一次犯罪认为受“家庭”背景的影响占比超过30%，父母好的背景对于未重犯人员的影响接近30%，可以让他们提前偏离违法行为，避免严重的越轨行为出现。

因此，宏观的社会、经济、政治和文化状况决定了犯罪的整体态势和发展规模；群体的相似性和个体的差异性互为矛盾，而刑罚执行场域内将各类罪犯聚集在一起进行惩罚和改造，由于个体的差异性，不同罪犯的改造效果存在差异性。回归社会后，刑满释放人员面对不同的社会环境和社会资本，决定了其不同的选择。因此，犯罪行为的萌芽、发生、阻断、停止等不同状态既与犯罪人生命历程有关，也与社会控制有关，还与情境有关，是个体、社会、国家共同影响的结果。犯罪学是一门应用性学科，只有找准犯罪的保护因素和风险因素，才能有的放矢地解决犯罪诱因，阻断犯罪的发生机制，从而实现预防和减少重新犯罪的目标。

综合实证调查和对照分析后的结果，从“犯罪人”到“犯罪场”，犯罪发生机制是一个连续的系统性工程。因此，本节就犯罪影响因素进行了全方位深度调查分析。在抽样原始数据基础上，进行对照性分析、卡方验证每个因素的系数和显著性，重点运用社会学实证研究中的描述性分析法，在描述分析基础上，对各变量与重犯组、未重犯组两个类别分别进行两变量间的交互分析，并进行相应的卡方检验。对应 p 值小于 0.01，显示出差异有高度统计意义，通过两变量交互分析可以发现，重犯人员和未重犯人员在多个变量中都存在显著的差异。对本书提出的假设，经过推断和统计分析，证明均成立，关注的主要自变量均呈现出与重新犯罪高度的关联性。因此，本节完成了初步的影响因素的筛查，从而为下一阶段多维度模型分析奠定基础，也为构建我国重新犯罪预防体系提供了数据支持和建议依据。

第三章
重新犯罪的犯因性讨论

犯罪是犯罪人存在犯因性差异的结果，从宏观归因的角度看，客观科学认识重新犯罪影响因素是预防和减少重新犯罪的基础。本章基于经验法则，运用犯罪学相关理论，分别从微观、中观和宏观层面对重新犯罪犯因进行分析和讨论，并结合重新犯罪次数和重新犯罪类型角度探讨重新犯罪核心因素的趋势，从而在一定程度上认识重新犯罪的原因和规律。借鉴域外犯罪风险评估工具和做法，提出重新犯罪预测的未来方向。

第一节 重新犯罪犯因性的发现

一、微观层面：犯罪个体的劣势累积

（一）重新犯罪与年龄呈现“近强远弱”的关系

“近强远弱”关系表现为初次犯罪年龄越大，重新犯罪可能性越小；初次犯罪年龄越小，重新犯罪可能性越大。根据前文调查研究结果，未成年人的年龄与重新犯罪次数呈显著反向关系。因此，青少年犯罪群体比成年犯罪群体更容易继续实施犯罪。这个发现很好地解释了国家特别重视预防未成年人犯罪问题的原因，相对于成年犯罪生涯，初次犯罪年龄越低其犯罪生涯越长，犯罪次数越多。因此，初犯的起始年龄是研究年龄与犯罪之间关系的重要纽带。同时，根据对 55 岁以上老年人犯罪问题的研究发现，初次犯罪年龄 55 岁以上的老年人重新犯罪次数远远低于未成年。

关于年龄与重新犯罪的关系，可以从以下两个方面进行解释：一方面，基于生物学理论，年龄是社会、生物和心理社会发展的重要标志。如前所述，年龄与犯罪呈反向关系。年龄—犯罪曲线（age-crime curve）表明，未成年人容易犯罪的年龄在 15—20 岁，反向年龄效应（inverse age effect on crime）极为明显。墨菲特提出发展分类法，认为青少年期犯罪人（adolescence-limited offenders）的反社会行为较多，青少年由于生理和心理原因，性格发展不健全，焦虑、空心病、冷漠等心理问题较为复杂，冲动、暴躁等性格不稳定因素较多，特别是受到违法同伴交往和犯罪亚文化影响较大，因此青春期也被称为犯罪的危险期。还有学者通过 23 项使用了 30 种少年犯罪预测因素的研究发现，有两种最强有力的累犯行为预测因素：一种是初次与警察接触的年龄，另一种是初次被拘留的年龄，这两种预测因素都与反向年龄效应相关。

因此，年龄是犯罪的核心相关因素。①

另一方面，基于标签理论，未成年人处于自我角色和自我形象塑造的关键时期，一旦因不良行为被视为“问题少年”，或者初次越轨行为被发现后，受到正式或者非正式惩罚，被贴上负向标签，就很容易受到负向标签评价的影响，导致未成年人自我角色模糊、自我放弃，甚至会逐步认同和内化标签内容，觉得自己被主流社会孤立，更容易加入一些不良团伙，最终成为未成年罪犯。相比较而言，成年人和老年人，其社会化程度较高，受到外界评价和负向影响较低，具备一定的抗击能力，能够“撕标签”。因此，身份认同对未来犯罪的可能性具有重要影响。鉴于未成年人身心发展的特殊性，需要重视标签行为对其带来的不良后果，改进前科制度，完善社会和法律制度，避免负面影响。

（二）重新犯罪与越轨行为呈现“凝聚加持”关系

“凝聚加持”关系体现在重新犯罪群体儿童时期的不良行为与成年后的不良行为之间存在连贯性。根据统计，童年早期具有小偷小摸行为的，第一次犯罪后仍然具有劣习的比例高达80%，越轨行为不会随着时间的流逝而消失，反而具有连贯性。另外，调查发现，越轨行为具有圈层固定化，通过对重犯人员朋友不良行为的检验，发现其交往的朋友中具有不良行为的占比超过半数。比如，吸烟、酗酒、文身被视为青少年同伴交往中身份的标识，当健康的社会纽带关系逐渐被割裂时，违法少年就会在同伴中找到归属感，形成聚合状态。

一方面，基于一般犯罪学理论，“缺乏自控力”可以用来解释犯罪行为倾向，早期的不良行为与犯罪行为之间的联系十分紧密，如果没有有效地、及时地干预不良行为，就会固化为习惯。例如，科尔伯格就提出了刑罚与犯罪之间关系的重要因素：加入越轨同伴群体（deviant peer group），该群体会以多种方式推动个人实施犯罪，包括越轨认同（deviant identity），提供奖赏以及规范价值观，支持未成年人犯罪行为。另一方面，未成年人越轨行为暴露出家庭教育的缺失。父母教养方式中的冷漠、消极的态度会把未成年人置于越轨和其他违法犯罪的高风险环境中。而且低自控力的来源也与父母监督和早期缺乏对于不当行为的惩罚有关，一旦陷入自控力的缺失、问题行为和交往互动的循环中，越轨行为就会向犯罪倾向发生转化，形成犯罪性人格特质，成为犯罪高风险群体。

① 闫佳：《童年不良经历与犯罪关联性研究》，载《青少年犯罪问题》2024年第2期。

（三）重新犯罪与家庭和学校呈现“共线性”关系

“共线性”关系体现在个体与家庭、学校关系程度减弱或者被打破，重新犯罪行为随之增加。家庭、学校与个体关系程度越紧密、依恋性越强，重新犯罪行为发生的可能性就越小。从前文的深度访谈了解到，重新犯罪个体在早年成长环境中，父母消极的教养方式，如“专制型”“忽视型”对于个体产生消极影响，造成个体受挫、自私、任性等负面情绪。12%的重新犯罪个体在少年时期是留守儿童或流浪儿童，缺少家庭关爱；20%有过家庭暴力等经历，个体与家庭依恋关系薄弱。此外，重犯群体中受过学校处分者接近20%，逃学、旷课等偏差行为缺乏学校的及时管理纠正，个人与学校依恋关系不强。

一方面，基于强制理论，父母和孩子之间缺乏互动关系，会强化孩子的反社会行为。从目前我国家庭教育现状来看，代际抚养较为普遍，不同家庭父母对于孩子的教育和培养程度也不同，存在父母忽视孩子情感、纵容偏离行为的“不闻不问”模式；父母对孩子专断、控制、惩罚的“羞耻化”模式；父母对孩子的情感和教育投入较多，持续关爱并及时纠错的“依恋”模式。对于同样的偏差行为，不同的父母教养方式会产生不同的结果：第一种恶化了犯罪倾向；第二种割裂了家庭纽带；第三种增强了亲子情感依恋的关系，能有效预防违法犯罪行为。因此，家庭过程是重新犯罪预防的第一道关卡，并持续伴随着重犯人员的犯罪生涯，系统体现在社会结果背景中。

另一方面，基于社会控制理论，学校更有条件实施社会控制。与父母相比，学校老师更容易发现孩子的偏离和不良行为，更加强调纪律和规则意识，当孩子发生不良和越轨行为时，更容易采取惩罚和管理措施。但是，就目前的学校情况来看，学校更在意学生的安全和学业表现，对于有不良行为的“问题少年”多是委托家长管教。由于生源增加，师资不足，每个学生从教师那里得到的关注和社会资本在降低，老师花在孩子身上的精力和时间都在减少，社会资本直接影响了孩子与学校的依恋关系，使逃学、旷课等问题时常发生而不能得到及时制止。由于学校教育资源不平衡，边远地区或者贫困地区学校少，师资更是匮乏，学校控制失灵。另外，由于对青少年保护力度增加，学校惩罚机制缺失，学校管理力度逐渐减弱，处罚的效力变弱，问题多少年得不到有效惩戒。据个别访谈发现，对于处分满不在乎的重犯比例占30%以上，他们在小错不断累积后，自我角色定位出现偏差，导致“破罐子破摔”。此外，从差别交往理论和学习理论出发，学校应该塑造良好的校风、严明的纪律、奖罚分明的管理手段，让学生在学校特别是初高中教育阶段形成健康的人格，远离社会上的不良风气和不良行为。

综上所述，在重新犯罪个体的生命历程演进中，家庭、学校、同伴在其成长过程中扮演着举足轻重的角色。不同生命阶段的社会纽带水平的变化可以用来解释犯罪发展发生的演变机制，聚焦重新犯罪群体童年时期的家庭、学校、越轨行为、同伴经历，注重从其自身因素和家庭、学校、社会关系因素进行筛查，通过定量分析，查找显著因素。一是父母的差异性教养方式对青少年有不同影响。从统计结果来看，重犯群体中，父亲“专制”与母亲“溺爱”比较典型，而“不管不问”的亲子关系也会给青少年造成心理影响，负向的家庭经历会给青少年成长带来一些不利因素，但是出现犯罪倾向的青少年未必都有负向的家庭经历。一部分是由于父母疏于管教，青少年与社会不良人员接触，产生差异性认同后，在周围环境的影响下出现偏差行为，继而导致犯罪倾向的产生。二是在青少年犯罪成长过程中“家庭”和“学校”对青少年的影响至关重要。本节研究发现：第一条发展轨迹的意义在于说明家庭经历的重要性；第二条发展轨迹的意义在于说明学校经历的重要性。在学校的表现侧面反映出青少年偏差行为和社会纽带的关系。学校惩罚措施效果不明显，如一半以上受处分学生对于学校的处分无所谓，和学校的关系减弱。三是青少年偏差行为只是具象表现，其深层次原因实际是低水平的自我控制。一旦有诱因发生，在时机和条件允许的情况下，低水平控制能力就很容易诱发犯罪。因此，应该将预防重新犯罪的重点对象确定为处于犯罪高峰年龄段的青少年群体，采取综合性的早期预防措施，其中涵盖了个体生理和心理、家庭、学校、同伴群体、社区等诸多方面的风险因素和保护因素。[①]

二、中观层面：刑事执行场域的效能梗阻

（一）重新犯罪与量刑呈现“差异化”关系

“差异化”关系表现在，重新犯罪群体对量刑认罪认罚的程度存在差异化。其中，只要认罪认罚，重新犯罪概率就会减小；相反，如果认为量刑存在差异，

---

① Farrington, D. & Welsh, B.: *Saving Children from a Life of Crime: Early Risk Factors and Effective Interventions*, NY: Oxford University Press, 2007, pp. 17-28. 转引自杨学锋、杨茗美：《年龄犯罪曲线的思辨解读与实证方法》，载《中国刑警学院学报》2021 年第 6 期。

“认罪不认罚”或者“不认罪、不认罚”等，那么重新犯罪概率就会增大。比如，“同案不同判”“同罪不同罚”等量刑差异，既影响重新犯罪群体对司法公信力的信任，也影响刑罚目的的实现。访谈结果显示，在“对于法院判决结果评价”的自我评级中，重犯人员认为判决过重的比未重犯人员高13%。个别重新犯罪群体“认罪不认罚”的情况比较明显，结合个别访谈，被访谈人提到“他盗窃奔驰车被判8年有期徒刑，但是同监狱其他人盗窃奔驰车并销赃才被判7年有期徒刑，不同地区对同一类型犯罪量刑存在较大差异，感觉司法不公”。

原因：一是量刑差异主要是由于法定刑量刑幅度较大，法官自由裁量权比较大，地区之间存在差异，盗窃金额的认定和危害程度又会受地域经济条件影响而存在量刑幅度的差异。对重新犯罪群体而言，量刑幅度差异造成他们对刑罚惩罚性认识不够，刑罚的不确定性严重制约刑罚威慑力的效果。例如，《美国联邦量刑指南》依据罪犯刑事犯罪记录情况，通过对违法犯罪程度的评判，建立多个量刑梯度，允许法官在指定幅度下量刑。[①] 我国法院应采用统一法律适用标准，以普法形式加大宣传，通过明确量刑的标准达到对犯罪的威慑。二是前科越多，量刑越重。重新犯罪群体前科次数越多，证明犯罪倾向越严重，结合重新犯罪风险，量刑就会相应增加。根据调查统计，借助多元回归分析，认罪认罚对财产型再犯次数具有显著影响，财产犯罪的量刑和犯罪前科，罪犯自首以及损害程度等存在关联。因此，重犯群体需要了解法律，知法懂法，同时不同地域的不同法官应该统一量刑标准，做好量刑宣传和解释，“谁执法，谁普法”，让重新犯罪群体时时刻刻受到法治教育。三是被害人因素未纳入量刑考核中。犯罪人与被害人互相依存，犯罪因素和受害因素也是相伴而生的。犯罪不仅对社会产生危害，还会对具体被害人造成无法量化的创伤和损失，在“整体刑法学”理念和“刑事一体化”的指导下，被害人应该纳入量刑综合评估的因素，在平衡被害人的保护与犯罪人量刑公正的同时，发挥被害人的预防犯罪作用，从而减少重新犯罪。[②]

（二）重新犯罪与刑罚威慑力呈“此消彼长”关系

“此消彼长”关系，表现在刑罚威慑力越强，重新犯罪可能性越小；相

---

① 熊谋林、赵勇、程乙峰：《重考量刑公正与量刑差异——德阳市五个基层法院的定量研究证据》，载《犯罪研究》2014年第6期；吴鹏森：《犯罪防控与刑释人员研究》，上海三联出版社2017年版，第51页。

② 张倩：《刑事一体化再探与展望》，载《法学论坛》2013年第6期。

反，刑罚威慑力越小，重新犯罪可能性越大。经过矫正后对刑罚感受“不再害怕”的，“出狱后继续犯罪”的重犯比例比未重犯高，体现了刑罚威慑力与重新犯罪的关联性。

原因：一方面，基于威慑理论，若刑罚过于严厉，则会产生相反的效果。刑罚是一种威慑，在一定程度上是明确的警告，是对犯罪人自私自利的本能的“惩戒”。① 刑罚威慑力带来的附加效应必然是刑期的延长。刑罚源于报应论，刑罚惩罚性强化，延长重刑犯、高风险罪犯刑期，加重量刑裁判，都会导致监狱人口的增加，过度拥挤占用监狱资源，不利于教育矫治和心理矫治等矫治手段的开展。但是注重罪犯的康复治疗，行刑社会化加强，罪犯刑罚体验又会出现惩罚不足的感觉，造成惩罚感觉从“害怕”到“适应”，再到“不再害怕”的劣变。一名访谈对象表示，在监狱待了近20年，已经完全适应监狱的生活，除了没有自由之外，监狱的生活条件和医疗条件都比出狱回归社会要好。他寄宿在朋友家，就连基本温饱都是问题，在社会上生活不下去的时候，还是愿意回监狱“养老”。他的思想反映了刑罚威慑力不能仅仅体现在刑期差异上，还应该与监狱阶梯式的分级处遇和矫正相结合，惩罚应该与犯罪相对应，让惩罚性感受贯穿矫正阶段，才能从内心认识到犯罪成本的增加。但是对未成年犯而言，刑罚体验越差，越容易诱发其叛逆和“破罐子破摔”的思想。相反，如果将未成年犯视为“需要康复”而不是“需要惩罚”时，那么犯罪只是未成年人生命中的一段历程。因此，惩罚与康复看似冲突，如果将惩罚目的确定为矫正康复，以罪犯“重新融入社会”为矫正手段和目标，“改造罪犯是为了更好地保护社会”，那么惩罚威慑力就会在矫正过程中得到体现，最终将罪犯改造成为守法公民的目标成为惩罚的终极目的。

另一方面，基于古典犯罪学理论，相对于刑罚威慑力的强弱，刑罚的准确性和及时性对于重新犯罪的威慑力更大。根据前文的调查统计，因侥幸心理而犯罪的人群占大多数，源于除了命案之外的破案率低，财产类犯罪隐蔽性强，被抓的概率低，所以盗窃类、毒品类重新犯罪率高。因此，从根本上刑罚的报应论和惩罚性应该用“看得见的方式”让犯罪人和潜在犯罪人及时感受到，犯罪现场及时被发现并制止，产生的效力远远高于长时间审判后量刑。正如有的学者提出，增加警察的投入能有效预防街头犯罪的发生。增加警察数量，是否具有成本效益，是否能够减少犯罪？争论焦点在于严惩措施

① 徐久生：《论犯罪、刑罚与刑事政策》，北京大学出版社2016年版，第79—81页。

和增加警力能在多大程度上提高破案率。例如，美国芝加哥社区采取问题导向警务的做法，批判了以犯罪案件为中心、反应式地打击犯罪的传统警务策略，转而认为警察部门应该更加注重识别、分析和解决高度具体化的、隐藏在反复发生的犯罪或失序现象背后的“问题”，从而更加有效地实现减少和预防犯罪的根本目的。该做法不仅优化了警察参与模式的管理，还倡导警察必须有优良的工作成效。问题导向警务通过改善警察机构内部管理环境来提高警察的工作参与度，从而优化警察的工作成效。这些内部改变完成之后，警察将能为其顾客——社会公众提供更好的服务，还可以预防和减少犯罪。①

（三）重新犯罪与监狱矫正项目呈“效应迭代”关系

“效应迭代”关系，表现在监狱矫正项目效能与重新犯罪有密切关系，矫正项目有效性直接适用于重新犯罪群体。效能高的能够有效降低重新犯罪率，同时起到迭代效应，对于初次犯罪也具有很强的预防效应。相反，有些矫正项目经重犯群体反馈，证明效果不明显。

原因：一是基于循证理论，加拿大 RNR 模型（risk-need-responsivity）采取风险、需求和反应性原则，通过“有效干预”和“循证决策”帮助罪犯改善行为和认知偏差。根据美国俄亥俄州对社区矫正治疗项目的研究，一些项目将高风险罪犯的重新犯罪率降低了 30%以上，但是对低风险罪犯的影响，却使该群体的重新犯罪率增加了 7%。因此，重新犯罪预防计划应瞄准犯罪风险因素，针对犯罪需求，积极响应才能提高矫正项目的有效性。

二是基于犯罪经济学理论，一些矫正项目对重犯而言属于高成本、低效果。例如，统计数据显示，重新犯罪组认为教育改造无效的比例远远大于未重犯组，同时矫正项目是有周期性的，只有时间才能证明项目的有效性。“当面对无效的矫正治疗策略的存在时，法官、立法者和公众甚至是罪犯都会对矫正失去信心，反过来又削弱了对有效项目的支持。这种失败被用来证明更严厉的惩罚是正当的。”②具体而言表现为两点：其一，短刑犯在监狱服刑，不利于其重返社会。短期自由刑的罪犯由于刑期短、流动性强，主观恶性不强，

① ［加拿大］欧文·沃勒：《有效的犯罪预防——公共安全战略的科学设计》，蒋文军译，梅建明译校，中国人民公安大学出版社 2011 年版，第 122 页。

② Sherman, L. W., Gottfredson, D. C., Mackenzie, D. L., Eck, J., Reuter, P. & Bushway, S. D.: *Preventing crime: What works, what doesn't, what's promising. Research in Brief, Washington*, DC: National Institute of Justice, 1998.

彼此之间很容易诱发交叉感染，形成新的犯罪人格，诱发新的犯罪行为。相反，西方有些国家主张采取如缓刑、罚金和其他替代措施。[①] 其二，长刑期罪犯的矫正效果同样有待验证。长刑期罪犯由于长期在监狱服刑，与社会隔绝，社会关系受到阻断，罪犯心理、生理都已受监禁化影响。虽然刑罚的适用具有优势，但它带来的劣势也是显而易见的。如果能适时将监禁刑和非监禁刑壁垒破除，增加监禁刑替代措施，则既能避免监禁刑带来的“监狱人格化”，又能避免非监禁刑的惩罚性不强的刑罚体验。此外，设立“轻微罪的出罪制度”，将一些不严重的罪行列为非罪化，可以多运用社区矫正等刑事执行手段。

三是基于社会学习理论，人们通过环境和互动进行学习。虽然监狱教育是减少累犯的有效工具，但是监狱矫正项目通常针对所有罪犯，项目缺乏因地制宜、因人而异的特性。如前文分析的犯罪的核心风险因素是支持犯罪的价值观，反社会态度、冲动、自我控制力差等方面的行为缺陷，犯罪倾向需要多种矫正手段才能发挥作用。但是对于当前监狱的教育改造工作，由于缺少具体区分宽严待遇的法律标准和明确的尺度，在实践中极易引起不当操作甚至带来负面效果。[②]

四是监狱的分类管理不到位。据了解，罪犯进入监狱时会根据犯罪类型、刑期长短以及疾病情况进行分类，罪犯风险评估量表填写后只作为参考，而罪犯犯罪动机、反社会人格等却无法评估，分层管教容易流于形式。这种初级层次的分押、分管模式，使监管改造工作难以发挥作用，毕竟罪犯随着年龄增长、服刑状态的不同，改造效果和需求也会有差别。核心矫正实践需要专业的矫正人员采取有效的手段和方式来开展矫正活动，即使是同一个矫正项目针对同一个罪犯，由于监狱矫正人员素质的差别，专业能力的差异都会对矫正效能产生不同的作用。

（四）重新犯罪与减刑假释呈“功利化倾向”关系

“功利化倾向”关系，是指重新犯罪群体基于功利化目的，“减刑为主，假释为辅”，对于累犯不能假释时，存在消极改造甚至抗拒改造的情况。同时，由于减刑存在而对犯罪前“成本预算”进行扣除，降低了刑罚威慑性。相较于减刑直接缩短刑期，假释则要求满足“没有再犯罪的风险”实质条件，

---

① 例如，对短期自由刑期进行改造，采取限制自由刑、半自由刑替代措施，如周末监禁、半监禁、业余监禁、家内服刑、狱外服刑等非监禁替代措施。

② 张婧：《监狱矫正机能之观察与省思》，中国人民公安大学出版社 2010 年版，第 56 页。

并且假释考验期的风险较大。据访谈发现，重新犯罪群体一半以上有减刑经历，但是假释适用率极低。

原因：一是减刑与假释制度存在适用标准的失衡。我国减刑和假释制度在实质条件上存在差别，减刑："确有悔改表现"，以积分和奖惩为判断依据；假释："没有再犯罪危险"，属于特有实质条件，存在难以判断的问题，而且假释存在责任的倒查和追究，造成减刑、假释错位的适用格局。

二是刑法对于假释禁止性规定，有利于维持原判刑罚的严肃性。[①] 但是对累犯而言，刑罚裁量阶段已受到不利处遇，执行阶段禁止假释，违背"一事不再罚"规则和行刑平等原则。[②] 但是累犯可以适用减刑，在一定程度上折抵了禁止假释的立法目的，即防止人身危险性较大的罪犯过早回归社会。减刑假释制度对重犯而言，短期激励效果不明显。假释再犯风险评估缺乏科学统一的标准，尽管国外假释犯再犯风险评估工具已经开发了四代产品[③]，但是基于我国传统"报应论"的思想和再犯风险预测难的困境，假释率低的现象将会长期存在。

三是减刑假释制度功效发挥不足。减刑假释适用与"再犯原因"和"罪犯特点"割裂。根据访谈发现，重新犯罪群体刑罚后感受"不再害怕""不会被抓"等负向思想反映出其重新犯罪的风险性较大，同时家庭亲情帮扶对于重犯回归后再犯风险具有正向作用，减刑假释需要依据"再犯风险因素"结合矫正期间表现进行评估，避免单纯依靠积分考核和奖励的标准。对于老年犯、残疾犯等弱势罪犯，满足减刑、假释条件相对困难，而自身重新犯罪危险性却很低，更适合提前假释或者减刑，因此减刑假释制度应该遵循"RNR"原则科学评估和适用，真正实现其预防重新犯罪的目的。

（五）重新犯罪与亲情帮扶呈现"正向赋能"的关系

"正向赋能"关系，是指亲情帮教罪犯越多，监狱矫正效果越好，重新犯罪概率越小；相反，亲情帮扶缺失，则监狱矫正减能，重新犯罪概率更大。亲情帮扶罪犯能够更好地激发其主动改造、积极康复的潜能，取得更好的矫

---

① 苏惠渔主编：《犯罪与刑罚理论专题研究》，法律出版社 2000 年版，第 403 页；陈兴良：《刑法适用总论》，法律出版社 1999 年版，第 663 页。

② 冯殿美、侯艳芳：《浅议假释制度的完善——以罪犯权利保护为视角》，载《山东科技大学学报（社会科学版）》2005 年第 2 期。

③ 翟中东：《假释适用中的再犯罪危险评估问题》，载《中国刑事法杂志》2011 年第 11 期。

正效果。根据前文卡方验证和回归分析，亲情帮扶和重犯次数呈显著负向关系，罪犯维护和改善家庭亲情帮扶关系，对预防其重新犯罪是有帮助的。

原因：一是基于家庭伦理观，中国重视“家本位”，以血缘和姻亲为纽带的家族亲情关系是个体生命历程中最重要的幸福和安全因素。罪犯身陷囹圄，社会关系被割裂，唯有家庭纽带能够帮助其与社会保持联系。根据个别访谈了解，接受家属探视的罪犯会更加积极配合改造，争取早日回归社会的愿望更加强烈；相反，无家人探视、通信的罪犯，其改造积极性也不高。一名访谈对象表示，“妻子只探视过一次，是来离婚，从那以后再也没来过。我早点出去又有什么意义？”家庭亲情支持为罪犯监狱生活带来稳定和希望，特别是当他们刑满释放时，能重回家庭，而不被社会抛弃。根据调查，家庭亲人探望少的大部分原因是距离太远、路费太贵、亲人年迈等，暴露出异地服刑不利于会见的弊端，应该创新远程、视频会见等方式来解决家属会见的问题。

二是基于社会资本理论，家庭关系可以视为社会资本的一部分，社会资本中的人际关系交往，特别是家庭强关系，带给个体的资源远远大于社会其他资源的影响。良好的家庭联系，更多的探视不仅能帮助罪犯改造，也能有效确保监狱的安全和稳定。据了解，监狱罪犯情绪波动大、自残、脱逃等行为产生的原因有些和家庭遭遇变故有关，如在疫情防控期间通过加大电话会见方式，有助于稳定罪犯情绪，维护我国监狱的安全和稳定。另外，将维持和发展家庭关系纳入监狱教育矫正内容，将家庭纳入罪犯矫正风险评估因素，为罪犯出狱后回归社会做好准备。家庭关系贯穿个人整个生命历程，刑罚期间只是其生命中的一段经历，不能因此将家庭关系割裂，家庭也是促进罪犯改变的强大动力，通过家庭关系的干预可以改变罪犯犯罪思维和认知行为偏差。需要注意的是，罪犯身为父母被监禁，儿童和家庭成员处于逆境，根据前文调查统计，一部分罪犯属于代际犯罪，即其父母有一方接受过刑罚执行，为避免“犯二代”的代际犯罪，罪犯父母和子女需要得到社会支持和宽容，减少一人犯罪、家人连坐的伤害。

综上所述，在中观层面，重新犯罪群体处于监狱服刑阶段，刑事执行效能成为其重新犯罪的中观因素。但是如前所述，无论是量刑差异化、刑罚威慑力的失灵、矫正项目有效性还是减刑假释制度不完善、亲情帮扶的缺位都会成为刑罚效能作用发挥的梗阻，严重阻碍刑罚执行期间重新犯罪群体矫正的有效性。

三、宏观层面：社会领域的“边缘化”冲突

（一）侵犯财产罪与经济发展呈现“代谢增长”的关系

“代谢增长”的关系，指的是侵犯财产罪与经济发展呈现“低速增长”的规律，经济发展越繁荣，侵犯财产罪重犯率越高；反之则越低。有关调查显示，犯罪与经济发展之间存在相互关系。犯罪行为对经济的负面影响不容忽视，其给经济活动的稳定性和安全性带来了挑战。相反，良好的经济环境，重新犯罪率由高到低的罪名排序是：走私、贩卖、运输、制造毒品罪、盗窃罪、诈骗罪、抢劫罪、故意伤害罪、寻衅滋事罪、强奸罪。其中，盗窃罪、诈骗罪、抢劫罪都属于侵犯财产罪，由此可见，重新犯罪最大的特点是趋利性。

原因：一是经济与犯罪关联性有“反比论”“冲突论”“失调论”“消长论”“远正近负论”等理论，[①] 但是毋庸置疑，经济发展与犯罪密切相关。侵犯财产罪多发、高发，如2019年检方起诉人数排在前几位的罪名分别是：危险驾驶罪（占17.7%）、盗窃罪（占13.7%）、诈骗罪（占6.6%）。[②] 根据调查，侵犯财产罪的原因是市场经济规律与经济发展规律具有同源性；犯罪总量波动与经济发展周期具有同频性；犯罪的变化趋势与经济政策调整具有同步性。[③] 侵犯财产罪的重新犯罪不仅表现在经济发展不平衡上，还表现在社会危害性越来越大。

二是重新犯罪群体并非因绝对贫困而犯罪。随着贫富差距的加大，因贫困犯罪的因素并不明显。根据有关调查发现，以往大学生犯罪，尤其是财产型犯罪，其作案动机常出于家庭贫困的原因。但是，近年来非贫困化的作案动机越来越严重：有的出于追求享受，爱慕虚荣；有的为打击报复，泄私愤；有的可能是因为学习上的竞争或是恋爱方面的原因；而有的则是出于空虚无聊、寻求刺激等。[④] 同样重犯人员第二次犯罪前的收入平均高于初次犯罪前的

---

① 秦立强：《社会稳定的安全阀：中国犯罪预警与社会治安评价》，中国人民公安大学出版社2004年版，第29页。

② 《最高检：2019年全国平均每万人刑事犯罪发案量13人》，载光明网，https://m.gmw.cn/baijia/2020-06/02/1301255782.html，最后访问时间：2021年7月2日。

③ 杨书文：《试论经济犯罪的寄生规律》，载《公安学刊（浙江警察学院学报）》2016年第6期。

④ 邢东伟：《在校大学生犯罪“非贫困化”趋势严重亟待重视》，载https://news.sina.com.cn/o/2013-11-20/090628763105.shtml，最后访问时间：2024年2月1日。

收入。虽然重犯人员的收入和支出基本平衡，但是他们大手大脚花钱的消费观，以及为了维持高消费和高生活水准，使他们的重新犯罪概率更高。

三是重犯群体经济条件不均衡感。我国经济发展地域性差异大、农村城镇差异大，经济繁荣带来流动人口增加，特大中城市外来务工人员越来越多，收入与同城市的朋友比较会产生相对剥夺感，收入分配呈现“橄榄型”。四川调研发现，重犯人员中，犯罪前经济收入不稳定的占 78.14%。其中，48.52%的家庭年收入在 5000 元以下；29.62%的家庭年收入在 5000—2 万元；12.84%的家庭年收入在 2 万—5 万元；9.02%的家庭年收入在 5 万元以上。①由此可见，他们多数在再次犯罪前经济困难。因此，经济因素不仅影响犯罪人的个人生活条件，还影响社会福利体系，甚至对犯罪动机产生重要影响。

（二）重新犯罪与失业率呈现“同步性”关系

“同步性”关系，是指刑满释放人员失业率越高，重新犯罪概率越大；刑满释放人员失业率越低，重新犯罪概率就越小。根据前文关于重犯职业的纵向分析可以发现，就业对于重新犯罪预防具有重要意义，就业直接影响犯罪率。

原因：一是基于社会控制理论②，关于失业率变化对于犯罪的短期影响比较复杂，犯罪率越高的地区，吸引投资市场的繁荣程度越低，就业率也就越低。“犯罪机会增加，犯罪倾向增加是对就业市场犯罪动机增加的理性反映。”③ 据抽样调查结果显示，就业与犯罪之间存在积极且具有统计学意义的关系，特别是财产犯罪与就业的关系显著性更强。④ 一方面，大城市就业人才资源丰富，具有前科记录的刑满释放人员被就业市场排斥在外；另一方面，刑满释放人员自身文化程度和能力水平差异较大，导致就业能力较低，就业竞争力小，加上大量的农村外地务工人员来大城市就业，很难获得就业机会，特别是稳定的职业。就业被视为个人的社会纽带和获得资源的主要建设者，就业缺失导致大规模的混乱。对重新犯罪预防而言，满足刑满释放

---

① 四川省监狱管理局课题组：《四川省刑释人员重新犯罪问题探析》，载《犯罪研究》2020 年第 5 期。

② 《2020 年中国失业率、就业人数及失业保险发展现状研究》，载华经情报网，https://www.sohu.com/a/456917858_120113054，最后访问时间：2021 年 9 月 4 日。

③ Freeman, R.B.: “Crime and the Job Market”, *National Bureau of Economic Research*, 1996, Working Paper No. 4910, MA: Cambridge.

④ 齐立云、杨晓伟：《我国宏观经济因素与犯罪率的关系研究——基于逐步回归法的实证分析》，载《中国物价》2015 年第 4 期。

人员的就业需求，保证他们稳定的收入来源，是从根源上解决他们社会融入的关键环节。

二是基于经济选择理论，重新犯罪群体对就业的态度不是有没有就业机会，而是对低收入工作本身不满意。人力资本影响收入，收入影响重新犯罪群体。重犯人员在合法工作和非法工作之间进行选择，当犯罪和合法工作的回报差距过大时，为了获取更多钱财，他们选择了非法犯罪活动。同时，重新犯罪群体个人就业技能的确存在差距。统计显示，通过职业技能培训获得证书的人员不足一成，因此针对监狱矫正期间的重犯，对于风险较高的群体或者半年内即将刑满释放人员进行职业技能培训，避免罪犯因长期监禁发展出监狱人格。据统计，重犯自述报告中明确表示“不想就业”人员超过半数。因此，监狱职业技能培训要以罪犯重新融入社会为目标，培训内容和项目与市场就业匹配，如学徒制、定制就业培训等，通过劳动改造转变其就业态度，提高自食其力的能力。

三是基于标签理论，刑满释放人员前科记录，从业禁止和潜在禁入规定，把他们排除在许多行业和工作外，即使有工作，但是污名化让他们面临频繁失业的风险。比如，根据前文统计结果，找工作遇到歧视的重犯人员占比超过三成，工作中遇到歧视人员占比高达半数。虽然“贴标签”的正向社会反应难以避免，但是应当为标签未成年人撕去犯罪标签。①

（三）重新犯罪与教育程度呈现“有序差异性”关系

“有序差异性”关系，指的是重新犯罪群体文化差异，对于不同犯罪类型和特定犯罪群体产生的差异性影响因素。对未成年犯而言，他们大部分是初中文化程度，其重新犯罪与教育具有显著逆向关联性。对老年犯而言，重新犯罪与教育没有关联，教育矫治效果不大。对诈骗犯而言，具有高中以上文化程度的占比较大，其重新犯罪与文化程度高低具有相关性。因此，重新犯罪需要考察义务教育、高等教育、监狱矫正教育以及监狱亚文化，因人而异的特定差异性规律。

原因：一是校园中的“社会分层”现象明显。心理学家班杜拉认为，人们在观察一系列的目标行为之后，可以学会新的技能，并表现出相似的行为，

---

① 杨丽璇、刘洪广：《标签理论视角下未成年人再犯预防——自我形象重塑》，载《湖北警官学院学报》2020 年第 6 期。

即社会学习理论。在中学时期，青少年对同伴的渴求是普遍而深刻的，他们寻求他人的认同，也寻求在同伴中的社会地位，并通过和同伴的交往互动缓解繁重的学业压力。如果同伴展示了犯罪行为，如校园欺凌、偷窃等，则青少年可能会因为各种需要而观察并模仿这些行为，或者参与不良行为甚至违法犯罪活动。因家庭环境或学业成绩处于底层的学生会产生较强的挫折感和相对剥夺感，缺乏安全感，并因社会排斥而产生负面情绪。这类学生聚集在一起后会通过实施越轨行为以获取团体内部的认同感、存在感，表达愤怒和释放内部压力。

二是不良文化与暴力暴露明显。未成年人所处的社会环境会影响到其行为道德发展。首先，信息科技的高速发展让未成年人更早地通过网络接触到不良的文化，如暴力和色情。实证研究表明，暴力暴露对青少年早期的校园欺凌存在正向预测性[①]，含有暴力元素的图书、影像以及娱乐活动加剧了未成年人的犯罪心理。其次，青少年可能会模仿虚拟游戏中的暴力行为，并在现实生活中实施，以获得心理上的愉悦。据统计，有 73.8%的未成年犯在犯罪前看过网络上的“殴打”信息，70%的看过“砍杀”信息，57.2%的看过“血腥屠杀”信息。[②] 如果青少年所处的群体中有某些“领袖”或“榜样”人物表现出暴力行为，则更能引发青少年的模仿和追随。所以未成年人如果进行不当的社会交往或社会学习，那么都可能引发其违法犯罪行为。

三是监狱教育改造效果差异性大。从监狱教育改造情况和重新犯罪周期的关系分析，认为“监狱教育对回归社会没有帮助”的人群比例较高，对于监狱教育改造工作，需要定性化评估，形成社会化大教育观念。根据调查访谈，被访谈人多数表示监狱教育相对滞后，没有分类教育，以集体教育为主，针对性不强，没有吸引力。另外，参加高、自考或学历提升教育，在计分奖励上差距不大，自主教育积极性不强。因此，监狱作为重新犯罪群体最有利的改造场所，教育矫治资源没有充分挖掘，效能发挥有限，预防重新犯罪效果受到影响，亟待解决监狱教育的科学化、有效性。

（四）重新犯罪与社会资本呈现“强弱不均”关系

“强弱不均”关系，指的是重新犯罪个体社会资本的获取与社会网络间的

---

① 李小青、刘银章、汪玥等：《暴力暴露对不同性别青少年早期校园欺凌的影响：基于潜在剖面分析》，载《心理发展与教育》2023 年第 2 期。

② 张振锋：《网络不良信息对未成年人犯罪的影响》，载《预防青少年犯罪研究》2017 年第 1 期。

“强关系强、弱关系弱”的关系，“强关系”表现在家庭、朋友、亲属关系纽带中，“弱关系”表现在社会组织、工作组织中等。根据前文调查统计显示，重新犯罪群体与家庭和朋友关系越紧密，获得的家庭亲友帮扶资源就越多，社会组织关系越复杂，获得的社会资源就越多，“强者恒强”；相反，如果重新犯罪群体家庭关系疏离、朋友和组织关系弱化，那么获得的社会资源就越少，“弱者更弱”。

原因：一是基于社会关系网络原理，社会关系对于刑满释放人员的影响力尤为重要。根据调查结果显示，刑满释放人员回归社会后结交的朋友中50%是以前的朋友，被家庭接纳的虽然达到50%，但是仍有20%的刑满释放人员不被家庭接纳和认可。犯罪人与被害人互相依存，任何犯罪都是风险因素与保护因素错综交织的互动结果。当重犯回归后应当修复与被害人的关系，这样可以对其与社区联系和日常融入创造条件。

二是传统文化与变革的冲突。“犯罪与文化的关系深刻而密切，犯罪是文化的一个侧面。”[①] 中国传统文化主张“定分止争”“厌讼”。人如果受到刑罚处罚，受“羞耻”文化影响，就会被贴上标签。文化对犯罪等社会越轨行为进行谴责和规范就是一种社会控制。[②] 随着多元文化价值观的形成，文化冲突不可避免发生，弱化道德教化和犯罪控制，如“道德至上”变成“金钱至上”，“人本主义”变成“享乐主义”，等等，传统文化中预防犯罪的思想逐渐被淡化，文化冲突的加剧，导致犯罪心理产生，诱发犯罪行为。[③]

三是社会变迁负向效应影响犯罪。重新犯罪是复杂的社会问题，犯罪是社会变革的“晴雨表”，只有将重新犯罪问题放在宏观的社会发展变迁背景下，个人与社会的互动关系中，才能将重新犯罪控制在合理范围之内。犯罪的根源在于“不公正的社会结构的特征”，因此犯罪是人们在严酷和不公正的环境中作出决策的理性反映。比如，社会经济转型城镇化发展，大量的务农人口流入城市，社会结构发生变化。结合访谈发现，城镇远郊租房聚集地是犯罪高发区或者犯罪热点区域。同时，刑满释放人员社会保障严重缺位，源

---

① 严景耀先生在《中国犯罪问题与社会变迁的关系》一书提到，文化从当事人、犯罪成瘾、犯罪组织及犯罪技能等各个方面影响着社会中的“犯罪”。转引自应彩云：《文化对犯罪的影响——读严景耀先生的〈中国的犯罪问题与社会变迁的关系〉》，载《上海青年管理干部学院学报》2010年第3期。

② 参见张旭、单勇：《论犯罪与文化的关系——以文化的规范性为视角》，载《法学论坛》2008年第1期。

③ 参见贺曙敏：《论文化冲突与犯罪》，载《山东大学学报（哲学社会科学版）》2008年第6期。

于人户分离、婚姻存续等特殊情况不符合经济困难救助条件，或者无法享受社会最低保障，再犯风险增加。

（五）重新犯罪与社会融入呈现“隐形同频”关系

“隐形同频”关系，是指重新犯罪群体享受的社会保障越到位，社会支持力度越大，其融入社会强度就越强；反之，则其融入社会就会停滞。

原因：一是社会支持理论认为刑满释放人员不实施犯罪的原因在于存在一定的社会支持。例如，在某监狱对重犯人员的问卷调查中“你最需要哪方面的安置帮教措施”问题的反馈，有41.4%的人员希望获得就业帮扶。① 而有的地方并未将困难救济、就业帮扶、技能培训资金等纳入财政预算，也未建立就业创业安置帮教基金，导致政策难以落地落实。对重新犯罪预防而言，满足刑满释放人员就业需求，保证他们稳定的收入来源，是解决其社会融入的关键环节。

二是单纯从经济学逻辑看，基于犯罪和接受刑罚的机会成本不同，在社会收入分配格局中处于相对弱势的群体，犯罪的可能性相对更高。从宽泛的意义上说，个人职业发展的前景越不理想，机会越少，则从事犯罪活动的机会成本越低，犯罪意愿或可能性就越高。② 重犯人员在合法工作和非法工作之间进行选择，当犯罪和合法工作的回报差距过大时，为了获取更多钱财，他们选择了非法犯罪活动。同时，重新犯罪群体中个人就业技能存在差距。当前的监狱行刑模式并没有把罪犯重新融入社会作为改造的核心目标。以劳动改造为例，“惩罚、维稳、矫治、培训、价值”五大功能未被充分发挥，影响了罪犯回归社会、就业谋生。四川省监狱管理局课题组的调查数据显示，重新犯罪罪犯希望通过劳动报酬“体现自身价值”的占54.98%，“用于改善监内生活”的占62.33%，“减轻家庭负担、巩固家庭关系”的占58.64%，“获得就业储备资金”的占77.87%。③ 因此，监狱职业技能培训要以罪犯重新融入社会为目标，培训内容和项目与市场就业匹配，如学徒制、定制就业培训等，

---

① 四川省监狱管理局课题组：《四川省刑释人员重新犯罪问题探析》，载《犯罪研究》2020年第5期。

② 参见赵立卫：《从机会成本视角谈犯罪率、刑罚和收入分配状况的关系》，载《中国工程咨询》2019年第12期。

③ 四川省监狱管理局课题组：《四川省刑释人员重新犯罪问题探析》，载《犯罪研究》2020年第5期。

通过劳动改造转变其就业态度和增强其自食其力的能力。同时，针对监狱矫正期间，对于半年内即将刑满释放人员应该进行有针对性的出监教育，完善过渡性保障机制，建立就业储备金，为出狱就业过渡、基本生活提供保障。

三是基于标签理论，我国目前执行“终身制”的前科制度，刑满释放人员本人及其家庭成员以后的就业、入伍、考试、升职、户籍、个人荣誉获得甚至社会福利保障等都将受到影响，十分不利于其重新融入社会。即使刑满释放人员找到工作，但是污名化让他们面临频繁失业的风险。只有消除社会歧视和社会排斥，才能打破安置帮教工作中的社会隔阂、职业壁垒、文化围城和人际孤岛，化解回归社会人员融入社会的内在需求与社会文化排斥之间的矛盾。[①]

四、核心因素：关联性因素权重及分析

（一）关联性因素与重新犯罪次数

1. 未成年人群体的重新犯罪次数高于成人

年龄越小，重新犯罪次数越多。未成年人犯罪群体比成年犯罪群体更容易继续实施犯罪。

从发展心理学和神经生理学的角度来看，未成年人的大脑，尤其是前额叶皮层（控制冲动和规划能力的区域）的发育尚未完全成熟。这导致未成年人相比成年人更容易冲动并采取短视行为，缺乏后果思维，因此他们可能更容易陷入犯罪活动。并且在经历过一次犯罪后，由于冲动和处于发展阶段的社会认同需求，更有可能再次犯罪。

从社会学和环境心理学的角度来看，未成年人犯罪的再次发生可能与其所处的社会环境和社会化过程密切相关。一些未成年人可能生活在高犯罪率、低社会资本的社区中，缺乏积极的角色模型和有效的社会支持。这种环境可能会促使他们模仿周围的负面行为或者因为社会排斥而采取犯罪行为作为获取认同的方式。

从犯罪机会论和社会控制论的角度来看，未成年人可能因为有更多的犯罪机会而更容易重新犯罪。他们可能生活在犯罪率较高的社区，有更少的监督或控制，从而更容易被引诱或暴露于犯罪活动中。社会控制论认为，缺乏

① 参见连春亮：《安置帮教工作面临的困境与对策》，载《犯罪研究》2023年第4期。

正面的社会控制和监督，未成年人更可能在遭遇负面刺激或挑战时选择犯罪行为作为应对方式，而这种控制可能在家庭、学校或社区中存在不足。

心理社会理论强调个体的心理和社会发展如何塑造其行为。未成年人可能因尚未建立稳定的身份认同和自我控制能力而更容易受到同伴压力或社会环境的影响，从而在犯罪行为上表现出较高的易受影响性和冲动性。在这种情况下，他们可能对社会和法律的规范性产生较少的敬畏感，因而更倾向于多次犯罪。

2. 男性的重新犯罪次数多于女性

性别对重新犯罪次数的回归显著。女性相比于男性，重新犯罪次数少。

社会化理论认为，个体的行为模式和价值观往往受到社会化过程的影响，包括家庭、学校、同伴和媒体等方面。在社会化过程中，男女可能接受到不同的社会期望和角色定位，这可能导致其在犯罪行为上的表现有所不同。例如，社会可能更倾向于将男性视为更加冒险和具有攻击性的性别，而女性则更加被期望表现出合作性和社会适应性。因此，女性可能更少受到犯罪行为的社会化影响，从而减少了重新犯罪的可能性。

生物学研究表明，男性和女性在大脑结构和神经化学方面存在差异，这些差异可能影响到个体的决策过程和行为控制能力。例如，男性在冲动控制和风险承受能力上可能具有较高的倾向，这些因素与重新犯罪的可能性密切相关。相比之下，女性可能表现出更加谨慎和稳定的行为模式，更少受到冲动和短期利益诱惑的影响，因此减少了重新犯罪的机会。成年男性是重新犯罪的主要群体，符合社会一般情况。从生理角度来看，成年男性更具备实施犯罪行为的物理条件，他们身材强壮，睾酮激素水平高，为犯罪实施提供了必要条件。从社会因素来说，男性需要承担诸多角色责任。不良的社会环境，如贫困、失业、暴力等，可能导致成年男性犯罪行为的形成和发展。成年男性往往面临着诸多工作压力、家庭责任等。这些压力可能导致他们出现焦虑、抑郁等心理问题，从而增加重新犯罪的风险。

性别角色理论强调社会对男性和女性性别角色的不同期望和行为标准。在这种理论框架下，女性通常被期望表现出更多的社会责任感和更高的道德规范，而男性可能更多地面临与竞争、权力和控制相关的压力。因此，女性可能更倾向于避免涉及违法行为的情境，从而减少了重新犯罪的可能性。但是，老年女性重犯比例高的现象值得注意。一般而言，随着年龄的增长，女性的身体机能逐渐下降，实施犯罪的生理条件本应下降，但是也正是因为这样，她们在生活中面临更多的困难和挑战。例如，老年女性可能更容易患上疾病，面临更大的心理压力，如孤独、抑郁等，这些压力可能导致她们出现心理问题。若再涉及经济困难、家庭问题等，老年女性也能迸发出犯罪能量。

同时，研究发现，婚姻和稳定的家庭关系对于减少犯罪行为有积极的影响。从 2019 年全国统计数据来看，初婚登记 1598 万对，离婚登记 470 万对，再婚登记 455 万对①，与 2014 年相比，初婚登记 2286 万对，离婚登记 363 万对，再婚登记 326 万对，初婚登记人数直线下降，离婚和再婚人数上涨。② 在经济社会快速发展的背景下，人们的婚姻观念和婚姻行为发生变化、离婚与再婚者的比例上升。对于重犯人员，其婚姻家庭关系更加脆弱。女性通常比男性更重视婚姻与家庭，并且更倾向于维持稳定的家庭关系，这些因素与减少重新犯罪次数密切相关。婚姻和家庭关系提供了稳定的社会支持和监督，使女性更不容易再次陷入犯罪行为中。

3. 文化程度可能预测未来的多次犯罪

文化程度普遍较低、教育的缺失更容易让一个人形成犯罪心理，同时也会导致犯罪人法律观念的缺失，缺乏对法律的敬畏之心。有学者对 1057 份再犯罪人员填写的问卷进行统计后指出，再犯罪者中，高中（包括中专）及以下学历的 963 人，占 91%；大专学历的 42 人，占 4%；本科学历的 33 人，占 3%；硕士及以上学历的 19 人，占 2%。③ 也有学者经过统计后发现，小学及初中文化的再犯罪人占据了总量的 81%。④ 此外，文化程度低的人往往缺乏就业机会，难以找到合适的工作，从而导致经济困难，为了生存，他们可能会选择犯罪。并且，许多人员之所以文化程度低，是由于家庭和社会支持不足，许多父母选择放任式教养方式，使其缺乏家庭和社会的关爱和帮助，容易感到孤独和无助，从而走上犯罪的道路。

4. 早期不良行为可以预测未来的多次犯罪

发展轨迹理论认为，个体的犯罪行为往往从早期的不良行为逐渐演变为更严重的犯罪行为，是一个持续发展的过程。早期的小偷小摸行为可能表明

---

① 数据来源：国家统计局网站，https：//data. stats. gov. cn/easyquery. htm？Nc = C01&zb = A030604&sj = 2020，最后访问时间：2021 年 9 月 3 日。

② 同上注。

③ 王红斌、徐杨：《再犯罪原因调研及对策思考》，载《犯罪与改造研究》2018 年第 9 期。

④ 龚道联：《对 402 名再犯罪者犯罪原因的调查》，载《犯罪与改造研究》2017 年第 7 期。

个体对社会规范和法律的边界不够敏感，缺乏足够的道德发展或社会化能力。这种不良行为往往在未来会导致更多的犯罪行为，因为个体可能逐步进入更高风险的社会圈子或者因持续的行为习惯而增加犯罪频率。

心理社会发展理论强调了个体在成长过程中形成的自我控制、道德判断和冲动控制能力。早期的不良行为可能反映了个体在这些能力的发展上存在缺陷或延迟。这种缺陷可能导致个体在面对挑战或诱惑时更难以抑制自己的冲动或考虑长期后果，从而增加了重新犯罪的风险。

社会学习理论认为，个体会通过观察和模仿他人的行为学习社会行为。早期的不良行为可能反映了个体在家庭、同伴或社会环境中接触到的犯罪模式和价值观。这些模式和价值观可能促使个体在未来继续从事类似的犯罪行为，特别是如果这些行为在其所处的社会圈子中被认同或者被视为常态化。

生物社会综合理论将个体的生物学特征、心理学因素和社会环境因素综合考虑，解释其对犯罪行为的影响。早期的不良行为可能与个体的神经发育、行为遗传学或生活事件有关，这些因素可以通过复杂的互动作用影响个体的行为决策和犯罪风险。例如，某些生物学特征可能使个体更容易受到环境刺激的影响，从而增加了重新犯罪的可能性。

5. 获取钱财动机下的罪犯重新犯罪次数较多

个体的犯罪行为往往受到经济激励和机会的影响。具有获取钱财动机的罪犯可能在面对经济挑战或诱惑时更倾向于重新犯罪，以获取所需的财务资源。例如，经济困境或社会排斥可能推动个体寻求犯罪手段来解决生活中的经济问题，如盗窃、诈骗或抢劫。对于具有获取钱财动机的罪犯而言，他们往往会权衡犯罪行为可能带来的潜在收益与被捕、刑罚等可能的成本。如果个体认为潜在收益远远超过可能的风险和代价，他们可能更倾向于重新从事类似的犯罪活动，尤其是在短期内可能面临经济困难或压力时，犯罪倾向更加明显。

社会经济地位对犯罪行为有着重要的影响。低社会经济地位的个体可能面临更大的经济压力和挑战，导致他们更倾向于通过非法手段获取财富和资源。在这种情况下，获取钱财动机的罪犯可能在经济压力加剧时，重新考虑并选择重新从事犯罪以应对他们的经济危机。同时，心理和行为经济学提供了理解个体决策背后的心理机制和激励因素的视角。具有获取钱财动机的罪犯可能受到即时奖励和即时满足的诱惑，尤其是当他们面临生活压力或财务困境时，可能更容易被短期经济利益所驱动，而忽视长远的法律和道德后果，从而增加了重新犯罪的可能性。

6. 早期受虐待或创伤经历可以预测未来的多次犯罪

早期的受虐待或创伤经历可能导致个体在心理上承受长期的创伤后应激反应，这些反应可能包括持久的焦虑、抑郁、愤怒和冲动控制困难等。这些心理健康问题可以削弱个体对社会规范的遵守和对法律的尊重，增加了重新犯罪的风险。例如，焦虑和冲动可能导致个体在面对挑战或冲突时更难以有效地控制自己的行为。发展心理学研究表明，早期经历的创伤可以严重干扰个体的社会和情感发展。例如，受虐待或被忽视的儿童可能会在建立健康的人际关系、培养适当的冲突解决技能和形成稳定的自我认同方面遇到困难。这种社会和情感发展的缺失可能会导致个体寻求其他方式来应对生活中的挑战，包括通过犯罪行为来获取支持或解决问题。

社会学习理论进一步指出，个体会通过观察和模仿他人的行为来学习社会行为。在受虐待或创伤的环境中，个体可能接触到更多的暴力或犯罪行为模式，这些模式在其行为选择中发挥了一定的作用。例如，暴力和侵犯可能成为个体解决问题或表达情绪的一种方式，从而加大了其重新犯罪的风险。

犯罪生涯理论认为，个体的犯罪行为通常不是偶发的，而是一个逐步发展的过程。早期的受虐待或创伤经历可能成为个体犯罪生涯中的一个关键转折点或起点。这些经历可能不仅加剧了个体的心理和行为问题，还可能导致他们在整个生活中遭遇更多的逆境和挑战，从而进一步增大他们参与犯罪活动的可能性。

心理社会综合理论结合了个体心理和社会环境因素的互动作用，解释了受虐待或创伤经历如何增加个体重新犯罪的风险。这一理论强调了早期创伤对个体发展轨迹和适应能力的深远影响。例如，早期的创伤经历可能导致个体在应对挑战时缺乏有效的应对策略，从而更易陷入犯罪行为的循环中。

7. 家庭支持能够降低重新犯罪的概率

一个具有支持性且稳定的家庭环境通常能够给个体提供情感上的支持、经济上的稳定以及道德和价值观的传递。这些因素对于个体的社会化过程和道德发展至关重要，能够帮助个体形成积极的生活方式和行为习惯，减少重新犯罪的倾向。

家庭功能理论关注家庭内部结构和功能对个体发展的影响。支持性的家庭环境通常表现为家庭成员之间的情感联系、沟通和支持，这种环境能够促进个体的自我认同、自我控制和解决冲突能力的发展。这些能力对于在面对挑战或诱惑时能够作出更理性和合法选择至关重要，从而降低重新犯罪的风险。

8. 安置帮教能在一定程度上降低重新犯罪率

多项研究表明，经过安置帮教的刑满释放人员的重新犯罪率普遍较低。这些研究通过对实施安置帮教项目的人群进行长期跟踪和评估，发现他们在安置帮教结束后仍能继续保持较低的犯罪率。这证实了安置帮教在降低重新犯罪率方面的有效性，并为该方法在矫正体系中的推广提供了实证支持。

社会再整合理论认为，犯罪行为的再发生部分源于个体在社会中的再整合能力。安置帮教提供了一个具有结构化和支持性的环境，帮助刑满释放人员在释放后重新融入社会。这种环境通常包括职业培训、就业机会、心理辅导和社会支持，有助于刑满释放人员恢复自信、建立稳定的生活和社会联系。通过提高他们的社会适应能力和自我管理能力，安置帮教可以显著降低他们的重新犯罪率。

康复模型强调个体的改造和恢复过程，特别是在释放后的重新适应阶段。安置帮教不仅提供了对刑满释放人员的监督和管理，还注重通过培训和支持来提高他们的技能和生活质量。这种全面的康复性支持有助于减少释放后的个体再次犯罪的风险，从而有效降低重新犯罪的概率。

集成化理论强调社会服务和刑罚体系的结合，通过为刑满释放人员提供全面的支持和服务，帮助他们成功重返社会。安置帮教不仅关注于犯罪行为的处罚，更重视释放后的个体再社会化的过程。这种综合性的治疗和支持模式有助于刑满释放人员改善其社会功能，增强其对合法生活方式的接受和实践，从而减少重新犯罪的机会。

基于上述学术分析，推广和加强安置帮教的政策和实践具有重要意义。政府和社会组织可以通过增加资源投入、提高服务质量和扩展覆盖范围，进一步优化安置帮教项目。此外，建立有效的监督和评估机制，确保安置帮教项目的质量和效果，也是提高刑满释放人员社会融入和减少重新犯罪的关键。

9. 反社会人格者更容易重新犯罪

人格特征对于犯罪的影响持久且稳定。本研究的结果与前人研究相一致，有学者指出，重新犯罪与初次犯罪的罪犯多重人格因子得分存在显著差异。

重新犯罪的罪犯比初次犯罪的罪犯情绪更加易变，起伏不定，性情暴躁，易生烦恼。面对现实中的困难和挫折冲动、暴躁，容易受环境支配。同时，重新犯罪的罪犯在冲动性因子上的得分显著高于初次犯罪的罪犯。[①] 本研究中探索的反社会人格也是如此。

反社会人格特征包括缺乏同情心、冷酷无情、缺乏责任感、冲动和轻率、不顾他人权益等。这些特征使个体在面对社会规范和道德约束时显得冷漠，更倾向于违反法律和道德准则。这种心理特征使反社会人格者更容易对犯罪行为产生兴趣和倾向，从而增加了他们重新犯罪的可能性。

一方面，反社会人格者通常对刺激和冒险有较高的需求和寻求。他们倾向于寻找刺激感强、冒险性高的活动和行为，这些活动往往也包括违法行为。由于对风险的感知和反应能力不同，他们更可能在重新获得自由后继续从事犯罪活动，以满足他们寻求刺激的需求。

另一方面，反社会人格者可能存在社会认知缺陷，即他们在理解和解释社会互动中的情感和信息时存在困难。这种缺陷导致他们与他人的交流和互动受到影响，从而使他们更难融入正常的社会生活和法律依从的行为模式。这种社会认知缺陷会加剧他们重新犯罪的风险。

并且，反社会人格者通常缺乏有效的自我调节和心理弹性能力，这意味着他们在面对挑战、挫折或情绪困扰时，往往缺乏有效的应对策略和情绪调节机制。这种欠缺使他们更容易陷入冲动和不理性的行为，包括重新从事犯罪活动，特别是在面对生活压力和社会排斥时。

10. 希望感是重新犯罪的重要保护因子

希望感对重新犯罪次数的回归显著。对出狱后生活的希望感越高的个体，越不容易重新犯罪。

希望感是一种心理资源，它能够帮助个体应对生活中的挑战和压力。出狱后的个体如果能够保持对未来生活的希望，通常会更加努力地寻找合法的生存和发展途径，从而减少重新犯罪的可能性。希望感能够使个体保持乐观、坚定和目标导向的心态，这对于抵御重新犯罪的诱惑和压力至关重要。

根据自我决定理论，个体在行为选择和持续动机中具有自主性和内在动机。拥有高度的希望感意味着个体对自己未来的控制感和自主决策能力较强，

---

① 马粉兰：《重新犯罪与初次犯罪人员的人格特征对比研究》，载《犯罪与改造研究》2010 年第 2 期。

能够更加自觉地选择和坚持合法的行为方式。这种内在的驱动力和自我决定能力有助于个体避免陷入再次犯罪。

同时，希望感可以增强个体的心理弹性，使其在面对挑战和逆境时能够更有效地应对和适应。重新犯罪往往与生活中的挫折和压力有关，而高度的希望感能够帮助个体更快地从失败或困境中恢复，并找到新的解决方案，而不是求助于违法的手段。并且，希望感不仅关乎个体对未来的乐观看法，还涉及个体对生活的信念和意义感。对出狱后生活充满希望的个体往往具有更强的责任感和道德感，他们更倾向于选择符合社会规范和法律的行为方式，避免再次犯罪。这种内在的信念和意义感为他们提供了一种积极的行为导向。从心理学角度来说，提升希望感不仅仅是个体内在心理状态的问题，还包括外部环境的支持和资源。政府和社会组织可以通过提供心理支持服务、职业培训、社会网络建设等方式，帮助刑满释放人员建立积极的生活前景和未来规划，从而巩固其希望感，减少他们重新犯罪的风险。

（二）关联性因素与重新犯罪类型

1. 初犯年龄与不同犯罪类型之间的关系

初犯年龄可以负向预测盗窃罪、诈骗罪和强奸罪的重新犯罪次数。所谓“仓廪实而知礼节”，由于财务层面的危机，这些人员难以对道德和法律产生足够的认知与敬畏，无法对基础需求（如生存需要）产生避免犯罪的自我控制力。年幼时的犯罪行为可能在个体成长后仍然保持，甚至有少许个体会成瘾，尤其是在面对经济困难时，他们再次选择盗窃的可能性较大。

诈骗罪通常需要较高的计划性和欺骗技巧，初次犯罪的年龄小可能反映了个体虽智力发展到位，但对社会规范和道德的理解尚不成熟，因此更容易轻视其行为的后果和影响，甚至对于能够成功得手感到沾沾自喜，这无疑是对其诈骗行为的一种强化。此外，年幼时就形成的习惯难以改变，成人后可能更容易被快速获取的经济利益所吸引，从而选择多次重复的诈骗行为。并且，由于自小就实施诈骗犯罪，因而个体在成长过程中未能形成健全的社会责任感和道德判断能力，许多诈骗犯不认为其行为存在背德性，仅仅将诈骗视为靠自己智慧和能力赚钱的一种方式。

强奸罪的复发与初犯年龄关系的解释更为复杂，通常涉及更深层次的心理和社会因素。年幼时的犯罪行为可能反映了个体对于性行为的错误理解或者对于性暴力的错误认知，这可能在成年后依然存在。而再次实施强奸罪行则可能与个体对于性行为和性暴力认知的畸形观念有关，以及在社会化过程中未能形成健康的性别观念和行为规范。

2. 社会地位与不同犯罪类型之间的关系

重犯群体社会地位呈“橄榄球”状，有很高社会地位的个体占比不足1%。从犯罪类型来看，诈骗犯自认为有较高社会地位的比例最大。这一现象可能与诈骗犯具有相对较高的文化程度有关。具有较高文化程度的个体通常在社会中拥有更多的机会和资源，这可能会导致他们对自己的社会地位有较高的评价。相比之下，社会地位自我评价最低的是盗窃罪的群体。这可能与盗窃行为的性质有关，盗窃被普遍认为是一种不道德和违法的行为，盗窃犯可能因此对自己的社会地位评价较低。而在强奸罪的群体中，从没想过自我评价或者说不清楚自己社会地位的占比最高。这可能与强奸犯比较关注自我感受有关。强奸行为通常涉及对他人的侵犯和伤害，使强奸犯可能更关注自己的感受和需求，而较少考虑社会地位的问题。

3. 学历水平与诈骗罪之间的关系

文化程度影响重新犯罪的机制可能涉及三个方面：认知能力限制、就业机会缺乏以及社会支持不足。文化程度低的人往往影响认知能力，缺乏正确的价值观和世界观，容易受到外界不良因素的影响，从而走上犯罪的道路。文化程度低的人往往缺乏就业机会，难以找到合适的工作，从而导致经济困难，为了生存，他们可能会选择犯罪。并且，许多人员之所以文化程度低，是由于家庭的支持不足，许多父母选择放任式教养方式，使其缺乏家庭和社会的关爱和帮助，容易感到孤独和无助，从而走上犯罪的道路。低学历负向预测诈骗犯罪，而对其他犯罪类型的预测作用并不显著。

从认知和沟通复杂性层面来看，诈骗犯罪的成功通常依赖于诈骗者的较高认知能力和具有迷惑性的沟通技巧。成功的诈骗需要诈骗者能够迅速分析和理解受害者的心理状态，能够精准地使用言语和行为来影响和操控受害者的思维和行动。例如，复杂的诈骗手法可能涉及利用社会工程学技巧来获取信息或者欺骗受害者参与金融欺诈活动。这种相对较高的认知和沟通能力在一定程度上是高学历个体更容易掌握的技能，因为他们在受教育过程中可能更注重逻辑推理、语言表达和心理学等方面的学习。

从犯罪动机和风险评估的角度来看，高学历的个体更不愿意去选择依托于暴力且难以逃脱追查的方式进行犯罪。诈骗，特别是电信网络诈骗，是最不容易被抓到的一种低风险、高收益的犯罪方式，因而会受到高学历者的青睐。而低学历的个体如果难以凭借智力和沟通顺利完成诈骗犯罪，则只能选择盗窃、抢劫等出卖力气或暴力的获利方式。

4. 钱财动机与盗窃罪之间的关系

个体越想要获取钱财，想多次实施盗窃罪的倾向就越明显。经济动机在犯罪行为中的作用是显而易见的，盗窃行为通常与个体追求经济上的利益或者满足物质需求有关。例如，个体可能因为经济困难、有消费欲望或者对社会地位感到不公平而选择从事盗窃行为。在这种情况下，盗窃行为不仅仅是一种行为选择，更可能成为一种应对经济压力或者追求物质享受的“捷径”。

在心理学上，个体为了获取钱财而选择盗窃可能与其个人特质和心理状态有关。某些个体可能天生就具有较强的物质追求欲望，或者由于个人经历和社会环境的影响，形成了以物质满足为主要动机的行为模式。此外，社会因素，如社会经济结构、贫富差距、经济机会不均等也可能影响到个体选择盗窃行为作为应对方式的倾向。

盗窃行为的重复发生还可能与个体对于犯罪风险和后果的理性评估有关。一些个体可能认为盗窃是一种低风险、高回报的犯罪行为，尤其是在缺乏有效的社会监督或者因为犯罪手段相对隐蔽而使得被捕的概率较低的情况下。这种错误的风险评估可能导致个体持续从事盗窃行为，直至被法律制裁。

该数据结果对于盗窃罪的社会控制和预防具有启示作用。了解钱财动机与盗窃罪的关系有助于设计有效的犯罪预防和社会控制策略。除了加强法律执法和刑事司法系统之外，社会还可以通过推动经济机会均等化、改善社会福利制度、加强教育和心理健康服务等措施，以减少个体因为经济动机而选择从事盗窃行为的可能性。

5. 最低生活保障与故意伤害罪之间的关系

最低生活保障，是指社会保障制度中为了保障公民的基本生活需要所设置的最低收入或者社会福利标准。个体如果无法达到这一保障水平，则可能面临生存压力、经济困境和心理上的不安全感。这种情况下，个体可能会寻求通过违法手段获取经济利益或者通过攻击行为来释放内在的情绪压力和挫折感。当个体难以维持基本的生存需求时，如果精神层面上也难以接受，就可能导致心理上的崩溃。

挫折攻击理论认为，个体在面对挫折和阻碍时，会产生攻击行为的倾向。这种攻击行为既可以是直接针对他人的（如报复社会或伤害他人），也可以是转化为自我伤害或自我毁灭的形式（如自残、自杀行为）。挫折一般是由于社会经济条件、个人生活经历或者其他环境因素导致的，而攻击行为则是对这种挫折的一种应对方式。

故意伤害罪通常涉及个体对他人实施有意的身体伤害或精神伤害。首先，个体处于经济困境时，面临基本生活需求难以满足的情况，如无法支付房租、购买食物或支付基本生活费用。这种经济压力会导致个体产生焦虑、恐惧和绝望的情绪，尤其是在长期财务困难的情况下，个体可能因社会和经济系统对其的忽视或不公平，感受到挫折与伤害，从而产生攻击行为的冲动。生活困境往往会伴随着社会排斥和情感受伤。个体可能感觉被边缘化、孤立或受到歧视，这些情绪可能会积累并转化为愤怒和对社会产生报复的情绪。特别是在社会经济不平等和贫富差距逐渐加大的情况下，个体可能会对富裕阶层或社会的某些群体产生敌意。个体可能感受到自己处于社会的弱势地位，并感受到社会不公的现实。在这种情况下，个体试图通过攻击他人的行为来表达对社会的愤怒和复仇心理，以此来获得一种心理上的满足感或者认为这是自我价值的一种重建。其次，从心理健康的角度来看，生活困境可能导致个体产生抑郁、焦虑或愤怒的情绪管理问题。这些心理健康问题会降低个体的情绪调节能力和行为控制能力，使其更容易在情绪失控的状态下做出冲动、激烈的反应，包括实施故意伤害罪。最后，个体所处的文化和社会背景也会对其实施故意伤害罪的倾向产生影响。某些社会和文化环境中，报复或者以暴制暴的观念可能更为普遍，特别是在最低生活需求都无法满足时，个体可能更容易选择使用暴力作为回应。

6. *政府临时生活救助与抢劫罪之间的关系*

在政府对于个体的生活救助充分且到位的情况下，个体实施抢劫罪的概率会大大降低。社会控制理论认为，个体的犯罪行为受到社会对其行为的监督和控制力度的影响。政府提供的临时生活救助可以视作一种社会控制措施，它通过提供经济援助和社会支持，帮助个体满足基本生活需求，减少了因经济困难而诱发的犯罪动机。具体到抢劫罪，这种经济援助能够降低个体因贫困和生活困境而寻求非法手段获取经济资源的可能性。

经济机会理论强调，个体从事犯罪行为的决定不仅取决于其个人的选择，也受到可获得的合法经济机会的影响。而政府提供的生活救助可以增加个体的经济机会，尤其是在经济困难时期，这种援助能够减少个体选择从事高风险、抢劫行为的动机和必要性。因此，政府可以通过增加个体的经济资源和社会福利，有效地预防抢劫罪的发生和再次发生。

除了经济影响以外，政府提供的生活救助还具有重要的社会支持功能。这种支持可以改善个体的心理健康状态，减少其因为社会排斥感或经济困境而产生的愤怒和挫折感，从而降低了个体寻求暴力行为的可能性。心理健康的改善有助于提升个体的情绪调节能力和冲动控制能力，减少其选择抢劫罪等暴力犯罪的倾向。

为了进一步强化这种负向预测效应，社会政策可以考虑增加对贫困家庭和经济困难个体的经济援助和社会支持，同时加强对心理健康服务的投入，以全面提升社会的安全性和维护公共秩序。

7. 犯罪决策动机与不同犯罪类型之间的关系

个体越坚信自己不会被抓住，就越容易去实施盗窃罪、抢劫罪、故意伤害罪和强奸罪。但是在分析中也发现，“不会被抓住”的信念与诈骗罪之间并不存在关联。

盗窃罪通常是由于经济动机或物质欲望驱使的行为。个体相信自己不会被抓住可能导致其低估犯罪行为所带来的风险和后果，从而更倾向于冒险实施盗窃行为。这种信念可能反映了个体对法律制裁和社会监督的误判，增加了其进行盗窃的决策阈值。抢劫罪涉及使用暴力或使用暴力威胁来获取财物。个体相信自己不会被抓住可能会加剧其对社会和法律的蔑视，认为自己能够逃脱法律的制裁。这种信念可能会提高个体从事抢劫罪的勇气和决心，因为他们低估了法律对于这种暴力犯罪的严重处罚。故意伤害罪通常与情绪冲动、好争斗或者复仇有关。个体相信自己不会被抓住可能会使其更加冲动和暴力，因为他们误以为自己可以逃避法律的制裁。这种信念可能导致个体在情绪激动时做出更加危险和有害的行为，增加了故意伤害罪行的发生率。强奸罪涉及对他人的性侵犯行为。个体相信自己不会被抓住可能会增加其对性侵行为的冒险和无畏，因为他们误以为自己可以在不受法律惩罚的情况下逃脱。这种信念可能会使个体更容易忽视性侵行为所带来的严重后果和道德约束，从而增加了性侵罪行的风险。

与其他犯罪类型不同，诈骗罪往往更依赖欺骗和隐蔽性，而非直接的暴力或物质掠夺。个体相信自己不会被抓住且对于诈骗罪的影响可能较小，因为诈骗通常需要高度的计划性和隐蔽性，而非单纯的冲动行为。因此，对于诈骗罪，个体的信念往往更多地影响其选择和计划的难度，而不是罪行的发生率。

8. 良好的人际圈子与重新犯罪的关系

个体平时生活的人际圈子越积极健康，个体越不容易从事犯罪，更不会多次重复犯罪。根据社会控制理论，个体的行为受到社会对其行为的监督和控制的影响。良好的人际圈子通常意味着个体身处支持性和监督性较强的社会环境中。在这种环境下，个体更倾向于遵守社会规范和法律，因为他们不仅面临家人、朋友的期待和监督，还可能会有更多的社会资源和支持，如就业机会、社会声誉等，这些资源和声誉对于个体是宝贵的，他们不愿因犯罪行为而失去这些。此外，良好的人际圈子提供了情感上的支持和社会认同感，个体更可能从中获得积极的自我认同，而不是通过犯罪行为来获取自尊或者满足物质欲望。

社会学习理论强调了个体通过观察和模仿他人的行为来学习社会行为。在良好的人际圈子中，通常存在积极的社会学习过程，如朋友和家人之间的正向互动和行为模仿。个体会从他们的社交圈子中学习到合适的社会行为和解决冲突的方式，但这些行为通常不包括犯罪行为。因此，良好的人际圈子可以通过社会学习机制来降低个体从事犯罪的可能性。

根据社会支持理论，良好的人际圈子提供了心理社会支持，包括情感支持、信息支持、评估支持和亲密支持等。这些支持形式有助于个体应对生活中的压力和挑战，减少因个人困境或情绪问题而选择犯罪行为作为应对手段的可能性。个体在面对挑战时，有良好的人际支持可以提供积极的情感支持和建议，帮助其寻找更为合适和具有可持续性的解决方案，而非诉诸非法或暴力行为。

社会融入和社会资本理论均指出，良好的人际圈子有助于个体获得更多的社会资源和支持，这些资源包括信息、资金、机会和社会联接等。通过这些资源，个体能够更好地融入社会，从而建立稳定的社会关系和身份认同，这种融入和认同感降低了个体从事犯罪行为的动机和可能性。此外，良好的人际圈子还可以提供正向的社会影响和激励作用，鼓励个体遵守法律和社会规范。

自我控制理论认为，个体的犯罪行为往往与其自我控制能力密切相关。

良好的人际圈子有助于个体培养和维持良好的自我控制能力。在这种支持性和监督性的环境中，个体更有可能通过合适的方式解决问题并积极应对挑战，而非通过违法行为来应对挑战或满足自身需求。

综上所述，良好的人际圈子对于预防犯罪有着多重而深远的影响。通过提供社会支持、情感支持、社会学习机会和资源支持，良好的人际圈子显著降低了个体从事犯罪行为的动机和机会。因此，社会应该重视和促进良好的人际关系网络的建立和维护，并将其作为预防和减少犯罪的重要策略之一。

第二节　重新犯罪风险评估

犯罪风险评估（risk assessment for offender），又称犯罪危险性评估，指的是通过一定的技术对特定对象实施犯罪或重新犯罪的可能性进行判断，是为控制其危险性行为提供依据的专门性手段。这是一种评估和试图限制违法行为发生的可能性的过程。在法律系统、工作场所、医疗和高等教育领域，对这些评估的需求正在增加。在刑事司法和心理健康领域，专家们经常被要求评估个体可能的犯罪风险。然而，不同的工具预测再犯罪风险的准确度各不相同，及时准确地评估暴力或犯罪风险异常困难。重新犯罪现象引起了全世界的广泛关注和重视。运用数学统计对犯罪现象进行定量研究与分析，基于统计数据的分析检验，发现重新犯罪的特点、规律、问题，这也是“成功运用数学”精准治理重新犯罪，提升重新犯罪预防有效性的基础和方法。

一、犯罪风险评估的概述

（一）概念与内涵

风险评估侧重于犯罪的发生概率。它是对个体的评估，通常针对有犯罪前科的人员，通过评估他们与已知群体的差异，从而得出其风险水平高或低的结论。再犯风险评估是一个复杂的过程，其目标在于确定个体在不同条件和背景下可能再次犯罪的性质和程度。风险评估研究的最终目标是指导基于证据的干预计划，并促进涉及个体护理的个体和机构之间的沟通。法院、政策制定者、学术界和临床医生都需要一个框架和“共同语言”来讨论风险和制订干预计划。

（二）罪犯风险评估的原则

1. 客观性与主观能动性相结合

评估罪犯风险时，需要同时考虑客观的事实数据和主观的个体特征、行为动机以及行为意图。确保评估过程是基于客观存在的证据和数据，如犯罪记录、社会因素等进行的。而主观能动性则关注个体的主观意图、态度、行为动机等心理因素，这些因素直接影响其可能再犯罪的风险。

2. 定量与定性相结合

犯罪风险评估需要结合定量数据（如犯罪发生频率、监狱处罚记录等）和定性分析（如心理评估、社会调查等）。定量数据提供了客观的统计信息和趋势分析，而定性分析则通过深入理解个体的行为动机、社会背景和心理特征来补充评估的深度和全面性。

3. 理论与实践相结合

犯罪风险评估应基于相关的理论框架，如犯罪学理论、心理学理论等，这些理论提供了解释犯罪行为和预测再犯罪可能性的基础。同时，评估实践必须结合现实世界中的实际数据和操作经验，以确保评估工具和方法的有效性和实用性。

4. 分析与综合相结合

评估过程中需要对大量的信息和数据进行分析，以识别罪犯的风险特征和相关因素。分析的结果需要进行综合考量，以形成对罪犯风险水平的整体评估和预测。综合分析可以帮助个体确定合适的干预措施和管理策略。

5. 评估与咨询、诊断、治疗、教育指导相结合

罪犯风险评估不仅是一种评估工具，还应当提供相关的咨询、诊断、治疗和教育指导。评估的结果应当为个体化的干预方案提供基础，包括心理治疗、职业培训、社会支持等，以降低再犯罪的风险并促进社会融入。

6. 多种综合评估方法并用

考虑到罪犯个体的复杂性和多样性，罪犯风险评估应采用多种方法和工

具，如结构化面谈、标准化评估工具、心理测验、社会调查等。通过综合使用多种评估方法，可以提高评估的全面性、准确性和预测力，从而更有效地管理和减少罪犯的再犯罪风险。

二、重新犯罪的风险评估

风险评估侧重于个体因素，并扩展到家庭、社区和文化因素。预防初次犯罪和再次犯罪以及其他形式的伤害是刑事司法工作者和心理学者的共同目标。然而，每个人都是独特的，导致不良后果的因素因个体而异。因此，有必要了解每个个体在这些事件中特定的脆弱性和劣势。最终目标不仅仅是预测一个人是否会经历不良后果，更是依据这些风险实施预防计划。[①] 犯罪风险评估的过程，主要是判断个体心理社会和情景特征与未来犯罪的相关性。这一过程的重点在于，选择能够有效预测犯罪风险的因素。

（一）邦塔——八大核心因素[②]

邦塔模型（Bonta's Model）提出了八大核心因素，这些因素被认为对个体未来犯罪风险的预测具有重要意义。

1. 犯罪史（criminal history）

犯罪史，是指个体过去的犯罪行为记录，包括罪名、犯罪类型、定罪次数等。犯罪史是静态因素，反映了个体早期的犯罪行为模式和惯常行为。研究表明，犯罪史是预测个体将来是否再次犯罪的重要指标，尤其是对于惯犯和累犯。

2. 亲犯罪态度（pro-criminal attitudes）

亲犯罪态度，是指个体对犯罪行为的认同或支持程度，包括对违法行为的态度、价值观以及对法律和社会规范的看法。其犯罪态度反映了个体的价值观和行为倾向，这些态度往往与个体的犯罪行为密切相关。在风险评估中，评估个体的犯罪态度可以帮助预测其可能再次犯罪的倾向。

---

① Scurich, N.: *International Perspectives on Violence Risk Assessment*, American Psychology-Law Society Series (New York, 2016; online edn, Oxford Academic, 18 Aug. 2016), https://doi.org/10.1093/acprof:oso/9780199386291.001.0001, accessed 19 July 2023.

② Bonta, J. & Andrews, D.: "2 Viewing offender assessment and rehabilitation through the lens of the risk-needs-responsivity model", in Willan, *Offender Supervision*, 2012, pp. 45-66.

3. 亲犯罪同伴（pro-criminal associates）

亲犯罪同伴，是指个体与犯罪同伴的关系，包括朋友、家庭成员或同事中的犯罪者。亲犯罪同伴是一个动态因素，反映了个体所处的社会环境和社交圈子。研究表明，与犯罪同伴的接触可能会增加个体参与犯罪行为的风险，因此在进行评估和干预时，关注个体的社交网络范围和犯罪同伴是至关重要的。

4. 反社会人格模式（antisocial personality pattern）

反社会人格模式，是指个体表现出的违反社会特质和行为的模式，包括冷漠、缺乏同情心、不负责任、冲动和易怒等。反社会人格模式是一个静态因素，与个体长期的行为和心理特征相关。这些特质通常与犯罪行为紧密关联，因此在评估风险时，个体是否表现出反社会人格模式是一个重要的参考指标。

5. 就业/教育情况（employment/ education）

就业/教育情况，是指个体的工作状况和教育背景，包括就业状态、受教育程度及其对未来犯罪的影响。就业和教育情况反映了个体的社会适应能力和资源获取能力。具有稳定就业和良好教育背景的个体通常更具有正面的社会适应能力，从而减少了犯罪行为的风险。

6. 家庭/婚姻情况（family/marital）

家庭/婚姻情况，是指个体的家庭结构和婚姻状况，包括家庭关系质量、家庭支持体系以及婚姻的稳定性。家庭和婚姻情况对个体的社会支持和稳定性有重要影响。有良好的家庭支持和稳定婚姻的个体通常犯罪风险更低，因为这些因素可以为其提供情感支持和稳定的社会秩序。

7. 物质滥用情况（substance abuse）

物质滥用情况，是指个体是否滥用毒品或酒精，以及滥用的程度和持续的时间。物质滥用与犯罪行为密切相关，因为滥用物质可能影响个体的决策能力、行为控制和社会适应能力。在评估中，要考虑个体是否存在物质滥用问题，以及滥用行为的严重性和持续性。

8. 休闲/娱乐活动（leisure/recreation）

休闲/娱乐活动，是指个体在空闲时间选择的活动和兴趣，包括参与的社交活动、娱乐方式及其对个体行为的影响。休闲和娱乐活动反映了个体的社会融入程度和生活质量。积极的休闲和娱乐活动可能有助于减少个体犯罪行为的风险，因为它们提供了积极的社会支持和身心健康的保护因素。

（二）重新犯罪的四因素模型

预测再犯风险的影响因子应当包含以下四个方面：犯罪前的基本状况、犯罪行为、服刑状况以及释放后状况。

1. 犯罪前的基本状况

这一因素涵盖了个体在犯罪前的社会、经济、教育和家庭背景等基本情况。这些因素包括家庭环境的稳定性、受教育程度、就业状况、家庭暴力史等。个体在犯罪前的基本状况对其后续行为有着重要影响。例如，缺乏教育和就业机会、家庭暴力或贫困背景可能会增加个体参与犯罪的风险。了解和评估这些基本状况有助于预测个体未来再次犯罪的可能性。

2. 犯罪行为

犯罪行为，是指个体在过去的犯罪行为记录，包括犯罪类型、频率、严重性以及与这些行为相关的特定情境或动机。个体过去的犯罪行为是预测其未来行为的重要指标。犯罪行为的性质和模式可以反映出个体的犯罪倾向和风险水平。例如，重复性和暴力性较高的犯罪行为通常意味着存在更高的再犯风险。

3. 服刑状况

服刑状况，是指个体在监狱或其他刑事制裁中的表现和处遇情况，包括行为记录、纪律处分、参与康复计划和教育培训的情况等。服刑期间的状况对个体的社会再适应能力和预测再次犯罪的风险具有重要影响。积极参与康复和教育计划、遵守监狱规则和纪律通常能够减少个体释放后再次犯罪的可能性。

4. 释放后状况

释放后状况，是指个体被释放后的生活情况和适应能力，包括就业机会、社会支持、康复服务和监管或监护安排等。个体释放后的状况将直接影响其再犯的风险。释放后良好的工作安排和社会支持能够帮助个体稳定生活、避免再次犯罪。相反，缺乏稳定工作、社会支持或安置帮教可能会增加个体重新犯罪的风险。

（三）犯罪行为八个主要风险要素①

安德鲁斯等人指出，犯罪行为的重要风险预测因子包括八大类：人格、社会网络、气质和性格、历史、家庭、工作和学校的风险、亲社会活动、药物滥用。在这八个类别下的风险要素如表5所示。

表5　犯罪行为八个主要风险要素②

	类别	主要风险要素	表现形式
1	人格	反社会人格	反社会行为或支持犯罪的态度、价值观、信仰和认知情绪状态
2	社会网络	亲犯罪的朋友，缺乏亲社会朋友	与有犯罪背景的人在一起、不太可能处于稳定的支持关系中、无指导性的人
3	气质和性格	有利于犯罪活动的气质和人格因素	精神病、弱社会化、冲动、不安、以自我中心主义、语言智力低于平均水平、冒险、解决和自我调节能力差
4	历史	反社会行为史	遗传、神经、心理、生活和环境因素
5	家庭	家庭包括直系亲属犯罪行为及其他问题	低水平的感情、关怀、父母监督和纪律不良、忽视或虐待
6	工作和学校的风险	个人、教育、职业或财务成就水平低	工作不稳定、工作不满意、消极态度、无银行账户
7	亲社会活动	参与亲社会休闲活动的水平低	大量与反社会同伴互动和空闲时间
8	药物滥用	酒精或其他药物	成瘾、复发

第一，具有反社会人格的个体具有冷漠、缺乏同情心、不负责任、冲动和易怒等行为表现，这些特征使个体更倾向于漠视社会规范和法律，无视他人的感受，以至于做出更多的犯罪行为。

第二，个体的社会网络体系如果主要由有犯罪背景的朋友组成，缺乏稳定的支持关系或指导性的人，则其未来重新犯罪的概率将会很高。与有犯罪背景的人在一起可能会强化不良的越轨行为，而缺乏亲社会支持可能导致个体在面对困难时缺乏积极的社会支持和指导，也无法将曾经陷入迷途的个体

① Andrews, D. & Bonta, J.: *Psychology of criminal conduct*. Cincinnati, OH: Anderson, 1996.

② 肖玉琴、杨波：《循证矫正的理论基础——RNR模型解读》，载《犯罪与改造研究》2014年第3期。

拉入积极生活。

第三，个体具有某些气质和人格特征可能是影响重新犯罪的个体因素，如精神病、弱社会化、冲动、不安、自我中心主义、语言智力低、有冒险倾向以及自我调节能力差。这些特征使个体更容易受到外界诱因的影响，降低了其抑制冲动行为的能力，增加了再次犯罪的风险。

第四，早期的反社会行为经历是预测个体未来再次犯罪行为的重要指标，反映了个体可能长期存在的行为模式和社会适应困难。

第五，重新犯罪者的家庭环境中可能存在直系亲属有犯罪行为史或其他问题，如家庭冷漠、忽视、虐待等。家庭环境对个体行为和价值观的形成有着重要影响。缺乏稳定的家庭支持和父母的监督指导可能导致个体缺乏适当的行为控制能力和社会规范意识。

第六，个体的受教育程度低、就业不稳定、职业满意度低，可能存在财务困难或消极态度。教育和职业成就不足可能影响个体的经济稳定和社会适应能力，从而增加个体再次犯罪的可能性。

第七，个体参与亲社会休闲活动的程度较低，可能会花大量时间与反社会同伴互动。积极参与亲社会活动有助于个体建立积极的社交网络和生活方式，以减少再次犯罪的风险。

第八，许多重新犯罪者可能存在酒精或其他药物的滥用问题，导致成瘾。物质滥用对个体的行为控制能力和社会功能均有负面影响，增加了再次犯罪的风险。同时，很多人由于滥用成瘾，对药物存在极大的渴求，往往会为了获得药物而实施犯罪。

（四）伯吉斯再犯风险预测的十大因素

伯吉斯再犯风险量表如表 6 所示，影响个体重新犯罪的风险因素包括十项内容：一般犯罪类型、父母和婚姻状态、犯罪模式、社会类型、社区因素、审判法官和检察官的陈述、工作记录、监狱处罚记录、假释前几个月的智力评级以及精神病人格类型。该分类比较特别的是考虑了审判法官和检察官的陈述，将犯罪危险程度和量刑考量放入再犯风险中。

表 6 伯吉斯再犯风险量表中的因素①

序号	项目	表现形式
1	一般犯罪类型	欺诈、抢劫、杀人
2	父母和婚姻状态	父母在世、犯罪者已婚
3	犯罪模式	初次、偶然、习惯性、职业性
4	社会类型	农场男孩、黑帮成员、流浪汉、酒鬼
5	社区因素	居住地
6	审判法官和检察官的陈述	建议或抗议宽大处理
7	工作记录	无工作记录、临时工作、正常工作
8	监狱处罚记录	处罚原因、内容
9	假释前几个月的智力评级	假释年龄
10	精神病人格类型	以自我为中心、社交能力不足、情绪不稳定

第一，个体参与的犯罪类型对再犯罪风险有显著影响。例如，严重的暴力犯罪，如杀人，可能有更高的再犯率，因为这些行为可能反映了个体更深层次的社会适应问题或心理问题，如果这些问题没有得到恰当解决则会影响未来的再犯风险。

第二，父母和婚姻状态因素反映了个体的家庭背景和社会支持系统。父母在世与否以及犯罪者的婚姻状态可能会影响其在社会网络中的支持系统和生活的稳定性。不良的家庭环境是助长犯罪的风险因子。

第三，犯罪模式可分为初次、偶然、习惯性和职业性犯罪。这些类型反映了犯罪行为的频率和系统性，初次或偶然犯罪者可能有更低的再犯罪风险，而习惯性或职业性犯罪者则可能表现出更高的再犯罪倾向。

第四，个体所属的社会类型描述了个体在社会结构中的角色和身份。例如，“农场男孩”、黑帮成员或流浪汉等社会类型可能与特定的价值观、行为规范以及犯罪动机相关联，影响其在社会中的适应能力和法律依从性。

第五，居住地的社区环境和社会支持系统对个体的再犯罪风险有重要影响。这些因素包括经济机会、社区犯罪率、法律执法水平以及社会服务可及

① Burgess, E. W.: “Factors determining success or failure on parole”, in A. A. Bruce, A. J. Harmon, E. W. Burgess, and J. Landsec (Eds.), *The workings of the indeterminate sentence laws and parole system in Illinois*, Springfield, IL: State Board of Parole, 1928, pp. 205-249.

性，它们共同塑造了个体的社会融入感和法律遵从行为。

第六，审判法官和检察官的陈述。法官和检察官在法庭上的建议或抗议宽大处理可以影响法律制度对个体的处罚和监管程度。这些陈述反映了法律机构对个体犯罪行为的评估和应对策略，直接影响其未来的法律遵从和再犯罪的可能性。

第七，个体的工作记录反映了其在经济和社会结构中的角色和参与程度。无工作记录反映个体在就业市场中的较低参与度或长期失业状态，这可能增加再犯罪的风险，因为稳定的就业有助于社会融入和自我身份的建构。临时工作尽管提供了一定程度的经济支持，但通常缺乏长期的经济稳定性和职业发展机会，这可能会限制个体的社会经济适应能力。有稳定的、有长期职业发展前景的工作通常有助于个体建立稳定的生活模式和社会认同感，从而减少再犯罪的风险。

第八，监狱处罚记录，包括个体在监狱或其他法律管辖区域内受到的处罚和惩戒，其原因和内容可以对再犯罪能力产生重要影响。处罚原因反映了个体在监狱内存在的违规行为或社会规范性冲突，这些行为通常与社会适应能力和法律依从性有关。处罚内容反映了法律制度对个体行为的反应和处理方式，可能包括惩戒、禁令或其他行为管理措施，对个体的再犯罪态度有直接影响。

第九，假释前几个月的智力评级和假释年龄衡量了个体在假释前的智力状态和假释时的生物年龄。较低的智力评级可能表明个体在决策和行为规划方面存在挑战，增加了再犯罪的风险。年龄较小的个体可能在决策和行为控制方面尚未完全发展，这可能会增加他们在社会再融入过程中遇到的挑战和再犯罪的风险。

第十，精神病人格类型描述了个体可能具有的与犯罪行为和再犯罪风险相关联的人格特征。例如，以自我为中心表明个体可能缺乏对他人感情的关注，表现出较低的社会适应能力和法律依从性，增加了再犯罪的风险。社交能力不足反映了个体在社交交往和冲突解决方面的挑战，影响其在社会中的融入和遵守社会规范的能力。情绪不稳定则意味着个体在情绪和行为控制方面存在困难，增加了其在压力或冲突下重新犯罪的风险。

三、重新犯罪的风险预测工具

前文所述的安德鲁斯犯罪行为的八个主要风险要素和伯吉斯再犯风险预

测的十大因素均是风险评估工具中的重要因子。除了这两个工具以外，格鲁克夫妇的再犯预测工具指出，应评估个体的勤劳习惯、犯罪程度与次数、本次犯罪前的经历、收容前的受刑经验、判决前的经济责任、入狱时精神异常性、在监中违反规则经历、假释期间的犯罪。① 个案管理水平量表（LSI-R 量表）被广泛应用，其中纳入了十个方面的风险需求因素②。我国的“刑满释放人员再犯风险评估量表”（RRAI 量表），预测因素包括个人成长经历、犯罪经历、服刑改造情况、社会支持情况、出狱后情况，量表风险等级为五个风险等级。③

在国外，关于重新犯罪预测的研究已比较成熟，研究人员研发出多个具有良好信度、效度的风险评估工具，并且在实证研究中得到了广泛的证明。例如，美国有关犯罪预测的工具主要用于假释罪犯，后扩展到女犯和少年犯。其再犯罪预测因子分类如表 7 所示④。

表 7　再犯罪预测因子分类

类别	性质描述	预测因子
静态因子	那些后来不容易改变的因素	年龄、性别、种族、犯罪历史（罪名、第一次被捕时间、刑期等）、家庭因素（家庭养育方式、家庭结构等）、智力因素、社会地位高低
动态因子	那些随着时间推移会慢慢产生或大或小变化的因素	人格因素或者说是个人性格特征因素、与违法同伴交往、社会关系、社会压力、社会成绩或者贡献、吸毒史等
其他因素	其他	就业与收入状况、一些环境因素的影响、情境因素等

贝克-拉范森狂躁量表（BRMS）通过档案分析发现，有 5%的犯罪人对 45%案件的发生负责；法林顿的研究也显示，在所有案件中，有将近一半是

① 孔一：《再犯预测的基本概念辨析与选样方法评价》，载《佳木斯大学社会科学学报》2005 年第 6 期。

② 犯罪历史（10 题）、就学/就业（10 题）、经济状况（2 题）、家庭/婚姻（4 题）、居住环境（3 题）、休闲/娱乐（2 题）、同辈群体（5 题）、酒精/其他药物（9 题）、情感/精神（5 题）、态度/倾向（4 题），共计 54 道题目，每道题目均为 0—1 选项。参见杨学锋、张金武：《以 LSI-R 为量具的缓刑犯违规风险评估实证研究》，载《中国刑警学院学报》2017 年第 4 期。

③ 孔一、黄兴瑞：《刑释人员再犯风险评估量表（RRAI）研究》，载《中国刑事法杂志》2011 年第 10 期。

④ 马国富：《基于大数据挖掘的服刑人员再犯罪预测》，中国政法大学出版社 2018 年版，第 31 页。

由6%的犯罪人完成。这一现象表明，通过对高危险罪犯的行为进行识别和预测是可以实现再犯罪预防。[①]

据了解，域外一些国家普遍开始罪犯预测研究。荷兰司法部研究与文献中心近年来建立了一个重新犯罪研究信息库，研究欧洲国家之间的重新犯罪率。有些国家根据犯罪类型和刑罚类型来预测再犯，统计变量包括性别、年龄、出生地、犯罪记录等。挪威、瑞典等国的研究认为，再犯罪数据与其他社会统计信息源（工作状况、教育、收入等）紧密相关。还有研究者认为，对不同来源的数据信息进行结构性合并，存在相当的技术性和司法性难题。英格兰和威尔士正在开发一套包括罪犯所有相关数据的整体系统。

同样，我国最早开展针对罪犯的再犯评估和预测的是司法部预防犯罪研究所于1992年出版的《中国重新犯罪研究》，该研究定性地分析了影响刑满释放人员再犯的可能性因素及其动机。上海市监狱管理局（2003年）制定了《违法犯罪可能性与测量表（修订版）》，对减刑、假释、监外执行的服刑人员的危险性进行决策，但没有提出具体预测关系的函数。黄兴瑞（2004年）采用判断抽样方法，运用数理统计方法，提取出12项再犯预测因子，并制定了再犯预测量表。RRAI刑满释放人员再犯风险评估量表除了对回归者的再犯风险分级和归类以外，也可以帮助分析影响再犯的高致罪因素并据此进行专门干预，因为这些因素不仅包含了导致再犯的历史因素，也包含了对影响再犯的风险和需求做出的适当响应。江苏省等地罪犯危险性评估取得了较为成熟的发展，并且已在部分地区试点。

综上所述，从对现有重犯预测量表中风险因素的比较来看，无论是国内量表还是国外量表，都凸显出共同特点：首先，评估量表都是基于统计学研制出来的，本身包含有经验主义，自变量繁杂，且在因素的选择过程中会存在个人偏好和凭经验推断；其次，评估量表是从已知信息中推断出未知情况，已知中存在主观和客观的因素，主观因素判断上，因果关系推论难以形成稳定的证据链；再次，评估量表风险评估的精准性适用问题，我国规定假释必须“无再犯罪可能”，经过评估量表测算出来的评估值直接决定法院的假释裁判，其在程序正义和实体正义方面不如法律明确规定的正当程序更让人信服；最后，统一再犯风险预测工具可以给风险预测的标准化、统一化带来便利。

---

① 马国富、王子贤、马胜利：《基于大数据的服刑人员危险性预测》，载《河北大学学报（自然科学版）》2016年第6期。

但是根据实证调查，重新犯罪风险受制于多重因素的影响，甚至包括生态因素、环境因素等，如果个体在服刑期间表现良好，再犯风险评估等级优良，但是刑满释放后，因家庭环境、被害人刺激等外在因素可能又会激化再犯罪风险，即使是低风险刑满释放人员甚至是守法公民，都有可能在特定情境和条件诱导下犯罪。因此，再犯风险预测评估更适用于监狱矫正项目的选择和罪犯教育改造的针对性上，用来进行罪犯的分管、分押、分教。

四、重新犯罪预测的局限及未来研究方向

重新犯罪风险评估中的难题是如何选取预测效度高的指标。经典的静态评估方法重视人口统计学特征、人格特征、所处的社会环境等因素；而动态评估方法则更关注个体犯罪心理的形成过程，包括认知能力和对事物的认识水平、情境评估、社会适应能力评估等。[①] 本研究在深入调查的基础上，通过数据分析得到了一些有意义的结论，在理论和方法上均有所创新，但是本研究也存在许多不足，需要后续研究进一步探索。

（一）研究的限制

本研究试图广泛取样，但是由于抽样访谈对象整体样本较少，特别是未成年人和老年人样本更少，不同群体间比较分析不够有说服力。另外，数据缺失值较多，导致交叉回归分析在多变量选择中容易不稳定，缺乏信度和效度的检验。抽样调查本身具有登记性误差和代表性误差，缺失数据较多，由于访谈人员涉及众多，标准尺度不一，某些特征缺失值较多，无法进行深层次多元回归分析和模型的建构，为保障数据不发生偏离，只好舍弃典型特征因子做自变量分析。但受限于存储、计算能力等实际复杂情况，模型变量的筛选还需要不断尝试，以更有效地从数据中选择最合适、更多的特征变量来提高模型的精确度和适应性。此外，受限于深度访谈对象个人的信任程度和倾诉程度差异，访谈内容更具有个性化，难以形成横向和纵向比较，所以只能从深度访谈资料中寻找答案。在定性分析上不能做到彼此验证和深层次、全面性的分析，特别是缺乏典型个案的分析。

---

① 宋胜尊、章恩友、傅小兰：《重新犯罪风险评估的理论与方法》，载《河南司法警官职业学院学报》2006 年第 3 期。

（二）未来方向

新的发展阶段，预防重新犯罪理论除了中学西用，运用法学、犯罪学、社会学理论之外，还需要拓展以下方面。

一是运用人口学原理预防重新犯罪。从人口控制延伸到环境保护，预防重新犯罪从人口普查特点出发，随着老龄化趋势越来越严重，刑满释放人员的年龄呈上升状态，未成年人违法犯罪数量逐步减少，中青年将会是重新犯罪主要人群，前文的调研数据也证实了年龄与重新犯罪的关联性显著，结合我国 1980 年实施计划生育政策以来，我国 25—50 岁人口整体呈现下降趋势。根据最高检公布的数据，1999—2019 年，检察机关起诉严重暴力犯罪人数从 16.2 万人降至 6 万人，年均下降 4.8%，被判处三年有期徒刑以下刑罚的轻罪案件占比则从 54.4%上升至 83.2%。[①] 同时，随着城市化、现代化发展，人口流动异常普遍，人户分离现象越发严重，务工、经商的农民也越来越多，虽然人口流动不会直接导致重新犯罪率增加，但是随着人口流动，贫富差距和相对差距的加大，容易诱发不平衡感和剥削感，也为犯罪机会的增加创造了条件。此外，国家大力普及九年义务教育，使我国文盲率急剧下降，有学者经过统计后发现，具有小学及初中文化的再犯罪人占总量的 81%。[②] 因此，人口控制与重新犯罪预防、人口流动与重新犯罪预防，人口素质与重新犯罪，环境与重新犯罪，人际关系与重新犯罪等问题，只有从根本上解决问题，才能从根源上预防重新犯罪。

二是运用经济学原理预防重新犯罪。就经济与犯罪的关系来说，毋庸置疑，经济是犯罪的基础。有学者对某监狱关押的 555 名重犯人员进行统计后发现，重新犯罪类型中，财产型犯罪比例最高，为 38.02%，其次为涉毒型犯罪和暴力型犯罪，分别占 30.81%和 24.50%。[③] 随着国家经济体制的变化，对经济格局的调整必定影响上层建筑和意识形态，引起社会变化。例如，改革开放以后，经济的持续高速增长加上发展方式粗放、经济结构和体制机制不合理所导致的城乡、区域以及社会、生态环境等领域的发展不平衡不充分问题凸显出来。“人民日益增长的美好生活需要”不仅包括满足人民对物质文化生活的更高要求，而

---

① 张馨予：《探路轻罪治理》，载《中国新闻周刊》2024 年第 25 期。

② 龚道联：《对 402 名再犯罪者犯罪原因的调查》，载《犯罪与改造研究》2017 年第 7 期。

③ 陈德智、高齐柏：《刑满释放人员重新犯罪原因及对策研究——以 A 监狱为第一视角》，载《中国监狱学刊》2020 年第 2 期。

且包括满足人民在民主、法治、公平、正义、安全、环境等方面日益增长的新要求。[①] 人们的生活改善以后，新的违法犯罪也相继出现，如电信诈骗、网络犯罪等。媒体传播的迅速发展，恶性典型重新犯罪案件迅速曝光，引起广大群众的高度关注，这在一定程度上影响了社会治安的评价和期盼。同时，以侵犯财产为目标的经济犯罪也日渐增多，走私、贩卖、运输、制造毒品、盗窃罪、诈骗罪、抢劫罪，对经济秩序和人民的生命财产造成危险。同样，根据访谈调查，涉毒、盗窃、诈骗、抢劫都是重新违法犯罪率排名前列的经济犯罪类型。因此，预防经济领域犯罪成为难题和重点课题。

三是运用心理学原理预防重新犯罪。立足新发展理念、新发展阶段、新发展格局，人们长期稳定的心理发生变化。《中国国民心理健康报告（2019—2020）》指出，2020 年国民对心理健康状况的意识增强，表现乐观，需求多重，但地区和人群差异明显，城市户籍人口的心理健康状况显著优于农村户籍人口，其中，低收入、低学历、无业/失业人群的心理健康问题更为突出。农村户口的抑郁检出率为 16.5%，城镇户口的抑郁检出率为 14%。不同年龄段调查对象的心理健康，知识需求也表现出差异，年龄越低，需求水平越高。[②] 因此，除了报告中反映的抑郁症之外，一部分人还出现了失落、空虚、焦虑、失衡等心理障碍；还有一部分人产生了投机心理、贪婪心理、浮躁心理、报复心理、侥幸心理等不良心理因素。犯罪是心理作用于行为的产物，不良心理因素的存在一旦受到外界刺激就容易产生犯罪心理，导致违法犯罪的发生。重犯人员更是如此，他们的反社会心理比初犯更加强烈，人格也更加扭曲。在对重犯人员的犯罪动机进行分析中发现，他们的犯罪动机是明确、强烈而具体的，所谓明确是指犯罪动机直指钱财、性或报复等，所谓强烈是指重犯人员强烈感受到的意识活动，它不是潜意识活动，如不能满足，则无法获得心理平衡。重新犯罪动机（包含重新犯罪愿望）一旦形成，个体会不择手段地寻找时机去再次作案。重新犯罪动机具有更大的社会危害性。重新犯罪心理的反社会性、报复性、补偿性，重新犯罪动机的故意性、坚定性、

---

① 林兆木：《正确认识我国社会主要矛盾的转化》，载 http：//theory.people.com.cn/GB/n1/2018/0330/c40531-29897601.html，最后访问时间：2022 年 11 月 3 日。

② 这一年龄差异提示我们青年群体对心理健康知识有更高的需求，在心理健康科普工作中要侧重对青年群体的服务。经济状况差，父母关系不好的家庭，青少年的专业心理求助态度也更消极。这些发现进一步提示我们，在关注青少年心理健康素养的同时，还要关注其所处的家庭环境，以及学校、社会环境等多重因素的影响作用。参见《中国国民心理健康报告（2019—2020）》，载 https：//caoss.org.cn/UploadFile/news/file/20210330/20210330232120532053.pdf，最后访问时间：2024 年 3 月 1 日。

主动性，使重犯人员更加疯狂和肆无忌惮，他们往往充当犯罪的“急先锋”，或成为犯罪集团的骨干分子，犯罪手段更加残忍和对物质享受的贪得无厌，对社会的危害更大。虽然重犯人员经过监狱的教育改造，犯罪心理得到了一定程度的改造和矫治，刑满释放人员不再重新犯罪或重新犯罪的可能性相对较低。但是，也有一部分人由于犯罪行为没有受到有效打击和及时惩罚，或者虽被打击和惩罚，但逆反心理严重，教育改造没有达到应有的效果，一旦犯罪机会成熟，就会刺激重新犯罪行为的发生。当重犯人员返回社会后，面临触发心理的刺激，很容易引起连锁反应。因此，预防刑满释放人员重新犯罪，需要运用心理学理论防微杜渐，对于刑满释放人员的心理问题要及早发现和治疗。

四是运用社会学原理预防重新犯罪。从社会学的视野看，重新犯罪问题同社会控制密切相关，社会控制理论、社会支持理论、社会福利理论都是社会学的重要内容，因此预防重新犯罪也可以采取社区预防理论。

五是运用高新技术预防重新犯罪。在运用犯罪学原理建设防控体系时，采取人防技防、群防群治相结合，使预防犯罪达到多层次、全方位、立体化。犯罪是由人造出来的，随着网络、AI 人工智能的发展，犯罪或许会发展进入新态势，透过人类理念设计的方程式，社会有秩序地受到控制而运行，这使 AI 犯罪学（AI criminology）、AI 刑事政策由个别化变成统一化，除罪化趋势将成为刑事政策的主流，面对未来犯罪学的发展趋势，刑事政策、社会政策都将进入新发展态势。

第四章 重新犯罪预防理论与实践的反思

犯罪预防的目的是防止、遏制和减少犯罪的致罪因素，重新犯罪现象不同于一般犯罪现象，其表现得更“深”“特”“重”。其中，“深”体现在，重新犯罪原因隐藏得很深，需要透过现象挖掘本质；“特”体现在，重犯群体为二进宫、多进宫人员，主体特别；“重”体现在，重新犯罪的危害和量刑都较为严重。因此，笔者透过重新犯罪问卷调查和个别访谈的数据，循着数字证据的指引，找准重新犯罪屡禁不止的难点、痛点和关键点，试着深入分析重新犯罪现象的“顽瘴痼疾”，对重新犯罪预防的理论和实践进行反思。

第一节　重新犯罪预防理论的反思

德国犯罪学者凯塞尔指出："犯罪学是一种学科之间的科学领域，所以它应当以临近学科的研究概念、方法和成果来不断地充实自己，并且应当准备借用它们，因为情报资料的交流和认识中的变化永远不会停止。因此，这种关系不仅是由与专业知识领域的划分相联系的问题决定的，而且也是由袭用对犯罪学分析很重要的那些科学结论的某种必要性决定的。"① 因此，自犯罪学诞生之日起，各不同学科的学者就试图以自己学科的知识概念解释犯罪问题，由此形成了不同的犯罪学派和理论。在过去的几十年中，基于大量的研究和评估，开发了各种预防犯罪的方法。预防犯罪的主要领域包括多年来制定的一系列应对措施，涵盖发展、环境、情境、社会和基于社区的犯罪预防。干预措施包括社会干预机制、个体治疗机制、情境机制以及警务和刑事司法机制。如前所述，没有哪一种犯罪预防理论天生就比其他方法更好，它们都有各自的优点和缺点。任何理论缺乏批判、分析的精神都不可能确立，如同恩格斯指出的"怀疑—批判"的头脑是科学家的另一个"主要的仪器"②。

一、"被夸大"的一般预防理论——来自刑罚的威慑力检视

在一般预防论者看来，刑罚的目的在于预防一般人犯罪，而预防犯罪只不过是保护社会秩序的代名词。正因为重视对社会秩序的保护是一般预防最明显的价值所在，所以无论是刑罚威慑论还是古典功利论或是多元遏制论，无不把秩序的保护作为刑罚的第一出发点。③ 边沁认为，最好的立法就是实现"最大多数人的最大幸福"。由此，功利主义者推导出，社会的首要标准是安全，第二位的目标是正义，为了安全的需要，可以在一定范围内牺牲正义的

① ［俄］道尔戈娃主编：《犯罪学》，赵可等译，群众出版社 1997 年版，第 34 页。
② 参见谢希德：《科学思想和科学方法》，上海科学普及出版社 1999 年版，第 111 页。
③ 邱兴隆：《关于惩罚的哲学》，法律出版社 2000 年版，第 135—136 页。

价值。[①] 一般预防论将个人视为实现社会目的的手段，把“人”的范围从罪犯扩大到无辜者，其惩罚论的价值悖论使其陷入不完整性和难以解决的矛盾之中。[②] 犯罪经济学家贝克尔承袭了贝卡里亚和边沁的刑罚威慑理论，并在边沁的功利主义思想所提出的“犯罪—惩罚”的模型基础上，关注刑罚的严厉性和确定性对犯罪的影响，他首次运用经济学方法对犯罪和惩罚问题进行了分析。他认为犯罪和人的其他行为一样，都是基于理性选择的，都会追求自身利益最大化。这也是经济学家们经常使用的“理性人假设”。他在《人类行为的经济分析》一书中，提出了基于理性选择的个体犯罪模型，犯罪人会在实施犯罪前对犯罪收益和犯罪成本进行权衡。他主要分析了如何在成本最低的情况下达到最优的犯罪遏制效果，并且认为刑罚的确定性和严厉性之间存在可以互相替代的关系，因此无论是刑罚的确定性还是刑罚的严厉性都可以对犯罪起到威慑作用。[③]

在贝克尔之后，也有很多学者试图检验刑罚的确定性和严厉性对犯罪的威慑效果。相关研究发现，提高刑罚的确定性，能够大大加强刑罚的威慑效果，产生比刑罚严厉性更强的威慑作用。例如，有学者基于中国数据，构建了破案率、逮捕率、起诉率和重刑率四个指标来衡量刑罚的确定性和严厉性，分别研究了刑罚对全国总犯罪率、财产犯罪和暴力犯罪的影响，并且证明了刑罚的确定性——对于破案率的威慑力是最强的。[④]

多项实证研究结果表明，刑罚的严厉性是能够提高对犯罪的威慑效应的。[⑤] 但是也有研究结果显示，提高刑罚的严厉性并不能使刑罚产生更强的威慑力。[⑥] 剑桥大学犯罪学研究所的报告结果显示，通过回顾相关研究发现，加强刑罚的严厉性并不能为增强刑罚的威慑力提供证据，但是支持增强刑罚的

---

① 参见曲新久：《刑法的精神与范畴》，中国政法大学出版社 2000 年版，第 77 页。

② 徐伟：《刑事一体化视野下的犯罪构成体系研究》，载《重庆大学学报（社会科学版）》2018 年第 3 期。

③ Becker，G. S.：Crime and Punishment an Economic Approach，*Journal of Political Economy*，Vol. 76，pp. 169-217，1968.

④ 陈屹立、张卫国：《惩罚对犯罪的威慑效应：基于中国数据的实证研究》，载《南方经济》2010 年第 8 期。

⑤ Ehrlich，I.：Participation in Illegitimate Activities：A Theoretical and Empirical Investigation，*The Journal of Political Economy*，Vol. 81，No. 3，pp. 521-565，1973.

⑥ Witte，A. D.：Estimating the Economic Model of Crime with Individual Data，*The Quarterly Journalof Economics*，Vol. 94，No. 1，pp. 57-84，1980.

确定性和逮捕能够降低犯罪率的观点。[①] 加拿大学者的研究结果表示，提高刑罚的严厉性甚至可能会使犯罪率上升，因为严峻的刑罚可能意味着更长时间的监禁，使原本再犯风险较低的罪犯反而更容易受到监禁的负面影响，他们会失去社会生活中的地位与合法的生活机会，从而可能增加这些罪犯累犯的概率。[②] 此外，有学者基于中国 1989—2009 年的省际面板数据，分析了刑罚的严厉性和确定性对犯罪的影响。结果表明，刑罚的确定性可以有效降低犯罪率，而刑罚的严厉性影响并不显著，研究还发现，“严打”期间重刑率对犯罪率的威慑作用要大于非“严打”期间。[③]

首先，刑罚之所以能够给人的心理和行为产生威慑效果，其威力来源于刑罚的痛苦性。而人具有趋利避害的天性，天然地惧怕痛苦。刑罚所带来的生命的剥夺、自由的束缚和财产以及政治权利的剥夺，外加由于判刑所造成的名誉、地位和家庭、生活、工作的影响，都会给人带来痛苦性。因此，从逻辑上来看，刑罚所带来的痛苦性越大，人对刑罚的畏惧心理越强，越能起到威慑和预防犯罪之效果。在这种理想化的思维下，刑罚威慑效能的作用机制被简化为刑罚严厉性等于威慑效果。因此，只要加重刑罚严厉性，就自然能对犯罪人产生威慑，使其不敢越雷池半步，而这无疑是预防犯罪的绝佳途径。但实际上，刑罚威慑效能的作用机制是极为复杂的，刑罚严厉性仅是影响威慑效果实现的一个方面。这样简单、片面的理解忽视了其他影响刑罚威慑效果的要件和因素，也就难以实现预防犯罪之目的。并且，在这样的狭隘观念影响下，往往会陷入另一个误区：刑罚之所以没有实现威慑犯罪的效果，是因为刑罚还不够严厉。于是，又继续扩大犯罪圈，加重刑罚量，以求威慑犯罪。这实际上进入了“死循环”，不仅不会达到预防犯罪的效果，还可能促使更多的人犯罪和重新犯罪。

此外，刑罚后果与威慑力之间呈现一定的“边际效应递减”效果。对重刑威慑预防模式的否定并不意味着对刑罚威慑效能的抛弃。刑罚对于犯罪预防有其重要价值，这点已有充分的数据予以证实，并且刑罚威慑预防模式经

---

① Hirsch, A. V, Bottoms, A., Burney, E.: P-O. Wikstrom: Criminal Deterrence and Sentence Severity: An Analysis of Recent Research, Oxford: Hart Publishing, 1999.

② Paul, G., Claire, G.: Francis T. C.: The Effects of Prison Sentences on Recidivism, Ottawa, Ontario, Canada: Public Works and Government Services Canada, 1999.

③ 陈屹立、张卫国：《惩罚对犯罪的威慑效应：基于中国数据的实证研究》，载《南方经济》2010 年第 8 期。

久不衰的生命力也是对其价值的强有力说明。然而，承认刑罚威慑的犯罪预防价值仅仅是第一步，接下来我们要做的是理性地认识并应用刑罚威慑效能，以充分发挥其在犯罪预防体系中的积极作用。在这一点上，我们首先要认识到刑罚威慑效能得以发挥的前提性条件，是威慑对象对刑法信息的认知。通过前文的实证研究我们发现，绝大多数情况下，刑罚对行为人并非没有威慑作用，而是行为人并不知悉自己行为的犯罪性质和刑罚后果。这就导致刑罚的立法威慑效能难以发挥，因此，要想实现刑罚的预防威慑效果，必须尽可能地去达成这一前提条件，让公众不仅"知法"更要"懂法"，这也是今后我国开展普法工作的方向。

其次，应对刑罚威慑效能的影响因素进行重新审视。影响刑罚威慑效能的基本因素并非仅局限于刑罚严厉性，还包括刑罚必定性和及时性，不应将刑罚威慑简单化地理解为重刑威慑。并且从对刑罚威慑效能的客观评估以及犯罪人对于刑罚威慑的主观感知来看，刑罚必定性与及时性对于犯罪的威慑作用要显著于刑罚严厉性。这一认识的加深有助于我们将刑罚威慑效能的关注视线由刑罚严厉性转移到刑罚必定性和及时性上来，进而对刑罚体系结构和刑事司法资源配置给予理性的调整，使刑罚对犯罪产生更为积极、有效的预防作用，降低其负面效应。例如，维尔斯弥尔以财产犯罪为例，向犯罪人和一般公众进行调查访谈，将访谈结果进行加权计算并建模。从定罪概率、刑罚幅度对犯罪偏好贡献率的近似曲线来看，刑罚威胁的增加对威慑力数值的增加影响越来越小。换言之，受访者中，无论是一般公众还是服刑人员，三年左右的监禁刑足以形成威慑力，即使往上再延长刑期，也已经无法产生更多的威慑力，尤其是五年以上的监禁刑，其产生的威慑效果基本与三年左右的监禁刑相差无几。一方面，通过访谈了解到，惩罚的严重程度与重新犯罪的关联性不大。多元线性回归分析显示，刑罚威慑性与重犯关联性证明，并非刑罚越重、惩罚越大，犯罪概率就越低，尤其对于累犯、多次犯罪的人群来说，刑罚的威慑力远远不及第一次感受强烈。其他实证研究也说明了这一点。关于刑罚消极的一般预防效果的大量经验性研究结果表明，法定刑的种类和刑罚的严重程度对犯罪的实施基本上没有什么影响。另一方面，在重刑主义的刑事政策下，法律与社会秩序的重建不仅成为政府施政的目标，也不断在媒体与舆论中被强化。美国立法者采取的重刑政策被社会大众广泛接受。在法律与社会秩序的强力诉求下，犯罪控制呈现出社会排斥机制，尤其以监禁最为典型。在犯罪严峻态势下，重刑主义对于抑制犯罪率上升，威慑和打击多次犯罪的犯罪人发挥了一定作用，符合公共安全政策的需要。但是，美国严格应对犯罪与对毒品战争的政策揭露了其社会环境下一种深层次的文化，即对危险的他人（danger others）优先被控制或者移除，顺应民众对社会秩序安全的期盼。因此，在福利国家预设下的矫正教育，并不注重犯罪人偏差行为与社会病态人格的矫治，法官量刑的标准并非考量犯罪的情况或是犯罪人相关的情况，而是根据犯罪人的风险评估，预测犯罪人再犯风险与有效管理犯罪人，从而将风险降到最低，以保障大多数人的安全。但是，如果放弃重刑主义，就会造成罪犯刑罚体验不足，缺乏刑罚带来的痛苦感、剥夺感。贝卡里亚曾说过，“惩罚犯罪的刑罚越是迅速和及时，就越是公正和有益”。他又解释，“我说刑罚的及时性是比较有益的，因为犯罪与刑罚之间的实践间隔得越短，在人们心中犯罪与刑罚这两个概念的联系就越突出、越持续，因而人民就很自然地把犯罪看作起因，把刑罚看作不可少的必然结果”。[①] 从刑罚与威慑的关系来看，如果刑罚能够让罪犯感到痛苦，其就具有威慑性；如果刑罚不能够威慑罪犯，或者威慑力不足，那么其就不具有有效性，需要对其使用进行改革。尽管重刑主义有犯罪扩大化倾向，但是能对潜在犯罪人起到威慑作用，因此威慑预防犯罪模式仍然是重新犯罪预防的方式之一。

二、“被理想化”的预防性监禁制度——来自罪犯权利保护的检视

预防性监禁（preventive detention）实际上是一种无限期或相对无限期的拘留，法院只给出一个不可假释的限期，而没有具体的监禁时间，因此犯罪人将一直被关押，直到法院或假释委员会认为可以释放为止。预防性监禁是一项非固定性的监禁措施，通常用于高风险的犯罪分子，针对恐怖主义、极端主义、严重暴力犯罪、性犯罪等高风险已然犯罪人，基于对其人身危险性和再犯可能性的评估，为防止他们再次实施高风险犯罪而在刑罚执行阶段或刑罚执行完毕以后对其采取继续监禁的措施。[②] 各国学者意见不同，主张不定期刑的学者，有以下几种理由：认为不定期刑符合现代刑法的最高目的，不仅有利于增加刑罚执行的机动性，更有利于丰富刑罚措施。[③] 增加犯人改造的

---

① ［意］贝卡里亚：《论犯罪与刑罚》，中国大百科全书出版社 1993 年版，第 56、57 页。

② 简小文、白秀峰：《预防性监禁制度比较观察与评介》，载《检察日报》2020 年 12 月 10 日第 3 版。

③ 何荣功、段宝平：《不定期刑探讨》，载《中国刑事法杂志》2001 年第 4 期。

积极性，同样有利于国家罪犯教育和矫正工作的推进。反对不定期刑的学者则有以下几种理由：认为不定期刑加假释与定期刑加假释只是规定方式不同，并没有实质性区别，且后者还能产生更好的心理效应。有学者认为，不定期刑使罪刑失衡，不能达到其赖以生存的基础——矫正目的，如不确定的关押时间反而可能造成罪犯消极改造，而且改造的效果难以考察，“经验证明，改造犯人的工作遭到了失败。简言之，即认为为了降低累犯率而进行的监狱改革计划丝毫不起作用”。[①] 支持者认为，利用监禁将犯罪人与社会隔离，有助于减少犯罪人再次犯罪的机会，将具有高度再犯危险性的人予以监禁，有确保社会安宁秩序的功效，但是在犯罪预防上，可能将犯罪者视为不会再犯者，如果预测的技术有偏差，那么隔离的效果也将大打折扣。找到较为科学的方法评估罪犯高危险性，并予以隔离是减少犯罪的重要措施。笔者认为，这种针对重新犯罪高风险人群采取的措施首先可能侵犯基本人权，与我国情况不相适应。西方国家放弃矫正刑而以正义刑代替，不定期刑本质是采取消极的手段隔离、长时间监禁这些具有危险倾向的犯罪分子，以求最大限度地保护社会。相较于矫正刑，我国主张“人是可以改造的”认识论，目标是把罪犯改造成为守法公民，在我国刑法中，并未采用绝对不定期刑制度。相反，我国刑法对每种犯罪都规定了明确的法定刑幅度，审判机关在判决时必须依法确定罪犯的具体刑期。这不仅体现了我国刑法对明确性、可预测性和法治原则的重视，也符合现代立法禁止绝对不定期刑的趋势。

三、“被误读”的监狱矫正无效论——来自监狱效能的检视

1974 年美国社会学家马丁森发表的《什么有效？监狱改革的问题与答案》，证明矫正模式对累犯的控制并不理想，引发了矫正模式的全面坍塌。[②] 世界上评估改造效果的标准通常是针对重新犯罪，重新犯罪率的高低是衡量一个国家犯罪改造工作效果好坏的标准。对于监狱矫正效能的探究，不仅应对重新犯罪率进行宏观上的归因，还应对监狱矫正个案进行实证分析。加拿大犯罪矫正专家安德鲁斯、邦塔和霍奇等人，经过对多个犯罪矫正研究的荟萃分析（meta-analysis）发现了有效矫正的三个重要原则——风险（risk）、需求

---

① 参见李贵方：《不定期刑比较研究》，载《法律科学（西北政法学院学报）》1992 年第 1 期。

② Martinsonrr, R.: *What works? —Questions in the 21st Century: A Practical Approach*, Belmont: Wadsworth Publicating Company, 1999, pp. 100-103.

(needs) 和响应性 (responsivity) (以下简称"RNR"原则), 并在此基础上开发了世界范围内广泛采用的犯罪风险评估和个案管理的工具——LS/CMI (level of service/Case management inventory), 其中包括八大类再犯风险要素, 分别是反社会行为的历史、反社会人格模式、反社会认知、反社会交往关系、家庭或婚姻关系、学校和工作状况、休闲娱乐、药物依赖。而且, 他们的研究基本上否定了精神病或一般的心理问题和再犯风险的统计相关性, 强调应该重点关注上述八大因素。经过犯罪心理学家的不懈努力, 终于回应了 20 世纪 70 年代社会学家马丁森对罪犯进行恢复性矫正项目的质疑和呼吁再次囚禁惩罚罪犯的声音, 也重新复兴了恢复性矫正项目相对于惩罚性措施对犯罪矫正的积极作用。① 有学者根据罪犯循证矫正方案, 对 S 市 T 监狱选取还有两年出狱的 168 名暴力性罪犯为样本, 经过一年多的循证改造, 印证坚持"犯因性需求—改造性需求—改造方案实施"的循证改造原则的改造效果。最终, 从考察参加循证改造方案的 168 名罪犯出狱后重新犯罪的情形看, 其同时也验证了改造方案实施的科学性, 三年内的重新犯罪比例仅为 6%, 比该监狱重新监禁率要低很多。② 因此, 微观条件下个案改造有效与宏观条件下重新犯罪率连续上升之间的矛盾并非悖论。我国监狱改造正是在"人是可以改造的"的导向性上, 运用系统的改造项目, 无论是从惩罚的角度看还是从改造的角度看, 监狱行刑改革都应坚持改造有效论的基础理论作用。

四、"被异化"的犯罪控制论——来自犯罪产生机制的检视

贝卡里亚认为"犯罪预防比惩罚犯罪更高明, 这乃是一切优秀立法的主要目的"。犯罪预防既不能防止所有的犯罪, 也不能根除犯罪, 只能控制犯罪。犯罪成因的复杂性决定了犯罪控制是一个系统工程, 需要全局统筹、有机协调。"犯罪控制要取得理想的效果, 各控制要素必须形成一个有机的统一整体。"③ 情境预防经常因过于关注机会主义犯罪和强化目标技术或监视而受到批评 (因为它可以将犯罪和混乱转移到其他领域), 鼓励不平等地获得安全

---

① 郭伟和:《扩展循证矫正模式: 循证矫正在中国的处境化理解和应用》, 载《社会工作》2017 年第 5 期。

② 同上注。

③ [挪威] 尼尔·克里斯蒂:《犯罪控制工业化》, 胡菀茹译, 北京大学出版社 2014 年版, 第 23 页。

(如发展私人空间和封闭社区)，以及未能解决犯罪问题的社会或经济原因。在犯罪混乱下的转移，其实是犯罪控制激发犯罪的常见形态之一。我国犯罪学的研究一直是以“犯罪现象—犯罪原因—犯罪对策”的单线型思维为范式。这种范式的特点在于以犯罪原因为核心，以现象的研究为逻辑起点，分析犯罪出现的原因，并以此原因为基础，给出犯罪控制的对策，因此对犯罪原因的探讨在整个研究中占有重要地位。由于对犯罪原因的研究是对犯罪现象出现后的一种因果机制的探讨，因此，对于犯罪现象出现之前的征兆及其演变的病理机制就缺乏富有洞察力的关注和分析。这种由果溯因的单线型思维使犯罪学成为对犯罪现象应对性的事后研究，犯罪控制的设计往往被局限于现实的犯罪状态中，着眼于当前涌现的犯罪的有效的惩治目标上，缺乏将可能产生的犯罪消灭在萌芽状态的前瞻性，仅能僵化地“头痛医头，脚痛医脚”。由于未探讨病理机制，对犯罪原因的认识往往不够深刻，犯罪控制的措施使现存的犯罪现象变异、升级，形成新的“犯罪场”①。众多司法解释组成的庞大的刑法体系，与居高不下甚至攀升的犯罪率形成了悖论，“重典治世”的理念导致刑法一修正就是以加重法定刑、扩大犯罪圈为基本取向的。

五、“被显化”的犯罪冲突论——来自监禁率与犯罪率的博弈

菲利提出著名的犯罪饱和论，他说：“就像我们发现一定数量的水……在一定的自然和社会环境之下，我们会发现一定数量的犯罪。”监狱悖论是对监禁率与犯罪率之间关系的简单概括。数据显示，自 2000 年以来，监禁和入监率的增加在总的犯罪率的降低过程中，所做的贡献占比微乎其微。相反，自 20 世纪 90 年代以来，犯罪率下降过程中做出 75%至 100%贡献的是其他因素，如人口老龄化、工资增加、就业率增加、高中毕业率提高、消费者信心增加、执法人员充足以及科学规划的警务政策等。研究表明，试图通过减少罪犯来减少犯罪的政策，只适用于财产类刑事犯罪。较高的监禁率与较低的暴力犯罪率无关，因为扩大监禁人群的规模一般意味着会有更多的人被判犯有非暴力的、“边缘化”的罪行（如毒品犯罪和低级别财产偷盗）和冲动下的偶发罪行。同时，监狱人口拥挤带来了监管安全的冲突，随着老龄化社会的到来，

① 犯罪场是指存在于潜在犯罪人体验中的促成犯罪原因实现为犯罪行为的特定背景。详见储槐植：《刑事一体化》，法律出版社 2004 年版，第 69 页。

监狱在押罪犯年龄逐步上升，如果监狱人口严重超押，则是否会对监狱的监管安全产生负面作用？根据情境犯罪预防原理认为，过度的监狱人口拥挤以及单个监狱人口规模过大，都会对监狱的监管安全造成严重影响。在相对拥挤的监狱中，无论是交叉感染还是犯罪机会的突发都会比监狱外多，而且在一定程度上会影响对监狱的改造效果。美国学者托马斯教授收集了高度警备监狱 276 名男性重刑罪犯的样本材料，用于测试罪犯之间交叉感染和监狱环境影响的后果。结果显示，被关押在拥挤的高度警备监区内的罪犯间的行为模式会因为监狱组长和长期监禁而发生明显变化。其中，罪犯间交往的变量是反映罪犯监狱化的一个重要指标，被分成 7 个因素归因。当罪犯对监狱文化变得更加积极时，他们的反社会行为就不可避免地被同化在拥挤的监狱社会中，交叉感染与狱内冲突同时也在增加。①

第二节　重新犯罪预防实践的反思

一、对我国重新犯罪预防实践的反思

（一）重新犯罪预防模式

1. 社会治安综合治理模式

作为社会治理体系的重要组成部分，社会治安综合治理是持续、复杂的社会治理系统工程，并在长期建设发展过程中，取得了巨大的成就和进步。1981 年 6 月，中共中央批转《五大城市治安座谈会纪要》首次明确提出“综合治理”的概念。1982 年 1 月，中共中央批转《全国政法工作会议纪要》再次强调“必须加强党的领导，全党动手，认真落实‘综合治理’”的方针，社会治安综合治理的概念和内涵被初步确定。1986 年 2 月，全国政法工作会

① Thomas, C. W.: “Prisonization in the Inmate Contraculture”, *Social Problems*, Vol. 13 (Winter).

议明确提出："社会治安综合治理实质上就是一项教育人、挽救人、改造人的系统工程。要做好这项工作，根本的方法是走群众路线。不能只靠哪一个部门，而是要靠全党全社会；不能只用哪一种方法，而是要用千百种方法；不能只抓一阵子，而是要长期坚持。"1992年10月，党的十四大把"加强社会治安综合治理，保持社会长期稳定"写入新修改的党章，社会治安综合治理成为全党的工作纲领。1991年，中共中央和国务院印发《关于加强社会治安综合治理的决定》，提出社会治安综合治理的基本任务是：整治社会治安，打击犯罪和预防犯罪，保障社会稳定，为社会主义现代化建设和改革开放创造良好的社会环境。2001年9月，中共中央和国务院印发《关于进一步加强社会治安综合治理的意见》，明确指出"打防结合，预防为主"是做好社会治安综合治理工作的指导方针，提出"要进一步加强群防群治工作，建立和完善全社会的防控体系，下大力气做好预防和减少违法犯罪工作"。"治安防控体系"作为社会治安综合治理的重要举措被正式提出。2004年9月，党的十六届四中全会通过的《中共中央关于加强党的执政能力建设的决定》指出：坚持打防结合、预防为主，专群结合、依靠群众，加强和完善社会治安综合治理工作机制。社会治安综合治理工作方针得到进一步丰富和发展。2006年10月，党的十六届六中全会通过的《中共中央关于构建社会主义和谐社会若干重大问题的决定》明确指出：坚持打防结合、预防为主、专群结合、依靠群众的方针，完善社会治安防控体系，广泛开展平安创建活动，把社会治安综合治理措施落实到基层，确保社会治安大局稳定。2017年10月，党的十九大报告明确提出要"打造共建共治共享的社会治理格局""树立安全发展理念，健全公共安全体系""加快社会治安防控体系建设"，进一步强调了新时代区域社会治安治理的主要内容。2021年4月，中共中央、国务院印发《关于加强基层治理体系和治理能力现代化建设的意见》，从总体要求、完善党全面领导基层治理制度、加强基层政权治理能力建设、健全基层群众自治制度、推进基层法治和德治建设、加强基层智慧治理能力建设、加强组织保障等方面提出加强基层治理体系和治理能力现代化建设的意见。2022年10月，党的二十大报告专门论述了法治建设与社会治理，为在法治轨道上全面建设社会主义现代化国家提供了根本遵循，也为中国特色社会治安综合治理提出了新的更高要求。①

---

① 王占军：《新时代社会治安综合治理立法思考》，载《中国人民警察大学学报》2023年第11期。

自 1991 年我国明确“社会治安综合治理”的犯罪预防战略以来，该战略和定期开展的“严打”机制相结合而形成的预防体系，成为我国抑制犯罪的主要手段。在“社会治安综合治理”战略中，将事前预防政策措施和“严打”机制相结合，形成事前性预防体系，但这种预防体系的局限性也逐渐被学界诟病。从社会治安综合治理的变迁可以看出我国预防犯罪方略的历史沿革和变迁，但是，随着国家治理体系和治理能力现代化的逐步推进，我国犯罪治理也逐步走上法治化、现代化轨道。

2. 预防性法律制度的核心是“枫桥经验”

1963 年，浙江省诸暨市枫桥创造了“依靠和发动群众，坚持矛盾不上交，就地解决，实现捕人少、治安好”的“枫桥经验”。为了预防犯罪，在治保委员会下设四个小组：监改小组、帮教小组、调解小组、安全检查小组。监改小组完成改造人、教育人的任务；帮教小组对“大法不犯、小法常犯”的人进行帮助教育，其中有些人劳动致富，也有些人成为先进人物；调解小组负责对人民内部矛盾和民间纠纷进行及时公正的调解，消除矛盾纠纷；安全检查小组负责防盗、防特、防火、防破坏的“四防”工作，并逐渐发展为治安防控体系。“枫桥经验”涉及以经济建设为中心的多方面内容。例如，如何正确处理改革、发展、稳定的关系，如何处理经济和社会控制的关系，如何科学管理流动人口和控制犯罪的问题等，“枫桥经验”成为预防犯罪理论的代名词。有学者认为，预防犯罪就是遵循社会经济发展规律，在党委和政府的统一领导下，各部门齐抓共管、各司其职，运用政治、经济、法律、文化、技术等多种手段，融打、防、教、管、建、改为一体，全面治理与重点整顿相结合，形成全方位、多层次、严密有序的预防犯罪体系。

3. 安置帮教帮助刑满释放人员回归社会

多年来，各地和有关部门在这方面做了大量有成效的工作。实践证明，狱内改造教育只是预防重新犯罪的基础环节，而做好刑满释放人员的安置帮教等回归社会的工作才是预防重新犯罪最为关键的环节，凡是安置、教育工作未能得到有效执行，重新犯罪率往往会较高。因此，有关部门应十分重视刑满释放人员初出大墙、回归社会的出入口处的衔接工作，让他们感受到社会的善意和温暖，从而巩固狱中改造的成果，成为现代社会合格的公民和劳动者。这样的社会关爱，对于预防重新犯罪是必不可少的。

4. 注重基层群众性自治组织建设问题

同时，人民调解通过专业的调解技巧和法律知识的运用，有效地促进了矛盾的解决和安置帮教的回归。特别是人民调解、处理民事纠纷时要注意方法，以促进团结，教育纠纷双方要互相体谅、团结互助，并自觉遵守国家法律和社会公德。还可以采用各种措施做好调解工作，发挥“枫桥经验”优势，防止矛盾激化，以增进人民团结，维护社会安定。

（二）存在的问题

基于前文对重新犯罪影响因素的分析，在重新犯罪防治进程中，存在诸多难点。比如，经济发展的差距扩大，家庭教育和学校管理缺失，刑罚执行实效减弱，监狱矫治教育相对滞后，刑满释放人员融入社会难度加大，罪犯权利保障不到位，犯罪受害人被忽视等问题。

1. 经济发展的差距没有得到应有的重视

我国经济快速发展，导致社会结构发生了剧烈的变化，在利益再分配过程中，社会各个阶层内部分化导致利益冲突不断激化，城乡二元结构体制也不断面临冲击，物质与价值观念不断多向变迁，消费观也发生巨大变化，这都为重新犯罪提供了滋生的土壤。经济发展的差距主要表现在贫富差距加大、社会结构不平衡、失业率攀升、新型犯罪激增四个方面。

一是贫富差距加大。恩格斯早在《英国工人阶级状况》中就提出“贫富不均导致犯罪”的论断①。根据国家统计局公布的数据，财富差距比收入差距更为显著。财富的代际传递加强，机会不公对收入分配的影响凸显，最低收入和最高收入家庭的固化现象更加明显。② 根据学者的统计，402 名再犯罪者中，家庭经济状况低于或远低于当地平均水平的有 245 人，处于当地平均水平的有 106 人，高于当地平均水平的有 49 人（系统统计缺失 2 人）。只有 12.2%的家庭经济较好或好，而 87.8%的家庭经济状况不好，且有 61.3%的家庭经济较差或差。③ 经济条件差距也带来了文化程度上的差异。捕前职业为农牧渔林、无业的，占重新犯罪人数的 94.93%，是重新犯罪的高发人群。捕前

---

① 转引自康树华、张小虎主编：《犯罪学》，北京大学出版社 2004 年版，第 39—41 页。

② 任泽平：《中国收入分配报告 2021：现状与国际比较》，载 https://finance.sina.com.cn/jjxw/2021-10-08/doc-iktzscyx8530469.shtml，最后访问时间：2022 年 12 月 21 日。

③ 陈文轩：《刑满释放人员再犯罪风险防控》，载《犯罪与改造研究》2021 年第 11 期。

职业为农牧渔林，初中以下学历的占95.15%；捕前为无业，初中以下学历的占82.69%。这类人群文化水平低、专业技能低，很难获得较好的就业机会，容易被边缘化。①

二是社会结构不平衡。随着老龄化、少子化到来，“刘易斯拐点”出现，人口红利渐行渐远，劳动话语权提升，同时收入差距过大导致社会不稳定因素增多。收入分配呈现“橄榄型”，中间低、两端高。社会流动性开始降低，贫困人口上升通道受阻。根据调查子女和父母职业收入的关联，父辈是农民的，47%的子女未来从事的职业仍是农民。随着医疗负担加重，低收入阶层陷入贫困陷阱凸显，“因病致贫”“因病返贫”，这也正是实证调研中，部分罪犯主动犯罪的原因。

三是失业率攀升。生存权和发展权是最基本的人权，当这一需求得不到满足时，任何社会规范在生存的本能面前都会显得苍白无力。② 根据国家统计局统计，自2020年起，企业经济发展困难，造成了大量员工失业。有研究表明，从失业率来看，2013—2019年，城镇失业率整体呈下降趋势，但失业率从3.62%攀升至2020年4.24%，创历史高峰。③ 随着失业率的增加，刑满释放人员带着前科歧视，犯罪人标签，无技能、找不到工作，生活陷入困境，从而增加了重新犯罪的风险。按照美国社会学家默顿的参照群体理论，当个人将自己的处境与其他参照群体中的人相比较并发现自己处于劣势时，就会觉得自己受到了不公正的待遇。在深度访谈中，重犯人员多数都表示，获得金钱是重新犯罪的主要动机，而且他们刑满释放后到第二次犯罪之前，主要收入来源比例最高的是非法收入，其他的则是靠朋友亲人救济。

四是新型犯罪扩大。当前，我国犯罪结构呈现出明显的轻罪化和新罪化趋势。新型犯罪明显增多，不仅体现在数量上的增多，也体现在种类上的增多。一直以来，作为传统犯罪代表的盗窃罪数量最多，是我国刑事追诉第一犯罪。但这一局面在《刑法修正案（八）》将“醉驾”行为入刑后发生了重大改变。据最高人民检察院工作报告，1999—2019年，新类型犯罪增多，“醉驾”取代盗窃成为刑事追诉第一犯罪。与此同时，扰乱市场秩序犯罪增长

---

① 四川省监狱管理局课题组：《四川省刑释人员重新犯罪问题探析》，载《犯罪与改造研究》2020年第5期。

② 参见康树华、张小虎主编：《犯罪学（第四版）》，北京大学出版社2004年版，第125页。

③ 《2020年中国失业率、就业人数及失业保险发展现状研究》，载https://www.sohu.com/a/456917858_120113054，最后访问时间：2022年12月8日。

19.4倍，生产、销售伪劣商品犯罪增长34.6倍，侵犯知识产权犯罪增长56.6倍。新型危害经济社会管理秩序犯罪上升，表明社会治理进入新阶段，人民群众犯罪结构变化呼吁刑法精准治理。[①] 近年来，检察机关办理网络犯罪案件以年均近40%的速度攀升，2020年达到了54%。特别是在2020—2023年，检察机关办理的诈骗犯罪案件中，有三分之一是利用网络实施。在所有网络犯罪中，网络诈骗、网络赌博（包括开设赌场罪和赌博罪）高位运行，成为当前主要网络犯罪。网络犯罪主体开始向低龄、低学历、低收入的“三低”人群发展，一些在校学生、社会务工人员都深陷其中。而且，由于网络犯罪隐蔽性强，不容易被发现，即使发现了犯罪，但因批捕的过程往往比较漫长，犯罪人的刑罚惩罚性不及时、不确定，所以会使刑罚威慑力受到影响。

2. 家庭教育缺位和学校管理缺失

家庭是孩子的第一所学校，父母是孩子的第一任老师。综合实证调查，不难发现，无论是从幼年时期孩子生长的家庭环境、父母教养方式、青春期父母的管教、早期不良越轨行为的态度、犯罪时的居住条件，还是矫正时的父母亲情会见和帮助，或是回归社会后的家庭接纳和帮扶，抑或与被害人、家庭关系的修复等，综览重新犯罪对象的成长环境可以发现，家庭陪伴着人的一生，家庭关系（父母、配偶、子女、祖父母、外祖父母、兄弟姐妹等由血缘和姻亲建立的亲属关系）、亲情对于个体社会化、自我身心健康发展都具有重要作用。

原生家庭中父母的言行是子女潜移默化的学习榜样，充满关爱的家庭氛围和充满冷漠的家庭环境会影响孩子安全感和价值感的形成。家庭中亲子互动能够帮助孩子更好地社会化，学会处理人际关系，子女对父母有特殊的依赖性。[②] 但是，据实证调查发现，重新犯罪对象多是因为早年家庭教养方式不当，父母与子女关系冷漠，原生家庭很容易给子女造成创伤，让子女内心产生自卑、压抑、冷漠等情绪，造成其人格素养、自我评价过低和行为偏激，进而发展为犯罪倾向型人格。根据调查，重犯高危对象多以自我为中心，自我意识膨胀，在人际关系中的消极、敌对情绪，缺乏同情心和自制力，这与重新犯罪高风险性格因素具有高度关联。家庭因素，既可以看作重新犯罪的

① 袁彬：《犯罪结构变化呼唤刑法精准治理》，载《人民论坛》2021年第23期。

② 敝诗琦、于敏章、杨柯：《原生家庭对子女心理健康发展与行为方式的影响及对策研究》，载《文化创新比较研究》2021年第17期。

保护因素，能够帮助个体早期形成健康人格，日后可以帮助重犯对象顺利融入社会，也可以看作危险因素，早期畸形的家庭状态和关系造成重犯对象偏差性格和偏激的心理特征。

值得重视的有四点：一是部分重犯对象曾受到家庭暴力的伤害。据统计，家庭暴力多发生在父母和配偶之间，遭受家庭暴力后寻求司法救助的不足1%。对于家庭暴力的处理，公安机关遵循既要维护受害人的合法权益，又要维护家庭团结的原则。对情节轻微的家庭暴力型案件，公安机关会予以批评、训诫，并告知施暴者应当承担的法律责任及相应的后果。对于违反治安管理规定的，公安机关会依据《治安管理处罚法》予以处罚。对于构成犯罪的，公安机关会依法立案侦查，做好调查取证工作，追究其刑事责任。同时，对于属于告诉才处理的虐待型案件和受害人有证据证明的轻伤害型案件，公安机关会告知受害人或其法定代理人、近亲属直接向人民法院起诉。由于告诉才处理的原则，导致家庭暴力经历存在犯罪黑数大、举证困难等问题，在"家丑不可外扬"等错误观念下，被害人选择"忍气吞声"，这也成为日后犯罪倾向的隐患。此外，公安机关作为家庭暴力第一反应救助人，其下发的告诫书并无强制执行力；审判机关虽然可以签发人身安全保护令，但是实践中存在裁定时间过长、执行力不足等问题；在举证阶段，家庭暴力案件通常以自诉为主，导致家暴问题不了了之，息事宁人；量刑刑罚偏轻；等等。① 针对家庭暴力，通过更新观念、激活组织机构、完善司法程序，采取公诉和自诉程序相结合，必要情况下可以将家庭暴力诉讼纳入公益诉讼中，从源头治理家庭暴力，以保护受害人权利，避免"恶逆变"或"犯罪人格"等。

二是家庭教育缺位。未成年人犯罪呈现出与以往不同的趋势。最高人民检察院发布的《未成年人检察工作白皮书（2014—2019）》（以下简称《2020年白皮书》）提到，未成年人重新犯罪的数量在2017—2020年总体呈现小幅度上涨，2019年较2017年涨幅达到21.2%，即便在2020年，也较2017年增长了7.9%。聚众斗殴罪和寻衅滋事罪等涉嫌轻暴力犯罪的数量大幅增加。② 对于未成年人犯罪与家庭因素的关系研究有着悠久的历史，其中家庭教养与未成年人犯罪联系最为紧密。以父母教养方式评价量表与亲子关系量表为基础，

---

① 蒋嫣婷：《家庭暴力犯罪实证研究——基于相关司法判决大数据报告》，载《南阳理工学院学报》2022年第1期。

② 《未成年人检察工作白皮书（2014—2019）》，载最高人民检察院官网，https://www.spp.gov.cn/xwfbh/wsfbt/t20200601_463698.shtml#2，最后访问时间：2024年11月6日。

区分出了专制型家庭、溺爱型家庭、冷漠型家庭与矛盾型家庭四类不良家庭教养方式。有研究表明，童年受虐待和被忽视使个体将来违法和进行成人犯罪的可能性增加了40%①。社会疏离理论认为，一般犯罪人及少年犯罪人，大多数是由于缺乏良好的人际关系，未能与他人发展成功的人际关系所导致的。该理论认为，社会疏离的形态可以分为个人疏离、团体疏离、法律疏离。在近年来的理论研究中，有学者基于案例研究发现，未成年人犯罪动机的产生受多种因素的影响，其中就包括不良的亲子关系与教养方式；有学者通过数据分析发现，家庭教养的缺位会导致未成年人沾染上不良习惯，进而诱发未成年人实施犯罪行为；还有学者认为，失灵的家庭教养会促使未成年人犯罪，同时也是未成年人犯罪的最大诱因。总体而言，现有的研究普遍认同未成年人犯罪与家庭教养之间存在紧密关系。

三是个体在监狱矫正阶段和重返社会后，特别关注的领域是家庭关系。对那些被监禁的人来说，家庭关系和亲情关系是激励他们积极改造、认罪悔罪的情感支持和回归社会的动力。家庭本身就是一种社会资本，是罪犯与社会建立联系的连结点，积极的家庭关系能够有效降低重新犯罪的风险。② 2016年英国发布的《监狱安全与改革》白皮书也承认“家庭关系得到改善的罪犯在出狱后再犯可能性大大降低”。英国内政部在对监狱安置结果的审查中发现：服刑期间至少接受一次会见的罪犯更有可能获得住宿和就业，因此再犯风险降低；会见的频率高低与再犯风险降低大小呈正相关。如有研究发现罪犯从最初45%的再犯风险在接受1次会见之后降到43%的再犯风险，在接受8次会见之后降低到37%的再犯风险。③ 而国外也有研究发现，在控制了会见次数之后，父亲、兄弟姐妹、姻亲及神职人员的会见对于降低再犯风险的作用更为突出。④ 正是因为家庭关系与降低再犯风险相关，家庭成员成为监狱重要的帮教资源，他们的参与对监狱成为具有纪律性和目的性的改造环境至关重要。所以，监狱系统必须善待并尊重他们，不应将他们工具化或利用他们去

---

① 李玫瑾：《虐童事件频发与儿童保护》，载《中国青年社会科学》2018年第2期。

② Brunton-Smith, I. & McCarthy, D. J.: “The effects of prisoner attachment to family on re-entry outcomes: A longitudinal assessment”, in *British Journal of Criminology*, 2016. http://bjc.oxfordjournals.org/content/early/2016/01/13/bjc.azv129.abstract. [2021-2-1].

③ Mears, D. P., Cochran, J. C., Siennick, S. E., William, D. B.: Prison Visitation andRecidivism [J]. Justice Quarterly, 2012 (6): 888-918.

④ Duwe, G., Clark, V.: Blessed Be the Social TieThat Binds the Effects of Prison Visitation on Offender Recidivism [J]. Criminal Justice Policy Review, 2013 (5): 271-296.

实现刑事司法系统的目的，也不能在面临财政困难时利用其填补应由专业人员担任的空白。[①] 因此，罪犯子女、父母同样需要得到社会的支持，罪犯在监狱服刑时，其家属也在隐性服刑[②]，遭受家庭结构变化和“污名化衍生”的影响，甚至子女就业也因父母前科经历受到限制，因罪犯带来的逆境容易让家属对罪犯产生抵触、排斥心理。为了更好地发挥积极的家庭关系，监狱和安置帮教机构需要对罪犯家庭给予保护和照顾，将罪犯家庭同样纳入安置帮教对象，利用社会宣传减少对罪犯及其家庭的污名化，通过政策修订和完善，寻求罪犯家属的权益保护与维护社会安定的平衡。

四是学校教育落实不力。首先，初等教育发展不均衡。学校教育是未成年人接受教育的主要形式。根据最高人民检察院发布的《未成年人检察工作白皮书（2020）》，2020 年未成年人犯罪数量有所下降，受理审查起诉未成年人犯罪居前七位的分别是盗窃 14405 人、聚众斗殴 7406 人、寻衅滋事 5728 人、强奸 5160 人、抢劫 4968 人、故意伤害 4167 人、诈骗 4042 人，这七类犯罪嫌疑人数量占全部犯罪人数的 84.03%。[③] 由于绝大多数未成年人处于在学校接受教育的阶段，学校在教育有不良行为的未成年人方面的角色和地位的重要性不言而喻。学校教育功能的缺失是导致未成年人预防干预失灵的关键原因。在美国犯罪学家赫希的社会控制理论中，依附是抑制犯罪最重要的社会键（social bond），而未成年人对学校的依附正是该社会键的关键要素之一。赫希认为，未成年人越依附于学校，越不可能出现偏差行为。[④] 通过对国内学者调查统计分析的筛查发现，父母状况、学习成绩、师生感情、放任、嘲笑、劝化、校园侵害、不良交往八个变量同时对学校联系紧密度及未成年人犯罪二者发挥了作用。[⑤] 其次，性教育缺失。其对青少年性犯罪的影响主要是增加了青少年因性无知而导致性犯罪的可能性。其既是大多数青少年因心理障碍而导致性犯罪的主要原因，也是青少年因性道德观念错位、法治意识淡薄而

---

① Knusden, E. M.: Avoiding the Pathologizing ofChildren of Prisoners [J]. Probation Journal, 2016 (3).

② Roberts, A., Onwumere, J., Forrester, A., Huddy, V., Byrne, M., Campbell, C., Jarrett, M., Phillip, P., Valmaggia, L.: *Family intervention in a prison environment: A systematic literature review. Crim Behav Ment Health*, Vol. 27, No. 4, Oct 2017, pp. 326-340.

③ 《未成年人检察工作白皮书（2020）》，载中国青年网，https://baijiahao.baidu.com/s?id=1701405129850514571&wfr=spider&for=pc，最后访问时间：2021 年 9 月 7 日。

④ 吴宗宪：《赫希社会控制理论述评》，载《预防青少年犯罪研究》2013 年第 6 期。

⑤ 赵军、祝平燕：《学校联系紧密度与未成年人犯罪因果性经验研究——以旷课、逃学、辍学为指标》，载《教育研究与实验》2012 年第 1 期。

导致性犯罪的直接原因。最高人民检察院发布的《未成年人检察工作白皮书（2020）》显示，2020 年，检察机关起诉强奸未成年人犯罪 15365 人，猥亵儿童犯罪 5880 人，强制猥亵、侮辱未成年人犯罪 1461 人，同比分别上升 19%、14.75%和 12.21%，增幅同比明显降低。[①] 未成年强奸犯和被强奸受害人逐年递增，实地调研中未成年强奸犯重犯率排名前七的现象，充分说明了我国性教育的缺失。对青少年进行性教育是一件很有必要且是大势所趋的事情，而在我国要真正实现性教育进入家庭、学校，不是一朝一夕就能实现的，这需要我们继续努力，通过构建家庭、学校、社会三位体系，共同促进青少年健康成长。

3. 刑事政策的实效性需要实证检验

现代科学的刑事政策是建立在犯罪学等学科基础之上的。[②] 既然刑事政策以犯罪预防和控制为目的，那么可以通过犯罪，特别是针对重新犯罪被抓后再矫治方案的实施效果，检验刑事政策的时效性和有效性，以“循证研究”范式进行综合性评估，并进行适时调整，以期达到政策最优解。对重新犯罪群体而言，刑事政策中减刑假释对其刑罚体验和改造效果检验评估具有一定的影响作用。

刑事政策有其实施的特殊背景和政策评估，只有在“诊断”后，及时了解“症状”，查明“病因”后再对症下药才能解决犯罪问题。在轻罪时代，我国的刑罚结构属于重刑结构，调查数据显示，减刑对于降低重新犯罪率没有明显的效果，相反，获得假释的人员重犯率更低，同时结合重犯群体的年龄差异，发现老年犯假释率相对较高，更适用假释制度。假释是颇具潜力的刑罚执行制度，能够取得很好的预防重新犯罪的效果。但是，由于缺乏科学的罪犯再犯预测依据，导致假释适用率非常低。比如，四川监狱管理局调研发现，四川省监狱罪犯年均减刑率为 30%—36%，重新犯罪罪犯中曾获减刑的达 57%，而假释罪犯重新犯罪率仅为 2%。假释是一项符合刑罚轻缓化和刑罚社会化的刑罚执行制度，其不仅顺应刑罚惩罚犯罪的正义要求，而且有利于帮助罪犯重新社会化从而顺利复归社会，有其本身独有的诸多优势和价值，但是由于假释“再犯罪危险性”要件难以把握，从而影响了它的普遍适用，

---

① 《未成年人检察工作白皮书（2020）》，载中国青年网，https：//baijiahao. baidu. com/s? id=1701405129850514571&wfr=spider&for=pc，最后访问时间：2021 年 9 月 7 日。

② 刘仁文：《刑事政策初步》，中国人民公安大学出版社 2004 年版，第 179 页。

全国监狱年均假释率不足 2%。[①] “最好的社会政策是最好的刑事政策”[②]，刑事政策必须与社会政策相协调，才能取得较好的效果。因此，刑事执行政策直接关乎重新犯罪群体的方方面面，监禁刑和非监禁刑的执行政策的制定可以采取征求政策适用对象，即罪犯和社区矫正对象，以及专家、实务部门的意见，只有经过验证评估后制定的刑事执行政策才能更好地实现刑事执行的目的，达到预防重新犯罪的效果。

4. 刑罚威慑力与犯罪史的关联性被忽视

对累犯、习惯犯来讲，刑罚威慑力会随着犯罪次数的增加而减少。“刑罚的一般威慑力”是指刑罚给犯罪人带来的痛苦、害怕的感受以及损失，对潜在犯罪人带来的惧怕和教育的效果，从而让人们远离犯罪。[③] 刑罚之所以能够给人的心理和行为产生威慑效果，其威力来源于刑罚的痛苦性。刑罚威慑效能的作用机制是极为复杂的，刑罚严厉性仅是影响威慑效果实现的一个方面。犯罪人进行犯罪估量时不仅对刑罚成本和犯罪收益进行比较，实际上也对犯罪成本和犯罪收益进行比较。而刑罚成本仅是犯罪成本中的一部分，行为人除考虑刑罚成本外，还会对实施犯罪的直接成本，如购买犯罪工具、作案经费、作案时间和时间机会成本进行考虑。因此，如果犯罪直接成本和时间机会成本低的话，即其他犯罪预防手段缺失或不完善的情况下，就只能依靠提高刑罚成本来提高犯罪成本，而刑罚成本的提高则以重刑为表现。无论是实证的检验还是理论上的分析，从长远来看，通过重刑威慑的方式来预防犯罪仅仅是权宜之计，重刑高压后导致的犯罪率快速上升和所带来的一系列负面后果则需要花费更长的时间和更大的代价来“买单”。因此重刑并非明智的预防犯罪之选择。

如前所述，影响刑罚威慑效能的基本因素并非仅局限于刑罚严厉性，还包括刑罚必定性和及时性，不应将刑罚威慑简单化地理解为重刑威慑。并且从对刑罚威慑效能的客观评估以及犯罪人对于刑罚威慑的主观感知来看，刑罚必定性与及时性对于犯罪的威慑作用要显著于刑罚严厉性。这一认识的加深有助于我们将刑罚威慑效能的关注视线由刑罚严厉性转移到刑罚必定性和

---

① 四川省监狱管理局课题组：《四川省刑释人员重新犯罪问题探析》，载《犯罪与改造研究》2020 年第 5 期。

② 储槐植：《刑事政策：犯罪学的重点研究对象和司法实践的基本指导思想》，载《福建公安高等专科学校学报》1999 年第 5 期。

③ 邱兴隆：《关于惩罚的哲学》，法律出版社 2000 年版，第 135—136 页。

及时性上来，进而对刑罚体系结构和刑事司法资源配置给予理性的调整，使刑罚对犯罪产生更为积极、有效的作用，降低其负面作用。从刑罚威慑理论上看，刑罚的轻重只取决于犯罪人的罪恶，刑罚执行仅考虑报应要求，而忽略了预防的需要。[①] 因此，对于预防重新犯罪的威慑效应饱受争议。从另一个角度看待刑罚威慑功能失灵在于：首先，刑罚惩罚性与及时性没有得到匹配，破案率整体偏低。其次，认罪认罚适用后，同案不同判，刑罚信服力和公正性受到质疑。最后，刑罚威慑力与犯罪风险没有对应关系，通过较轻的惩罚也可以达到同样的威慑效果。[②] 综上所述，刑罚严厉性（尤其是重刑）对于犯罪的威慑作用，的确言过其实，但是刑罚必定性和及时性对于犯罪的威慑效果确实显著于刑罚严厉性。理性运用刑罚威慑效能，破除对重刑威慑的迷信，需要加大普法的广度与效度、力度与深度，以达成刑罚威慑效能实现的前提条件；对于刑罚严厉性应当审慎对待，应当增加的是观念刑罚量而非实际刑罚量，对于实际刑罚应当划定其边界，在犯罪圈的划定上贯彻刑法谦抑性的精神，在刑罚量的设定上综合考虑犯罪收益与刑罚成本的关系、刑罚严厉性与刑罚必定性和及时性的关系以及犯罪人的刑罚耐受度。对于刑罚必定性和及时性则要予以强化，以充分发挥其对犯罪的威慑作用。而这一研究结论也指明了我国今后要将犯罪治理资源的投入重点放到普法宣传和警务建设之上，而监狱的要务在于建立更为“人性化”的监管制度，以提高服刑人员的改造质量。[③]

5. 监狱矫正有效性和针对性相对滞后

我国监狱罪犯矫治工作也面临着一些难题，比如说有些传统矫治方法面临着失效或效能降低的问题，如罪犯的个别教育和法治教育采用传统说服手段则很难奏效。在发展知识经济时代，罪犯教育的难度越来越大。然而，要使监狱教育能随着社会的发展不断增加新的知识，使监狱教育不断更新内容，无疑加大了罪犯教育的难度。有学者通过对“12348”中国法网上的163例我国监狱教育矫治罪犯的典型案例进行数据挖掘和统计分析指出，矫治案例中反映出来的监狱矫治措施中，教育矫治措施是最为重要的矫治措施，其占比最大，达到了85.9%。在罪犯的教育矫治过程中，个别教育是矫治罪犯的重

---

① 黄河：《犯罪现实与刑罚的社会控制基于刑罚目的论的反思》，载《中外法学》2021年第5期。

② 同上注。

③ 刘娜：《刑罚威慑效能实证研究》，武汉大学2014年博士学位论文，第140—141页。

要手段和措施，其占比为10.4%。法治教育同样作为我国监狱教育矫治罪犯的重要手段和措施，在本次调查中，达到了25.2%。在我国监狱教育矫治罪犯过程中，对罪犯进行法治教育是其必要措施之一。监狱矫治罪犯在年龄、是否是顽危犯、法治教育、管控措施、心理措施等维度上存在统计学上的显著性差异；我国的监禁矫治措施对某些罪犯具有较好效能。这表明我国监狱矫治罪犯工作已形成具有中国特色的罪犯教育矫治模式且已在各监狱扩展开来，此外，心理矫治措施已在较多监狱推广使用并取得了较好效能。①

重新犯罪群体的特殊性在于其曾经受过刑罚处罚，在监狱接受过矫正。四川监狱调查显示，少数刑满释放人员陷入了“监狱—社会—监狱”的恶性循环，成为“职业罪犯”。进入监狱4次以上的占重新犯罪罪犯总数的6.42%，其中，4次占2.16%，5次占0.73%，6次及以上的占0.33%。这类人的生活来源主要为作案所得。“职业犯罪”中盗窃人数最多、最具代表性。盗窃罪占重新犯罪的72.28%，团伙盗窃占93.24%；“职业犯罪”中涉黑类仅占7.54%，但涉黑团伙中80%以上的人员为刑释罪犯。② 随着监狱软硬件设施的改善，劳动强度和安全风险的降低，管理的日益规范，在一定程度上弱化了罪犯的刑罚体验。29.9%的重新犯罪罪犯认为“监狱改造像当兵，只是没自由”；31.9%的重新犯罪罪犯认为“监狱并不可怕”；57%的重新犯罪罪犯曾获得减刑奖励。③ 特别是在轻罪时代，短刑期罪犯增多，他们无法体验到监狱矫正项目。因此，转变监狱矫正的理念，从惩罚到康复，从改造到回归，轻罪时代下监狱矫正路的发展方向，需要综合评估。目前，我国监狱出监教育有些地方采取了创新性探索，如湖南星城监狱的职业技能培训，浙江乔司监狱的社会情境教育，四川锦江监狱创建模拟工厂；在罪犯教育改造方面，有广东监狱“经史合参”，广东未管所“正念教育疗法”，北京监狱局“内观疗法”等均取得一些成效，但是缺乏长效性和推广性。

开展教育矫正效能评价与监狱现行“改造质量评估”有所不同，它不单单关注罪犯个体的转变，包括认知、危险程度、习惯等测试因子的转变，它更注重“到底是哪些矫正措施引起了这些转变、哪种矫正措施更为有效、哪

---

① 王超：《我国监狱罪犯矫治模式及效能问题实证研究——以163例12348中国法网监狱矫治个案为例分析》，载《警学研究》2019年第6期。

② 四川省监狱管理局课题组：《四川省刑释人员重新犯罪问题探析》，载《犯罪与改造研究》2020年第5期。

③ 同上注。

种矫正措施更能促使某一因子发生显著变化”等。这恰恰是教育矫正效能评价的重点所在。

在评价矫正效能时，无论是进行“综合性”评价还是“具体措施”评价，其评价重点都应放在“罪犯错误观点转变的程度、不良习惯转化程度、待人接物能力提高多少”等层面上，不仅要准确计量罪犯个体在这些方面的变化程度，更要有效揭示引发这些变化的具体措施及其适用技巧。搞清楚这些变化的深层机制，无疑对提升后续的矫正效能具有重大的帮助。从监狱矫正实践看，引发个体这些变化的因素相当复杂。这里仅以可能“促进个体认知发生改变”的因素为例加以说明。一是监禁因素。罪犯个体被判刑入监后，失去了自由，不能随便与社会人员包括亲属见面，归属感被剥夺，“发财致富”的梦想破灭，自我价值实现受阻等处境，势必会促使个体滋生很多感想，从而引发个体认知的变化，不管这种变化是负面还是正面的。二是教育因素。特别是监狱民警针对个体的系列错误观点，采取集体或个别教育方式，长期系统性、有层次地开展批驳、启发教育后，或多或少会引发个体认知的改变。三是劳动因素。“劳动是伟大社会消毒剂。”何况监狱劳动是低报酬、有强制性、无自主性的劳动，这同样会导致个体产生很多联想，引起认知的变化。四是监狱管理因素。在监狱这个狭小空间里，为维持秩序，也为了改造罪犯，监狱民警对罪犯在各方面都作出了规定与要求，进一步限制了罪犯的人身自由，但这同样可能激发个体产生一些看法。五是风险因素。家庭发生变故、受到监狱奖惩、日常服刑时触遇各种困难，或看到某本好书或视频、受民警执法态度刺激等，都可能引起个体认知的变化。由此可见，引发个体认知变化的因素十分复杂。当然，这些因素引起的变化程度肯定不尽相同，相同因素可能对不同个体引发的变化也不一样。同样地，引起个体上述其他方面改变的因素也是复杂多变的。因此，找到教育矫正罪犯的有效措施及其技巧，并在随后的矫正工作中，以此为指导，把握重点，有的放矢，加大工作力度，可以不断促进矫正工作取得新成效。①

6. 刑满释放人员重新融入社会难度大

综合治理强调各种手段的综合运用和国家、社会力量的统一行动。随着经济的发展，社会的自主性和多样化趋势增强，治理主体由国家一元化模式

---

① 张国敏：《关于教育矫正效能评价的若干思考》，载《安徽警官职业学院学报》2018年第1期。

演变为国家、社会二元化模式。党的十八届三中全会提出“创新社会治理体制”[①]，治安承包制的推行和保安产业化的发展标志着市场化力量在社会治安内的不断拓展。[②] 但是，罪犯的社会保障，即罪犯刑满释放后回归社会，面临社会保险、就业安置、生活救助等问题，妥善安置他们，不仅能有效遏制再次犯罪，而且有利于降低社会成本，减少司法资源浪费，帮助他们融入社会，也有利于社会的和谐和稳定。

刑满释放人员重新融入社会难度大主要集中在三个方面。

一是刑满释放人员出狱后监管重视不够。根据北京监狱局的调查，有63.42%的累犯刑释后找不到工作，63.56%的累犯没有稳定的收入。释放后1年内又犯罪的共有506人，占刑满释放人员的22.91%；2年内犯罪的共有1101人，占总数的49.85%。[③] 结合重新犯罪抽样调查，刑满释放后1年内是重犯率的高峰期，出狱前刑满释放人员接受罪犯危险性评估，危险性高的在出狱时就应被界定为重点人群，亟须强化日后监管。但是由于刑满释放人员回归社会后，恢复了普通公民身份，对其监管缺乏法律依据，造成基层司法所安置的帮教部门监管职能虚化。此外，刑满释放人员回归犯罪前生活的社区或者犯罪圈，高犯罪关联性又会诱发其的再次犯罪倾向，因此，刑满释放人员的安置需要预先评估回归后的社会关系网、家庭接纳、朋友圈、被害人接纳与否、犯罪史等，如果社区环境不适应或者社区犯罪圈固化，可以采取中途过渡之家等方式进行过渡，效果更为稳妥。

二是长期以来，刑满释放人员就业安置是其回归社会后最大的障碍。首先，刑满释放人员普遍会遇到污名化、社会排斥、缺乏技能培训等困难，甚至有些刑满释放人员带有监狱人格、犯罪倾向、精神疾病等。就业与预防重新犯罪的关系在前文已经详细论述过，稳定的就业能够帮助其适应社会，反之则会加重其反社会倾向。其次，刑满释放人员工作意识淡薄，多数具有好吃懒做，不劳而获的懒惰思想。通过访谈发现，部分刑满释放人员存在不愿就业的情况。犯罪人在服刑期间由于远离社会，会生成与社会正常生活发生冲突的监狱化人格，从而在刑满释放后不愿意融入社会，抵触正常的社会生

---

① 参见周俊、郁建兴：《社会治理的体制框架与创新路径》，载《浙江社会科学》2015年第9期。

② 黄石：《社会转型与犯罪治理——转型期犯罪治理模式变迁研究》，法律出版社2018年版，第161页。

③ 潘开元、李仲林：《北京市监狱管理局在押累犯犯罪原因及矫正对策》，载《中国司法》2006年第4期。

活。在这种条件下，刑满释放人员不选择就业是试图逃避正常生活的外在形式。还有一部分刑满释放人员，存在犯罪心理的沉积，只不过沉积深度不同而已。有些犯罪心理沉积程度大的刑满释放人员，尽管回到了社会，但与社会规范偏离的价值观和人生观并未得到彻底矫正，好逸恶劳、需求无度的心理因素成为正常生活观形成的严重阻碍。因此，这些人在心理上排斥通过正当途径获取经济收益，甚至认为正当收入不能满足他们的各种需要。从预防犯罪角度而言，对这些人应该多注重日常行为管理，帮助其改正错误的陋习，采取针对性的社会预防措施，充分利用家庭资源和社区资源进行帮扶教育。[①]最后，就业的广泛性、随意性和流动性给有针对性的预防重新犯罪工作增加了难度。从当前调查的刑满释放人员就业的统计上看，在重犯人员中，从事个体职业者超过了一半，没有了单位和社会组织的约束，这就给有针对性的预防重新犯罪工作增加了难度。

三是城市化速度的加快。城市拆迁、房屋改造，导致异地居住，出现了人户分离现象，且人数逐年增长，帮教组织查找安置帮教期内的刑满释放人员的难度加大。此外，极少部分刑满释放人员回归社会后居无定所，安置帮教机构很难查到刑满释放人员的现住址，不能落实属地管理，使衔接工作往往难以操作，刑满释放人员脱管、漏管有很大的隐患。[②] 在犯罪控制论主张通过国家和社会采取一系列犯罪治理的方法和措施，遏制和限制犯罪现象，治理犯罪问题。预防犯罪是“一个系统工程，既不能阻止所有的犯罪，也不能根除犯罪，只能控制犯罪，犯罪控制同样需要多个要素共同作用，才能发挥整体效力”。[③] 其中，从犯罪原因出发，找到犯罪现象的因果联系，通过对犯罪原因控制，就形成了当前犯罪控制的主要出发点和立足点，但是这种单一性因果机制的讨论，将犯罪控制局限在了犯罪后的归因领域，[④] 只有犯罪后果产生后，控制体系才能发挥作用，只能“头痛医头，脚痛医脚”，缺乏对原因和规律的总结和把握，特别是对犯罪普遍性问题缺乏预判，一旦控制力弱化，只能任由犯罪现象不断升级，激发出新的犯罪问题，形成新的“犯罪场”[⑤]。

---

① 丛梅：《重新犯罪实证研究》，天津社会科学院出版社 2011 年版，第 148 页。

② 郑宗瑶：《切实做好刑释解教人员安置帮教衔接工作》，载《人民调解》2010 年第 5 期。

③ 刘崇亮：《以再犯罪风险控制为导向的监狱行刑改造实证研究》，中国政法大学出版社 2020 年版，第 61 页。

④ 同上注。

⑤ 犯罪场是指存在于潜在犯罪人体验中、促成犯罪原因实现为犯罪行为的特定背景。详见储槐植：《刑事一体化》，法律出版社 2004 年版，第 69 页。

7. 罪犯合法权利保障不到位

尊重和保障人权是我国宪法明确规定的，罪犯的人权保障也是国家公民权利保护的组成部分。相对于普通公民，罪犯权利具有特殊性，除身份特殊外，权利保障主体以及权利保障内容均较特殊。从前文重新犯罪调查来看，特别是在监狱服刑期间的罪犯待遇和保障来看，存在一些问题。一是从罪犯“认罪认罚”的调查结果来看，一部分罪犯“认罪不认罚”，认为量刑结果适当的所占比例比较多，但是仍有极少部分罪犯认为量刑过轻或者量刑过重。虽然通过法治教育和释法明理来帮助罪犯了解了定罪量刑的规定，但是最根本的应该是保障罪犯申诉权、控告权和检举权。根据《监狱法》第二十一条第一款规定，罪犯对生效的判决不服的，可以提出申诉。因此，当出现罪犯认为自己判决量刑过重的时候，可以向监狱提出申请，或者委托亲属和律师向人民法院和人民检察院提出申诉。但是，实践中罪犯申诉权往往不受重视，反而成为其“认罪认罚”态度不好的表现。保障罪犯申诉权，需要配套机制来解决，如允许罪犯亲友、委托的律师会见，申诉材料及时转递，申诉结果要及时回复。罪犯“认罪认罚”与重新犯罪密切相关，如果罪犯申诉权迟迟得不到保障，罪犯对于司法公正和法律公信力缺乏信任，最终丧失法治观念，那么监狱矫正也会失去效果。相反，如果尊重罪犯申诉权，确保他们对于判决裁定表示认可，从内心认识到自己的罪行，尊重司法公正，在每一起案件中都“感到公平和正义”，则有助于他们对法律产生敬畏心，这样在保障了罪犯申诉权的同时，也减少了他们重新犯罪的概率。二是从重新犯罪访谈情况来看，罪犯对于教育改造满意度不高，特别是对职业技能培训认可度不高。罪犯享有受教育权，表现在未成年罪犯享有国家义务教育，成年罪犯享有扫盲教育上。结合笔者以往监狱调研情况，罪犯受教育权往往处于被忽视阶段，强调教育的义务性而忽视教育的权利性，即罪犯享有教育选择权、教育保障权等，与重新犯罪密切相关的是罪犯职业技能培训。根据抽样调查，享有职业技能培训证书的重新犯罪群体比例不高。职业技能培训对于罪犯不仅是其劳动改造的重要内容，而且是其回归社会的有力保障，但是该权利并没有得到应有的保护。此外，罪犯的人格尊严权如前所述，罪犯出狱后面临的标签化、污名化，受制于前科歧视，就业遇到阻碍。同样，监狱内罪犯人格尊严也应该受到保障。隐私权、肖像权、姓名权等都属于人格尊严的一部分，如果对罪犯人格权的保护不充分，则会加深“罪犯人格”；相反，如果切实尊重和保障罪犯的人格权，有助于唤醒他们的自尊、自爱，帮助他们自我反省和自我改造。三是罪犯与监狱干警的关系涉及执法权与监督权。提高执法人员执法观念的转变是一个长期系统的工程，把罪犯从“典型犯罪人”看成“可挽救的公民”，涉及“以人为本”执法理念的转变。刑罚执行的目的，不是惩罚、报应，而是以教育矫治为辅，康复为主，只有加强执法人员人权教育，才能在日常管理过程中依法保障罪犯的法定权利，调动罪犯认罪认罚的积极性和配合改造的主动性，不断提高刑罚执行和人权保障的水平。

8. 被害人权利保护被忽视

重新犯罪行为必然包含着“犯罪人—被害人”的关系，被害人包括个体、单位、社会和国家。从天津重新犯罪调查结果来看，重新犯罪中三分之一的被害人与犯罪人相识，其中盗窃、抢劫犯罪中犯罪人与被害人熟识的比例较低，诈骗犯罪和强奸犯罪的被害人与犯罪人之间相识的程度高达 60%以上，甚至三分之一的案件犯罪人与被害人相当熟悉。重新犯罪案件中，强奸犯罪嫌疑人与被害人之间的关系与其他类型犯罪有些差异，其选择的侵害对象主要集中在邻里、同事、同乡和恋爱对象四种关系类型上。① 2016 年北京市高级人民法院发布了校园暴力犯罪审理情况，未成年人约占犯罪主体的 62%，而约有 10%的案件被告人是原来校园暴力的被害人，他们由于在受到校园暴力侵害后没有得到及时的救助与引导，产生了复仇、效仿等心理，从而转化为新一轮犯罪的加害人。② 综览我国刑法制度，对于被告人权利的保护制度已经趋于完善，而对于被害人的权利却并没有明确的制度保障。无论是定罪还是量刑，刑法对于被害人权利的实现都是间接的、片面的，加之保护被告人权利的理念早已深入刑法的“骨髓”，被害人的权利在刑法中则退居卑微的境地。一方面，被害人直接或者间接受到犯罪行为的侵害，受到财产或者人身损害，从整体犯罪情况看，破案率低，大部分犯罪行为没有被发现，被害人也没有及时报案，导致其利益得不到合法保障。犯罪人没有有效地修复与被害人关系的法律体制和机制。通过被害人权利救济，增加罪犯的刑罚体验，被害人的谅解直接影响罪犯的量刑。另一方面，从重新犯罪统计看，有个别重新犯罪人员有被侵害经历，如遭受过性侵害的重犯人员，从被拐卖的受害

① 丛梅：《重新犯罪实证研究》，天津社会科学院出版社 2011 年版，第 102—104 页。

② 《5 月 31 日 9：30，北京法院校园暴力案件审理情况暨防控校园暴力公益宣传片上线新闻发布会》，载中国法院网，https：//www.chinacourt.org/chat/chat/2016/05/id/44627.shtml，最后访问时间：2024 年 1 月 3 日。

人到实施犯罪，如毒品、盗窃、强迫卖淫罪的犯罪人，他们成为“从受害人到犯罪人”的“恶逆变”。保护被害人的权利有助于他们恢复和减轻被害的程度，避免受侵害成为犯罪的诱因。刑事被害人原本无辜，在大多数情况下也不存在行为上的过错或道德上的缺陷，却遭遇犯罪行为的无端侵害，其境遇不可谓不凄惨。进入刑事诉讼程序之后，由于诉讼地位低下、诉讼权利缺失以及司法机关重视程度不足等原因都可能使被害人产生巨大的心理落差。当判决结果不符合自身预期时，又可能遭受“二次侵害”。这无疑是任何秉承公平正义的个体所不愿看到的，同时也违背了刑事司法“保护人民”的初衷。1985年联合国大会通过的《为罪行和滥用权力行为受害者取得公理的基本原则宣言》为保护被害人提出四项基本权利：第一，取得公理和公平待遇；第二，获得赔偿；第三，获得国家补偿；第四，获得必要援助。这一文件对于各国被害人处遇制度的设置提出了基本要求，也应当为我国在刑事司法实践中保障被害人权利所借鉴。[①] 因此，应该从顶层设计上制定《被害人保护法》，全面保护被害人权利，包括人身权、诉讼权、经济权等。推动对被害人的保护，既能有效地预防被害人犯罪，也能防止被害人再次受害，还能在一定程度上彰显国家法治建设的水平。

二、域外重新犯罪预防实践的反思

（一）重新犯罪防治模式

1. 威慑范式下的重新犯罪的防治

威慑范式主要政策有“强制最低刑量刑、推行报应模式政策、制定量刑准则政策、真实量刑政策、从重从快政策”。上述政策不仅有理论上的地位，在实践中也有其时间载体。其中，量刑准则由于在实现威慑犯罪、控制量刑权使用、促进公平等多个项目上有显著成果，被广泛重视、接受。美国通过《量刑改革法》（*Sentencing Reform ACT of* 1984）、英国《刑事司法法》的有关规定对每个罪的入刑点进行了规定。美国弗吉尼亚州《犯罪法案》取消了假释制度的裁定，延长了狱内服刑时间。美国威斯康星州制定《威斯康星法

---

① 徐岱、巴卓：《中国本土化下被害人权利保护及延展反思》，载《吉林大学社会科学学报》2019年第6期。

283》（*Wisconsin Act* 283）将真正服刑政策转化为法律，明确“对于因两次以上或者三次以上犯重罪被处以无期徒刑的罪犯，法院不能对罪犯使用假释或者社会监督”。①

服刑政策是否可以降低重新犯罪率？根据美国 Vera 司法研究所（Vera Institute of Justice）的有关研究证明，美国弗吉尼亚州的犯罪率下降了26%，全国的犯罪率下降了24%。同时，使用危险评估方法与监禁替代刑罚，从而使监狱人口上升速度下降，1985—1995 年监狱人口增长154%，而1995—2004年监狱人口增幅仅31%。“三振出局法”将累犯类型细化成二次型累犯和三次型（包括三次以上）累犯，以加州为例，前者获得二倍于原刑期的处罚，后者获得三倍于原刑期或终身监禁的处罚，这种根据犯罪次数与犯罪严重程度，对不同再犯次数的累犯进行差别化的处刑，符合罪刑相适应原则和节约社会矫治成本。但是，“三振出局法”最为人所诟病的一点就是加重处罚的力度过大、严重侵犯人权，以至于出现第三次触犯盗窃罪的罪犯被判处五十年监禁的骇闻，因此，执法者参考“三振出局法”理论价值的前提是充分考虑消极影响带来的危害，并找出消解或最小化潜在问题的方法。

综上所述，从威慑理论上看，刑罚的轻重只取决于犯罪人的罪恶，刑罚的执行仅考虑报应要求，而忽略了预防的需要。比如，刑罚后果与威慑力之间呈现出一定的“边际效应递减”效果。维尔斯弥尔以财产犯罪为例，向犯罪人和一般公众进行调查访谈，将访谈结果进行加权计算并建模。从定罪概率、刑罚幅度对犯罪偏好贡献率的近似曲线来看，刑罚威胁的增加对威慑力数值的增加影响越来越小。其中对犯罪人而言，从两年半的监禁刑期开始，增加刑期所产生的额外威慑效果不到十分之一；而从五年以上的监禁刑期开始，其威慑效果不到相应初始刑期的1%。对一般公众而言，从一年半的监禁刑期开始，增加刑期所产生的额外威慑效果不到十分之一，而从三年以上的监禁刑期开始，其威慑效果不到相应初始刑期的1%。换言之，受访者中，无论是一般公众还是服刑人员，三年左右的监禁刑足以形成威慑力，往上再延长刑期已经不再能够产生更多的威慑力，尤其是五年以上的监禁刑，其所产生的威慑效果基本与三年左右的监禁刑相差无几。② 由此可见，预防重新犯罪的威慑效应饱受争议。因此，减少刑罚的幅度是可以通过提高对刑罚的主观

---

① 翟中东：《国际视域下的重新犯罪防治政策》，北京大学出版社2010年版，第189—203页。

② Vilsmeier：*Empirische Untersuchung der Abschreckungswirkung strafrechtlicher Sanktionen*，MschrKrim 73（1990），S. 282.

敏感性来进行平衡的，这也意味着通过较轻的惩罚也可以达到同样的威慑效果。

2. 剥夺范式下的重新犯罪的防治

新刑罚学主张标定那些实施社会上大部分犯罪与最严重犯罪的罪犯，并剥夺或者控制他们的犯罪能力，全社会的犯罪将显著下降。如何确定罪犯的危险性？对高危险性罪犯如何控制？美国等国家比较重视对罪犯的人身危险性评估，因此研发了一系列量化评估工具。这些人身危险性评估问卷主要有：美国《弗吉尼亚州罪犯危险评估表》、《威斯康星危险评价工具》、《宾夕法尼亚州危险评估工具》；加拿大《监督等级调查表》（LSI）、HCR-20、《重新犯罪统计信息表》（SIR-R1）；英国《罪犯评估系统》（OASys）；瑞士联邦危险评估工具等。美国对矫正效能的研究表明，总的来看，对罪犯的矫正计划是有效的；由于治疗计划本身的差异及实施中的种种差别的影响，治疗计划所取得的效果也显著存在差异。美国学者奥斯丁对矫正效果进行了综合性评价，他认为监狱治疗计划和惩罚对一般犯罪率的影响是很小的；在一定条件下，治疗犯罪人可以产生积极效果；其中积极效果最强烈的是那些提供长期的释放后安置和能够提高犯罪人的安全就业能力的计划；惩罚犯罪人可以产生积极效果，也可以产生消极效果；很大一部分矫正治疗计划没有得到评价；治疗和惩罚对犯罪率仅仅有中等程度的效果。① 犯罪史作为重新犯罪的重要预测因子。例如，法林顿教授提出“违法犯罪生涯越长的人越容易犯罪或者再犯罪；一个人犯罪初始年龄的早晚可能对他以后犯罪的频率与犯罪严重性及犯罪生涯有着直接的影响”。② 违法犯罪行为具有连续性和习惯性。③ 有犯罪史的人可能施害程度会加大。④ 甚至在美国加州，犯罪史成为犯罪危险评估的唯一依据。美国弗吉尼亚州犯罪危险评估，对于犯有盗窃、诈骗、销售毒品等

---

① 王超、冯卫国：《中美罪犯矫正效能差异实证研究》，载《辽宁大学学报（哲学社会科学版）》2017 年第 1 期。

② 布兰登·C. 韦尔什和戴维·P. 法林顿编：《牛津犯罪预防指南》，秦英等译，中国人民公安大学出版社 2015 年版，第 169 页。

③ 巴内特等人于 1987 年对定罪与重新犯罪之间的关系进行研究，判定曾经犯过罪的人重新犯罪可能性要大；法林顿认为，经常越轨的人重新犯罪可能性要大，具有较长越轨史的人重新犯罪可能性大。

④ 根据 Wolfgang 等人在美国费城于 1972 年的研究，犯罪人每一次犯罪的成功都将增加其犯罪人犯罪的可能性。第一次犯罪成功后的犯罪可能性为 0.54，第二次为 0.65，第三次为 0.72，6 次以上达 0.8。

罪行需要送入监狱的犯罪分子，将根据危险情况决定是否适用替代性刑罚。替代性刑罚包括：罚金、日罚金、军训营刑、地方监禁、家庭监禁、社区刑罚、强化的社区执行监督、社区服务等。综观上述国家的危险评估工具的使用，发现各国的危险性评估工具并不具有一致性，国外虽然提出了一套合适的理论基础和评估原则，但是由于罪犯评估的特殊性，需 10 年甚至更长时间的追踪研究。危险性评估的目的在于查找到危险罪犯，控制其危险性和犯罪能力，从而保证社会安全。对于罪犯危险评估工具的使用，由于各个工具的预测效果不同，会因为使用工具的不同、罪犯的类型、研究者的身份以及研究的目的不同而不同。但是主要的内容包括：延长具有高度危险罪犯的监禁期、构建罪犯危险回应机制、确定危险罪犯标定与控制制度、对特定罪犯进行生物控制、实施矫正控制等。

但是，从执行效果来看并不理想，原因有两点：一是累犯加重造成监狱内押犯人数上涨，违反了罪刑法定原则。根据犯罪生涯理论的研究，罪犯随着年龄的增加，重新犯罪的可能性会下降。延长高度危险罪犯监禁期的表现形式主要是加重累犯刑罚。《瑞典联邦刑法典》第四十二条第一款规定，法官可命令对其执行保安处分来代替执行重刑或监禁刑；《意大利刑法典》第九十九条规定，又犯罪者可以对新罪科处的刑罚增加六分之一；《法国刑法典》第一百一十一条第一款规定，阐明了重罪、轻罪、违警罪的犯罪分层定例；《俄罗斯联邦刑法典》（1998 年修订）第十八条规定，对累犯在本法典规定的限度加重处罚；《日本改正刑法典草案》第三百四十八条、第三百九十九条规定，对常习累犯适用不定期刑；《南非犯罪法修正案》第一百零五条规定，对已经犯罪的罪犯，特别是曾经被定过罪的罪犯，使用长期的强制刑罚等。

二是特殊类型如性犯罪者应该重视其成长史、精神史、犯罪史，采取犯前干预，必要时进行医学治疗，预防其犯罪，而非简单的犯后隔离监督。刑罚执行中罪犯的危险回应机制基于罪犯危险评估建立相应的控制措施，危险较大的在监狱内监禁，危险较小的在监狱外服刑。危险越大监管越安全，监狱内设立隔离单元、监督中心。监督中心是用于关押被认为是危险的、最严重的具有破坏力的罪犯的设施，其完全独立于监狱的其他设施。《管理罪犯——减少犯罪》提出，将低度危险的罪犯放到社会上惩罚，中度危险的罪犯可以考虑适用社会刑。刑罚后预防监禁制度，是澳大利亚提出控制危险的制度，2003 年通过的《危险的性罪犯法》中指出，一旦罪犯被认定为“对社会有严重危险性”，个体将接受“不定期的监禁”或者“释放后接受监督”。美国《性暴力侵害法》规定，对于严重的性犯罪者，在刑满释放后押入精神性治疗设施。剥夺犯罪能力固然有效，但是从人道主义角度来审视，则忽略了犯罪人的基本生存权和发展权，一旦被标定为“危险罪犯”后，其污名化注定被监视、被排斥，此乃治标而非治本的方法。

3. 矫正范式下重新犯罪的防治

矫正预防犯罪模式有很多种，其中最典型的就是加拿大的 RNR 模型。该模型提倡，高风险的罪犯应该被投入更多的矫正服务，循证矫正的直接目的是降低犯因性需求，矫正项目应该与罪犯的能力和学习方式相适应。所谓犯因性需求是指通过干预可以改变罪犯的动态性、危险性因素，这些因素与罪犯的犯罪相关。犯罪性需要经过科学评估，与犯罪人以前服刑的情况、出狱后住宿、教育培训和就业、理财能力、人际关系、生活方式、社会联系、使用毒品等有关。各国矫正项目很多，如认知行为类矫正项目、社会交往技能类项目、情绪控制类矫正项目、家庭项目、生活能力帮助类项目等。

许多学者经研究验证，矫正强度需要与罪犯的危险性相适应，矫正项目只针对高危险罪犯有效，能够降低重新犯罪率，而对于低危险罪犯适用则会增加重新犯罪率。

各国开始重视起罪犯矫正，欧洲委员会关于矫正还提出过下列建议：矫正的主要原则是在保障罪犯的健康与做人的尊严的前提下，培养他们的责任意识、提高他们重新返回社会的生活能力，根据他们的需要给予帮助，以使其不再犯罪。矫正是为了减弱他们的耻辱感。根据上述目标，需要采取下列政策：推动职业教育活动的开展；为了使监狱系统矫正更有成效，完善罪犯与管理人员的信息交流与管理系统；建立监狱开放体制；根据不同的罪犯设计不同的矫正方案；促进罪犯参与矫正，与监管工作人员合作；推进教育项目的开展，发展图书馆的功效；发挥社区的作用，使用有条件释放系统。一是循证矫正项目发展迅速。根据华盛顿的相关研究得知，与传统矫正项目相比，循证矫正项目既能够减少再犯，还能够降低矫正成本，提高经济效益。在对认知行为项目进行分析时，研究人员发现，平均而言，这些项目预计可以减少 6.9%的累犯率。而在没有实施认知行为项目时，约 63%的罪犯将在随后的 13 年中再犯罪。对被矫正的罪犯而言，如果他参与了循证认知行为治疗方案，那么他的再犯可能性会下降至 59%。就该项目的经济效益而言，认知行为计划的成本平均每个罪犯在 60 小时内，花费的成本约为 107 美元/每个罪犯，但当累犯率减少 6.9%时将产生每人约 15469 美元的周期效益，因此，循证认知行为项目的平均净价值为每个罪犯 15361 美元。除了循证认知行为项目之外，很多特殊项目同样具有很好的矫正效果，如功能性家庭治疗和护士家庭合作预防计划。循证矫正在美国的司法实践中取得了良好的效果，无论是在观念还是制度上都实现了对传统矫正制度的突破。①

二是矫正项目是有效的，但是矫正项目的使用是有条件的。矫正项目的出现，实现了矫正方法的工具化。作为工具的矫正方法有使用条件，加拿大使用“理性化矫正项目”对 4072 名罪犯的研究表明，这一方法对性犯罪、暴力犯与毒品犯似乎很有用，释放后的 22 个月的跟踪也表明了这一点，但是这一方法对财产犯作用不明显。对财产犯来说，接受矫正的与没有接受矫正的没有多大差别。也就是说，理性化矫正项目不适用于财产犯，矫正项目的有效性是相对的，并非绝对的。英国于 1998 年引入加拿大的“认知技能项目”。这一项目的总目标是提高罪犯的自我控制能力，特别是情绪的自我管理。训练包括游戏、谜语、思维训练与设计用于提高人推理能力的讨论。

此外，矫正项目使用前需要进行评估。马丁森 1974 年的报告价值很大，其中一个价值就是：矫正并不必然产生效益。对矫正项目而言，虽然每个项目的设计都有其依据，但并非只要每个项目都达到了设计要求，就都具有了同样的矫正意义。不排除有的项目设计与效果背道而驰，对矫正有负面效果。根据理论与实践的需要，我们应当深入研究国际社会这些年的矫正理论成果，引入矫正需要评估概念、矫正项目概念，分析矫正需要评估技术、项目操作内容。在矫正研究中，需要特别注意矫正的原则，矫正需要坚持矫正需要原则、矫正危险原则，否则有可能导致矫正的无效。

20 世纪 90 年代，探索“什么措施管用”的运动促进了罪犯改造有效论的复兴。加拿大、英国等国家大规模推出了证据导向型治疗项目，矫正性治疗措施也受到生命历程理论中早期干预论点的挑战。相比之下，本书建议从个体整个人生发展的角度，采取更综合的重新犯罪防治措施，有助于将各种不同的防治范式结合起来，共同对付重新犯罪问题，形成一种以证据为导向的、人本主义的犯罪预防措施：“对付犯罪问题永远不会太早，也不会太迟。”②

---

① 廖天虎：《美国循证矫正制度及其借鉴》，载《人民检察》2018 年第 9 期。
② 刘建宏：《国际犯罪学大师论犯罪控制科学》，人民出版社 2012 年版，第 277 页。

（二）域外重新犯罪防治实践的经验

1. 重视开展犯罪统计调查与分析

重新犯罪统计是认识犯罪现象的量化工具。我们可以通过量化的犯罪统计分析，追求与达到对犯罪现象质的认识。再犯统计对于犯罪学研究的开展、司法裁判的作出以及刑事政策的制定均具有重要意义。

在日本，现有的犯罪统计主要是官方统计，即指刑事司法机关，包括警察、检察、审判行刑、保护等，在其活动过程中对出现的犯罪现象所作出的周期性的统计，形成了《犯罪白皮书》，于1960年创刊，由法务省所属机关——法务综合研究所每年公布一次。《犯罪白皮书》主要叙述有关犯罪动向、罪犯处遇、少年不良行为等刑事政策上的重要情况的统计、调查分析及对策，是研究刑事政策和犯罪治理的必不可少的文献。此外，日本法务省与相关部委和机构、地方政府和私营部门合作者合作，推动“预防再犯措施”，为犯罪或违法者提供了指导和支持，使他们不再犯罪。

在过去的20年中，欧洲及世界其他国家和地区日益重视对再犯行为的统计。很多国家甚至在本国范围内建立了常规的再犯数据收集制度。在欧洲，开展再犯数据收集的国家和地区包括英格兰、威尔士、苏格兰、法国、荷兰、斯堪的纳维亚、瑞士、爱沙尼亚。此外，还有一些欧洲国家进行隔离式的再犯数据统计活动。从世界范围来看，南美洲、亚洲和非洲的国家也开始逐渐重视在本国范围内进行系统性的再犯统计。在北美国家，不仅建立了常规的再犯统计机制，还专门设立了中央再犯登记部门。在澳大利亚，欧洲甚至因其在再犯统计领域所发挥的先锋作用而备受称赞和推崇。他们认为，再犯统计对于以实证为基础的刑事政策的制定和实施具有不可替代的作用。在欧洲范围内，为了尽可能地促进和提升再犯统计数据的一致性，以利于实现不同国家间再犯数据的有效比较，欧洲理事会对此专门成立了一个研究团体。欧洲理事会的这一举措也恰好符合了自身所确立的刑事政策策略，即特别注重恢复性刑事制裁与实践。[①] 由此可见，各国在重新犯罪数据收集和研究方面已经迈出了相当大的步伐。重新犯罪数据在刑事司法决策中变得越来越重要，而预防再犯行为的发生同样是联合国持续追求的政策目标。因

---

① 汉斯-约格·阿尔布莱希特、吴舟：《比较法视野下再犯统计的概念与潜在价值》，载《青少年犯罪问题》2016年第4期。

此，定期和持续地收集与分析重新犯罪数据，是重新犯罪预防的长期战略的证据基础。

2. 重视与强调重新犯罪预测

早期的犯罪预测，主要是针对犯罪行为的预防与治理工作展开，主要有根据犯罪人类学、生物学的观点，对可能实行犯罪的行为人进行分类，超前防控，也有根据刑事司法机关，尤其是缓刑假释机构设计的再犯预测表进行的缓刑犯、假释犯回归社会后是否会再犯罪的预测。这种预测具有极大的实用性，常常是缓刑和假释适用机构决定缓刑与假释的依据，也是矫正部门开展分级累进矫正工作的质量评估前提。

犯罪预测工作开展较早且具规模的国家，除欧洲的法国、意大利和德国外，主要是美国。犯罪学家希利长期倡导计量刑事学，他采用了一种所谓对每一个犯罪人的生活经历或“犯罪生涯”予以跟踪研究的方法，设计了“犯罪预测表”，并开展了对犯罪人的犯罪预测实验。比较有代表性的精算工具有：暴力风险评估指引（Violence risk appraisal guide，VRAG），重犯总体统计信息（the Generalstatisticalinformation for recidivism，GSIR），静态－99（the Staitic 99）等。[①] 第三代比较有代表性的评估工具有：监管水平评估修订版（LSI-R）和成长史—临床—风险管理暴力风险评估范式（HCR-20），再犯预测的目的从预测取向发展为矫正服务的取向。动态风险因素为矫正提供信息，并且能够评估矫正的成效，即矫正后罪犯再犯风险水平的变化。[②] 第四代具有代表性的评估工具有：暴力危险表（VRS）、水平测量/个案量表（LS/CMI）。“第四代工具的核心已经不在预测，而在系统性地评估和指导矫正。与其说第四代工具是再犯预测工具，不如说是降低再犯风险的指南。”[③]

然而，德国联邦法院在一项决定中指出，依据再犯数据对特定群体作出犯罪可能性的“结构性预测”，并不足以判断单个行为人的“人身危险性”。德国联邦法院进一步认为，法律需要“对所有决定罪犯的个性特征和他的行为的相关因素进行细致而全面的评价”，因此，我们需要“具有充分根据的个体性考察”。但是，作出“具有充分根据的个体性考察”的前提是数据性的预测工具确实能够对结构性基础风险的存在作出准确判断。需要指出的是，随

① 张庆斌、彭元春：《论再犯风险评估体系的重构》，载《犯罪与改造研究》2020年第6期。

② 陈伟民：《对我国再犯罪预测的思考》，载《中国监狱学刊》2010年第3期。

③ 同上注。

机抽样调查和研究并不能提供这类特定群体的相关信息，而只有综合性的、全国范围内的再犯数据统计能够达到此目标（正如德国在第三次再犯统计中所做的）。通过以上论述可以发现，在欧洲和其他地区，实施持续性的、国家范围内的再犯数据统计已经受到政策制定者们的不断关注和支持。尤其是在德国，其对于再犯行为的持续统计和记录可以修正当前从警察机关、公诉机关和审判机关获取的统计信息以及关于监禁刑和缓刑的系统性信息，从而为犯罪学研究人员提供更为广阔的研究领域，并进一步拓展到整个刑事司法体系。刑事法庭、法律执行机关和监狱管理部门都可以充分利用这些新的信息类型，预测和评估他们各自所作决定带来的后果和影响。先进的再犯统计方法、以统计数据为基础展开的分析研究所带来的国际经验，已经证明了它们对于犯罪学和刑事政策均具有重要意义。①

3. 注重犯罪预防规划

犯罪预防规划是指对未来犯罪预测的状况、特点和趋势，以及对犯罪预防工作（包括人、财、物的配置）在一定时期内作出的全面计划、部署与安排。犯罪预防规划应建立在科学的犯罪预测基础上。如果不根据犯罪的科学预测和分析制订预防计划，那么预防措施就无的放矢或者滞后于犯罪行为方式的变化与发展。犯罪预防规划是从根本上预防犯罪的措施和手段，保证犯罪预防措施切实、有效，有利于犯罪体系的系统协调。

联合国于 1960 年召开的第二届预防犯罪和罪犯处遇大会上就审议了关于社会变革与预防犯罪的关系问题，提醒发展中国家在社会发展中的犯罪问题，并建议将预防犯罪战略纳入国家发展规划之中。在第七届联合国预防犯罪和犯罪处遇大会上，不少代表团强调了将预防犯罪的战略列入全盘社会经济规划和社会发展规划的重大意义，认为预防犯罪的战略不仅要改进刑事司法制度，而且要注重从根本上解决广大群众的社会、经济、就业、教育和文化问题。这就需要运用一切有关的科学方法来综合处理犯罪问题和预防犯罪问题，最重要的是把预防和控制犯罪列入国家发展的总战略中，以求确保通过一种更全面的、有计划的方式来减少甚至消灭犯罪。② 第十四届联合国预防犯罪和刑事司法大会将“预防和减少再犯”作为会议重要议题，在《关于推进预防

---

① 汉斯-约格·阿尔布莱希特、吴舟：《比较法视野下再犯统计的概念与潜在价值》，载《青少年犯罪问题》2016 年第 4 期。

② 张燕玲编：《联合国预防犯罪领域活动概况及有关文件选编》，法律出版社 1985 年版，第 277 页。

犯罪、刑事司法和法治：努力实现〈2030 年可持续发展议程〉的京都宣言》中专门明确了“通过改造和重返社会减少再犯罪”，并提议各国制定减少再犯罪的示范战略。

4. 广泛开展犯罪尤其是犯罪原因及防治对策研究

对犯罪予以防治，是一种艰苦复杂的社会系统工程，如果没有科学的犯罪理论做指导，就只能是盲目与徒劳。鉴于犯罪及犯罪防治问题的复杂性，近代以来，西方国家一直都非常重视犯罪及犯罪防治问题的理论研究及其实践运用。可以这么说，西方近现代工业化、城市化和现代化进程的每一步，均有针对犯罪及犯罪防治对策的理论研究，并均依此建构成日益成熟与完善的社会和法律预防体系。

18 世纪中后叶，欧美各国均投入了巨大的精力，开展对犯罪尤其是犯罪原因的研究，力图通过对罪因的寻找，设计出更加有效的防治犯罪的新方法。在此背景下，不仅是法学家、矫正官员，一些自然科学家，如统计学家、人类学家、精神病医生也在达尔文进化论和近代医疗科学的巨大成就和鼓舞下，投入对犯罪科学的研究。犯罪人类学的创始人，科学犯罪学的缔造者——龙勃罗梭就是在这样的一种特殊的“环境”中应运而生。即使现在人们仍不会完全赞同“天生犯罪论”的理论观点，但其科学实证的研究方法，将犯罪问题的研究重心从犯罪行为转到犯罪人，认为刑罚的目的不再是单纯的惩罚，而是在于矫正，以及对不同类型的罪犯应采取不同的“治罪新方法”，关注累犯，其超前防治的理论，均赢得了认同，并为 20 世纪乃至更为久远的人类刑罚适用与执行活动，打下了深刻的烙印。① 龙勃罗梭的两位弟子——菲利和加罗法洛，更是继承了老师深究犯罪原因，探寻防治对策的理论研究的衣钵，并分别提出了犯罪原因“三元论”和针对“三元论”而有的放矢，但更倾向于社会预防的综合性预防理论，②以及“自然犯”和“法定犯”的区分，并强调法律控制与惩戒的法律预防思想。③ 伟大的刑法学家、犯罪社会学派的创始人李斯特更是以德国人特有的睿智、理性与哲理全面地研讨了人类犯罪行为的历史、罪因的结构及治罪的战略，提出了至今仍在发挥作用的犯罪原因“二元论”，刑罚应以矫正为目的的“教育刑”思想，倡导对未然犯罪行为人的保安处分

---

① ［意］切萨雷·龙勃罗梭：《犯罪人论》，黄风译，中国法制出版社 2000 年版，第 327—385 页。

② ［意］恩里科·菲利：《犯罪社会学》，郭建安译，中国人民公安大学出版社 1990 年版，第 57 页。

③ ［意］加罗法洛：《犯罪学》，耿伟等译，中国大百科全书出版社 1996 年版，第 89 页。

制度，以及治理犯罪的社会政策和刑事政策共用，“最好的社会政策是最有效的刑事政策”的新策略。①

进入20世纪以后，面对城市高犯罪率及所带来的危害，以及“二战”之后全球范围内的经济发展与犯罪增长呈同步态势的奇特现象，欧美和日本等国的学者更是倾尽全力研究城市化和经济发展与犯罪及防治犯罪的问题，而且取得了一系列的成果，为世界各国的犯罪防治提供了理论依据与可资参考、借鉴的方案。主要有美国芝加哥学派的城市生态学理论（包括“同心圆理论”、“社会解体理论”和“文化冲突理论”）、区位理论、亚文化理论、日常活动理论、差别接触理论和冲突理论，加拿大的城市地理环境犯罪学理论，澳大利亚的名城整合理论，以及专门论述现代化与犯罪关系的现代化理论。现代化理论是一种试图将世界许多国家的犯罪现象的形成和其发展变化情形与以工业化和城市化为主要特征标志的社会现代化进程相联系，并通过大量的实证性描述探讨两者之间的关系及其相互影响与作用的方式，形成了独树一帜的犯罪原因及防治对策理论。其代表理论有两种：一是美国著名犯罪学家路易斯·谢利的犯罪现代化理论，其核心观点为：（1）社会发展进程将犯罪现象从一个孤立的，主要是影响城市的社会问题拓展成为影响现代化社会整体的主要社会问题；（2）由于社会发展进程影响到世界上的新兴国家或地区，犯罪类型重复了在英国工业革命时期就已经发生的犯罪方面的变化；（3）现代化的一个重要标志是从以暴力犯罪占优势地位的社会，转变成为以日趋增多的财产犯罪为主要特征标志的社会；（4）社会发展进程的成熟程度，带来社会犯罪的相对稳定；（5）现代社会的日益城市化造成社会犯罪率的上升，并由此形成了与城市生活相联系的犯罪类型的鲜明特点；（6）社会发展类型不仅对犯罪率的高低、犯罪类型以及犯罪地域产生影响，而且对犯罪行为人人口的类别也具有非常重要的影响；（7）对未来社会发展变化趋势的预测，同样应当依据社会现代化带来的诸种因素的状况及其动态变化程度来作出；（8）社会犯罪现象发展变化是城市化和工业化进程的结果，因此预防和减少犯罪的途径和对策措施也只有从现代化进程的构成要素中去寻找。②

二是英国著名犯罪学家克利福德的发展犯罪学理论，其核心观点是：

① ［德］弗兰茨·冯·李斯特：《德国刑法教科书》，徐久生译，法律出版社2000年版，第17页。

② 王智民：《当代国外犯罪学概论》，中国人民公安大学出版社1999年版，第236—250页。

(1) 犯罪与发展之间既是内在紧密相连的，又是相互矛盾的，如果发展是事物的正面，那么犯罪就是事物的反面，我们现在正经历着这种正面与反面、发展与衰败的矛盾斗争过程，然后才能发展更高程度的社会整合；(2) 落后的发展中国家在发展过程中往往易产生贪污、腐败与违法行为，而发展带来的犯罪的另一个重要问题就是恐怖活动；(3) 越复杂、越有组织、越富有的社会只会产生更多而不是更少的犯罪；(4) 犯罪行为的本质使它只能部分地受到物质条件改善的制约，甚至如教育与卫生等事业如果不是全面、均衡地发展，则也会产生犯罪；(5) 发展应该是与社会公正、环境保护及生活质量等紧密相关的，社会规划制订者应该精细地求得社会发展和经济增长之间的平衡；(6) 发展必然带来犯罪的观点未免过于简单，但无计划地发展或不当地发展会导致犯罪的增长，尤其是将发展仅仅理解为生产更多的消费品或更多的物质生活水平，情况更会如此；(7) 不是城市化本身带来了犯罪，而是城市化的方式和速度促使了犯罪的增加，城市发展越快、经济越不平衡，城市中的犯罪危害也就越大；(8) 在犯罪预防方面，从宏观上说，各行业发展的方针与政策均要从犯罪预防方面进行协调；但从技术操作上说，需要将犯罪问题量化，以便更有针对性地采取预防措施；(9) "效能评估"是解决是否采用某项预防犯罪计划或政策的重要依据，用实验来检验犯罪预防的政策和计划方法为制订计划和政策开辟了新的道路；(10) 无论是社会与经济发展的总体规划还是各个领域的计划，都要充分考虑犯罪因素，对该范围的犯罪问题进行研究并制订犯罪预防计划，还要建立有关犯罪情况的信息制度，将情况和效果反馈给政策制定者，以改进制定犯罪预防与控制的规划。①

5. 高度重视与强调社区情境预防

基于对社会结构等深层次致罪因素的难以把握及根治，考虑到每个人生活的社区环境的致罪因素的直接性及可控性，以及任何一个犯罪行为均会发生在特定的时空环境或称为"犯罪场"（包括时间、空间、被害人等因素）之中，西方国家的犯罪学理论界及防治犯罪实务界的学者、专家，从 20 世纪伊始便将视角转向了城市社区环境，防治犯罪战略不是从犯罪人和刑罚制裁等方面着手，而是从社区和犯罪行为发生的微观环境着手，探讨、设计与落实各项预防和控制犯罪的方案、措施。

最早注意到区域社区的重要性，并试图从区域的组织化入手，来预防犯

① 戴宜生：《治安策论》，重庆出版社 1994 年版，第 99—116 页。

罪的是美国芝加哥学派的社会学者。肖和麦凯的社会解组理论，即芝加哥犯罪区位研究就是文化冲突的最佳论证。社会解组理论是美国最早发展起来的社会学理论之一。在犯罪学的意义上，社会解组理论的重要贡献是犯罪具有区域性差异。该理论提出了解释各区域/地区在犯罪率上存在差异的因果模型。即居住在高犯罪率区域的人，内化了区域内犯罪副文化的价值体系，使他的行为与外在的传统文化相冲突。新移民会受到其母国文化与美国行为规范的约束，两者容易发生冲突，从而产生犯罪行为。社会解组理论建立在迪尔凯姆的论点上，该理论认为快速的社会变迁会导致社会控制力量的崩溃，促发犯罪率的增长。肖和麦凯指出，低收入人群多、种群差异性大、人口流动率高是造成一个社区出现解组的三大结构原因，也是导致犯罪率高的重要原因。如果一个国家或者地区的低收入人群多，种族差异大，那么这个国家或者地区通常正在经历着快速的工业化和都市化，这些特点是该国家或者地区犯罪率升高的关键因素。社会解组理论提出的这些主张，为日后犯罪学家研究未成年人犯罪、团伙犯罪以及亚文化理论提供了一个重要的起点。从这一基本观点出发，芝加哥学派倡导的芝加哥地域计划旨在改进社区内的人际关系，重新组织社区的防治犯罪和非法行为的各种机制，消除容忍和助长犯罪的社区次文化，强化居民对犯罪的共同防止意识，以创造一个有利于青少年健康成长的社会环境。① 自 20 世纪 60 年代至 20 世纪 70 年代，由于美国犯罪数量的大幅度增长，使人们对刑罚的效果产生了怀疑，而对芝加哥的社区防范计划产生了极大的热情，不仅使社区组织化活动得以建构与加强，而且倡导更为广泛的社区群众参与性预防，甚至要求警察和社区密切合作，广泛参与社区防治犯罪活动、开设社区内的警察派出机构，成立邻里守望的防范团体，举办法治宣传等，使社区防治犯罪成为美国犯罪对策的中心。社区情境预防的措施有很多，主要涉及广泛发动社会各界的力量，科学、合理地规划高速公路建设，适度安排都市外延膨胀的规模和方向，增加道路、街区照明的亮度，减少街道死角，科学规划学校的规模，限制周边环境以及与居民社区的距离，合理设计老年公寓的布局、结构等切实可行的具体措施。从理论上归纳可分为：（1）环境设计，含建筑上的设计、照明、锁类、通道控制、身份鉴别；（2）邻里照看，含监视、公民巡逻；（3）一般威慑，含警察巡逻方法、量刑方法；（4）公众教育，含犯罪教育和职业培训；（5）私人保安。大多数

---

① 张金武、刘念：《犯罪学基础理论》，社会科学文献出版社 2017 年版，第 88—194 页。

犯罪专家将这些方案划入美国犯罪预防体系中的第一层次的预防之中。[①]

日本在第二次世界大战之后，向美国学习了犯罪学理论与防治实践等。但日本的社区防范与控制自有历史传统，其警察派出机构早于美国存在。日本的区域社会防治活动，是以派出所和驻在所，以及民间的犯罪防治团体和协会作为主力军。派出所和驻在所是警察机构的派出机构，以社区为其活动据点，目前在全日本约有 15000 个派出所和驻在所，其警察人员数约占全国警察总数的 40%。其活动内容主要为日夜巡逻、负责受理案件的告发、定期访问居民家庭、指导社区的防治犯罪活动、进行法治宣传等。日本的派出所无所不管，给老百姓带来了极大的帮助，从而赢得了社区的信赖与尊重，被公认为日本之所以能维持低犯罪率的重要原因之一。

美国学者约翰·格拉海姆和特雷弗·白男德在撰写的《欧美预防犯罪方略》一书中，用三分之二的篇幅介绍和评析了社区犯罪预防和情境犯罪预防。作者认为，“英国人在情境预防领域中先行一步，可谓开山鼻祖”。[②] 他们认为，社区犯罪预防包含两部分的内容：一是情境预防措施，二是以社区为本的预防犯罪系统工程。狭义的社区预防犯罪的措施，包括社区组织，社区防卫（居民巡逻、邻里守望），社区发展（改善建筑环境、住房管理与服务分散化、改善住房布局政策、社会与经济的复兴）等。情境犯罪预防是通过管理、设计等方式，建立一种特定的预防犯罪环境，在犯罪易发区或高发区，通过减少犯罪机会来预防犯罪。情境犯罪预防的三原则是：增大犯罪代价（目标加固、人口控制、转移犯罪、控制装置），增大犯罪的危险（正式监管、雇员监督、自然监督）和减少犯罪之所得（目标易懂、财产标刻、转移诱因、建立规则）。

6. 重视发挥警方在预防犯罪中的作用

警察是国家的治安行政管理机构及其工作人员，除了担负日常的治安行政管理及处罚工作之外，各国法律规定，警察还应担负起刑事侦查、破案及部分刑事执行的职责，在整个预防犯罪系统工程中处于十分重要的地位。因此，世界各国大多十分重视和发挥警察在预防犯罪中的作用，并赋予警方预防与控制犯罪的任务及责任。

---

① ［美］史蒂文·拉布：《美国犯罪预防的理论实践与评价》，张国昭等译，中国人民公安大学出版社 1993 年版，第 12—13 页。

② ［英］约翰·格拉海姆、特雷弗·白男德：《欧美预防犯罪方略》，王大伟译，群众出版社 1998 年版，第 65—92 页。

在美国，警察曾与社区的市民处于比较融洽的状态，这对预防和控制犯罪起到了很重要的作用。对于日常社区秩序的维护与治安防范，过去常采用徒步巡逻的方式进行，对增强社区居民的安全感有很大的帮助，但随着无线电通信及汽车的普及，警察逐步走向专业化和体制化，原来的徒步巡逻被接到报案后出动警车的方式所取代，警察和市民的距离越来越远。警察的职责变为专门抓犯罪人，而不再负责社区的防治犯罪活动。此种状况被普遍认为是美国在20世纪60年代至20世纪70年代犯罪数量剧增的重要因素，为此，美国警方接受专家与公众的建议，重新调整了警察在预防犯罪中的职责，具体从以下三方面开展预防与控制工作：（1）"TAP"控制法。"TAP"是Time of Arrival of Police的缩写，意即警察到达犯罪现场所需时间。该理论认为，到达犯罪现场时间的快慢对于预防犯罪起着重要的作用。在警察到达的这一时间总量"TAP"包括三种时间：一是发现犯罪的时间，即从犯罪开始到被发现为止；二是警察机构人员发现犯罪的时间，即从犯罪现场发现后到警察机构知道为止；三是警方人员到达犯罪现场的时间，又称警方反应时间（police response time），即从警方得到信息后到达犯罪现场为止。在这些时间内到达犯罪现场的速度越快，越易于制止、预防犯罪。[①]（2）不定区域搜索论（random area Search theory），意即预防与缉拿犯罪及罪犯应让警察等搜索力量在犯罪发生区域内增大发现犯罪事件和拦截犯罪人的频率，有利于预防与控制犯罪。为此，应实行徒步、自行车、骑马和驾车等多种巡逻方式，改善通信联络方式，不定区域、不定时间地全方位在社区面上巡逻与搜捕，以增强预防、控制与威慑效果。[②]（3）广设警察所。如美国密歇根的底特律市现在已设置了能覆盖全市社区的52个小警察所，由专职的警察组成。这些小警察所的主要任务是防止犯罪、展开巡逻、接待来访者，提供各种法治宣传与协商活动，以及和社区维持良好的关系。

在德国，从20世纪90年代开始的预防犯罪新措施，就十分强调对警察力量的依赖。新措施对警方预防犯罪的能力加强及建设性改造方案是：（1）充实警察力量以适应同日益严重的犯罪现象作斗争的需要；以考虑地方治安状况为主，居民人数为辅，调整警察设施。（2）吸收熟悉不同民族情况的外国后裔加入警察组织。（3）增加国家预防犯罪项目的经费。（4）调整警察值勤时间和人员部署，以使在犯罪高发区和高发期配备更多的警察。（5）在基层警

---

① 赵可：《资产阶级犯罪学关于预防犯罪的理论与实践》，载《中外法学》1986年第2期。

② 同上注。

察部门建立预防犯罪的机构，以利于与其他权力机关和社会组织的合作。[①]

在日本，警察是预防与控制犯罪的绝对骨干与核心。具体表现在：(1) 对社会面的治安管理与处罚；(2) 派出所深入社区，广泛开展社区预防；(3) 广设派出所，尤其是车站和闹市区，以给市民安全感，造成违法犯罪人员的心理压力，阻止街头犯罪；(4) 为公众服务，如收容迷路的儿童、喝醉酒的人和精神病患者，负责管理遗失物的认领，给路人指路，等等。但老百姓遇到问题都可以找警察，也都可以得到某种较满意的回答。此外，警察提高破案率，对于打击控制犯罪、增大刑罚的威慑力、削弱违法犯罪人员的侥幸心理，具有巨大的功能性作用。

① 赵国玲：《德国预防犯罪的新措施》，载《犯罪与改造研究》1992 年第 1 期。

第五章
重新犯罪预防现代化的路径探索

为应对当今犯罪情势的变化，我国重新犯罪预防现代化应当构建以习近平法治思想为治理指引，以推进监狱教育矫治、社区矫正和安置帮教一体化为关键，以“大智云物移”前沿科技为支撑，以法治工作队伍建设为治理动力的现代化格局。我国重新犯罪预防现代化在方法、逻辑、制度和经验维度上面临着诸多实践要求，主要包括科学化和法治化相结合、数字化和应用化相结合、犯罪预防和刑事运行相结合、国家治理和社会治理相结合、本土自觉和国际视野相结合。

一方面，我国重新犯罪预防现代化应该纳入国家治理现代化的战略布局中，构建现代化的预防体系，从矫正预防的单一性拓展为社会预防、公民预防、政府预防的多元化模式。同时从“犯罪惩罚治理”转向“恢复性司法”体系的构建，重视罪犯与被害人关系的修复，关键是要转变观念，树立以人为本、预防为主的司法理念。另一方面，在新时代，如何实现从强调报应的刑罚功能向重新融入的预防功能转变，如何从事后威慑向事前预防转变，如何完成从单纯的刑事矫治向多元社会处遇的转变，将是全社会共同面临的难题。本章结合前面文献综述和荟萃分析，从微观、中观、宏观、核心层面探讨我国重新犯罪预防现代化的实现路径。

第一节　宏观层面：重新犯罪预防现代化的应然性探讨

一、重新犯罪预防现代化的战略意义

(一)重新犯罪预防现代化是新发展阶段社会安全稳定的客观要求

有学者提出，经济发展与犯罪呈“远正近负效应论”趋势①。重新犯罪访谈发现，经济因素与重新犯罪密切相关，无论是国家宏观经济的转型，还是公民个体收入的差距，都会直接反映在犯罪率的变化上，特别是“人民日益增长的美好生活需要”。只有通过有效地减少、预防和控制犯罪，才能实现最广大人民的安居乐业。公安部公布的统计数据显示：社会整体刑事案件数量下降，公安机关刑事案件立案总数 2017 年为 5482570 起、2018 年为 5069242 起、2019 年为 4862443 起、2020 年为 4780624 起。其中盗窃犯罪率从 2019 年的 46.44%降到 2020 年的 34.69%，诈骗犯罪率从 29.49%上升到 40.07%，呈现稳步上升的趋势。② 人民法院审理一审刑事案件数量，2017 年为 1294377 件、2018 年为 1203055 件、2019 年为 1293911 件，呈现波动式微调。但是从罪犯群体来看，人民法院审理刑事案件罪犯数量，2017 年为 1268985 人、2018 年为 1428772 人、2019 年为 1659550 人。③ 因此可以发现刑事案件立案数量下降，刑事一审案件数量趋于平稳，但是刑事案件罪犯数量却呈现快速上升趋势，说明参与刑事案件犯罪人数增加，团伙性犯罪增加。盗窃罪始终是社会毒瘤，刑事案件占比最高。但是诈骗罪发展迅猛，从公安

① 周路：《当代实证犯罪学新编——犯罪规律研究》，人民法院出版社 2004 年版，第 87 页。

② 《中国统计年鉴》，载国家统计局网，http：//www.stats.gov.cn/tjsj/ndsj/，最后访问时间：2021 年 10 月 2 日。

③ 同上注。

立案的诈骗刑事案件看，2019 年为 1433831 起、2020 年高达 1915429 起。[①] 诈骗案发生在社会的方方面面，直接侵犯公民的财产安全。因此，当前犯罪态势仍然严峻，特别是新型犯罪、集团犯罪、重新犯罪等，建立国家整体重新犯罪预防战略，不仅预防刑满释放人员再犯罪，而且预防潜在的犯罪人，利用国家、社会多方资源，共同实现预防和减少重新犯罪的目的。

（二）重新犯罪预防现代化是系统观念指导下多方协同的对策体系

重新犯罪预防并非依靠刑事司法机关，而是靠国家和社会共同参与、综合施策。首先，需要了解重新犯罪者的成长经历、犯罪史、犯罪产生的原因与条件。其次，筛查出风险因素，针对犯罪原因和条件，采取社会政策、刑事政策、经济政策等综合控制和防止犯罪因素，在犯罪防治对策相互作用过程中，发挥综合预防功能。比如，以社区为基础的犯罪预防、以家庭为基础的犯罪预防，以及监禁矫正预防等，对于社会关系和社区地位因监禁受到干扰的罪犯，社会服务和社会监督等替代性措施甚至更有效，因为以机构和社区为基础的预防措施可以更多地关注罪犯动机、就业等动态风险因素，全面解决并帮助其重新融入社会。例如，法国制订“博勒麦松”（Bonnemaison）项目，荷兰制订“社会和犯罪”（Society and Crime）计划、英格兰和威尔士制订“犯罪减少计划”（Reduction Programme）[②]，将“预防犯罪”和“罪犯重新融入社会”相结合，将犯罪预防置于社会实践中发挥作用。由此，预防重新犯罪最关键的是罪犯重返社会，这需要刑事司法机构和社区机构以及社会大众的合作，综合战略涉及多级政府、跨机构和部门的协调以及社区资源的引入、社会力量的参与，通过协助罪犯重新融入社会、改善社区安全，达到预防重新犯罪的目的。此外，国家财政投资回报率也是重新犯罪预防计划战略的考量指标。例如，在美国伊利诺伊州，为充分支持重新犯罪罪犯融入社会计划，伊利诺伊州量刑委员会（SPAC）对罪犯监禁成本和收益进行计算，结果显示：每个纳税人重新定罪的成本平均为 151662 美元[③]，并考虑

---

① 数据来源：国家统计局网站，https：//data. stats. gov. cn/easyquery. htm？cn = C01&zb = A0S0B&sj =2023，最后访问时间：2024 年 6 月 11 日。

② ［澳］亚当·苏通、阿德里恩·切尼、罗伯·怀特：《犯罪预防：原理、观点与实践》，赵赤译，中国政法大学出版社 2012 年版，第 58 页。

③ Illinois Sentencing Policy Advisory Council：*Illinois Results First*：*The High Cost of Recidivism* 2018 *Report*，2018. Retrieved from <https：//spac. illinois. gov/publications/cost-benefit-analysis/high-cost-ofrecidivism-2018>. ［2021-1-9］.

17%的被监禁人将在一年内重新犯罪，而43%的人将在三年内重新犯罪①，到2023年，可能达到130亿美元②。该委员会估计，仅将累犯降低一个百分点，就可能为伊利诺伊州每年节省1000万美元。③ 美国对于罪犯监禁成本和收益的精准计算为我们提供了可借鉴的结论和解决问题的思路，虽然我国没有进行重新犯罪司法资源成本和融入社会救助成本的经济学比较，但是从尊重和保障公民权利角度而言，积极帮助刑满释放人员回归社会，也是我国全面推进依法治国的应有之义。

（三）重新犯罪预防现代化是实现刑罚目的，保护罪犯重新融入社会的必然选择

如前文所述，罪犯的重新犯罪率仍然很高。比如，英国监狱重新监禁率达到70%，④ 虽然监狱帮助罪犯在矫正期间取得了效果，但是仍不能解决罪犯出狱后因社会融入失败而重新犯罪的问题。域外一些国家也认识到预防犯罪的重要性——“没有解决重犯问题的有效措施，任何预防犯罪战略都是不完整的”⑤，并且将罪犯重返社会纳入刑事司法程序的目标，成为综合犯罪预防战略的组成部分。联合国标准和规范也明确“罪犯改过自新并成功融入社会是刑事司法的目标之一”。⑥ 域外国家重视通过犯罪特殊预防来保障罪犯的合法权益，如日本《犯罪者预防法》、英国《感化犯人法》等，不同处遇制、

---

① Lyon, E.: *Illinois Calculates the High Costs of Recidivism*, 2019. Retrieved from https://www.prisonlegalnews.org/news/2019/feb/5/illinois-calculates-high-costs-recidivism. [2021-7-2].

② Illinois Sentencing Policy Advisory Council: Illinois Results First: The High Cost of Recidivism 2018 Report, 2018. Retrieved from <https://spac.illinois.gov/publications/cost-benefit-analysis/high-cost-ofrecidivism-2018>. [2021-3-2].

③ Illinois Department of Corrections: "Annual Reports", www.illinois.gov (Illinois Department of Corrections), accessed 20 September 2020. [2020-12-5].

④ Travis, A.: "Reoffending rates top 70% in some prisons, figures reveal", *The Guardian*, 4 November 2010. Available from www.guardian.co.uk/uk/2010/nov/04/jail-less-effective-community-service. [2021-1-8].

⑤ 例如，在北爱尔，众多政府机构和其他利益团体重视罪犯安置；在美国，联邦“第二次机会”计划旨在授权地方当局和社区解决罪犯重返社会的问题；在加拿大，省级和国家级的社区矫正服务已经存在多年，社区和其他政府机构通过促进罪犯重新融入社会来防止累犯；在澳大利亚，罪犯再入狱管理计划多年来一直是惩教环境的一部分；在新加坡，“重返社会官”的新职能正在监狱部门内部发展，其任务是与社区组织密切合作。

⑥ 例如，《公民权利和政治权利国际公约》第10条第3款规定：“监狱系统应包括对囚犯的待遇，其基本目标应是改造和康复。”《儿童权利公约》第40条第1款强调，“缔约国应承认促进儿童重返社会，并承担在社会中的建设性作用”。

更生保护制都成为重新犯罪预防的基本制度，将罪犯自由和权利保护作为内在价值，将社会公共安全保障作为犯罪预防的外在价值。联合国《2030年可持续发展议程》明确“为了有效减少再犯罪，刑事司法系统必须采取措施，确保罪犯作为有生产力和守法的公民恢复正常生活和重新融入社会”。[①] 此外，美国学者安德森运用经济学，对犯罪和重新犯罪成本进行核算，成本包含：犯罪相关的经济生产活动（非法经济的危害）、机会成本（未从事合法就业的社会损失）、生命和健康的风险损失和犯罪转移的成本，以及逮捕和矫正犯罪人的监狱资源成本和受害者成本等。成本计算研究显示，美国犯罪带来的净成本一年高达1兆6660亿美元，约占美国当年度GDP的17%，显而易见，犯罪带来的社会经济成本相当大，给国家社会带来的经济影响值得重视和改善。[②] 因此，以国家战略的形式明确重新犯罪预防计划和策略不仅有助于罪犯出狱后的权利保障，减少社区安全风险，减少受害人，减少刑事司法系统的压力，降低其成本，而且符合联合国制定的标准和世界法治整体发展趋势。

二、重新犯罪预防现代化的战略转变

（一）观念的转变：控制到预防

刑罚的报应论和预防论在学术界争论不休，一度是此消彼长的关系。对于重新犯罪、累犯和再犯，我国走出了一条从“严打”到“打防并举”到“社会治安综合治理”再到“共建共治共享的探索”之路，前文详细阐明我国20世纪80年代，犯罪率持续上升，在“依法从重从快惩处严重刑事犯罪活动的方针”下开始严打活动，特别是1983年以后明确“三年一次严打”，依法“从重从快，一网打尽”的政策号召下，1986年刑事案件发案率下降了35.9%。[③] 我国比较重视犯罪控制的“严打模式”，严打作为专项活动，快捷迅速，整治力度大、见效快，成为我国刑事政策系统的重心。但是，在历次严打和专项行动下，我国犯罪率上升的态势并没有得到有效遏制，人民意识

① 周勇：《有效减少重新犯罪的全球经验及启示》，载《中国司法》2021年第8期。

② Anderson, D. A.: “The Aggregate Burden of Crime”, *The Journal of Law and Economics*, Vol. 42, No. 2, 1999, pp. 611-642.

③ 刘守芬等：《刑法文化与犯罪预防控制的研究》，中国人民大学出版社2012年版，第299—300页。

到严打只是高压态势下控制犯罪的手段之一，只能解决阶段性最突出的治安和犯罪问题，并没有触及犯罪根源问题。1991 年，中央政法委员会成立，确立了“打击、预防、改造”三方针，社会治安综合治理成为一个系统工程，做好社会治安和维护社会稳定工作。从客观层面讲，社会治安综合治理的方针符合多元犯罪原因论，能够起到控制犯罪的效果。社会治安综合治理委员会的撤销体现了在国家现代化治理视域下，治理体系和治理能力的现代化，犯罪已经由“打击犯罪”转化为“预防和打击并重”，统筹整合各方面资源优势，推动平安中国建设，让人民群众的获得感、幸福感、安全感得到保障。① 实证调查结果显示，在刑罚体验的报告中，重犯群体服刑后有的“感到害怕”、有的“不怕，还会犯罪”等，暴露出刑罚效果对重犯对象的差异性，特别是有些重刑犯在自评报告中选择“不怕，下次一定不会被抓”等选项，不仅矫正效果不明显，反而使侥幸心理和反社会人格增强。因此，一味地严控、打击不仅无法触碰到罪犯的内心，也无法就犯因进行精准化的矫正。结合实证调查统计，矫正无效性恰恰在于过度关注犯后惩罚，而没有在第一次监狱矫正期间就开始分类关押、分类教育、分类处遇。如果罪犯初次犯罪入监就能在其罪犯个性化评估和预测基础上建立科学有效的分类、分押、分管、分教，那么第一次监狱教育改造就会很有成效，其重返社会后再次犯罪的概率就会大大降低。因此，只有制订好每名罪犯的矫正方案和目标，才能真正构建以重新融入社会为目标的预防体系。从宏观层面讲，预防犯罪不仅是刑事司法机构的工作，还要通过各种形式加强对中国特色社会主义核心价值观的引导，大力开展法治宣传教育，营造知法、学法、懂法、用法的良好氛围，加强社会综合管理，创造公平竞争的营商环境，健全社会监督体制，强化刑罚执行效能，净化执法环境，对高风险群体适当地采取特殊预防，运用科技信息技术，云端监督、智能监督等，通过政府机关、社会组织和公民个人形成合力，群防群治、将专门机关和社会力量结合，构建科学、完备的预防重新犯罪体系。

（二）范式的转型：从特殊到一般

犯罪预防通常有两个研究范式：一种范式是关注犯罪现象，即犯罪人的犯罪行为，采取特殊预防范式，通过重视犯罪人来预防犯罪；另一种范式是关注犯罪产生的原因，采取一般预防范式，通过重视控制普遍犯罪原因的规

① 张文显：《习近平法治思想的基本精神和核心要义》，载《东方法学》2021 年第 1 期。

律来预防犯罪。① 我国学者提出动态平衡理论，总结犯罪发生的外在关系与因素，如“财产性外在因素与关系、个体与社会联系的疏离、道德的式微、不公平、高消费的生活、犯罪暴露度下降、文化发展失衡”。② 如前所述，我国专项犯罪治理手段，采取针对特殊犯罪现象的方式虽然短期内能取得明显的效果，但是高压过后、专项整治后，新犯罪高峰又会出现。

结合我国重新犯罪实证调查结果，尽管特殊预防聚焦在刑事执行场域内，但是预防工作却要在刑事执行场域之外。如前分析，从重犯群体纵向的生命历程可以发现，早期不良越轨行为、违法同伴交往以及家庭暴力经历都与日后犯罪有关，如果能提前对有犯罪倾向的未成年人采取有效干预，阻断犯罪条件，就能起到有效的预防作用。同样，刑满释放人员出狱后两年内，特别是六个月内是违法犯罪的高峰期，能否顺利融入社会，是防止刑满释放人员重新犯罪的关键。一般性犯罪预防不应该只关注刑事司法系统的内部预防活动，更应该关注整个社会环境、犯罪现场、犯罪成长史，形成宏观与微观、动态与静态相结合的犯罪预防模式。因此，转变犯罪治理的范式，既要重视对犯罪现象的抑制，又要重视犯罪的原因，特别是要提前采取措施阻断犯罪条件，将有限的资源投入最重要、最有效的环节，从而取得最大的效益。重新犯罪预防不能仅停留在理论层面，还要应用于重新犯罪治理实践中，将理论付诸实践，积极探索预防策略的运作机制，创新切实可行的具体措施，才能形成前后衔接、相互配套的重新犯罪预防体系。③

（三）策略的转变：从犯罪惩治到权利的保护

重新犯罪预防通过犯罪惩治和刑罚威慑能够发挥刑事司法的作用，但是如果强化对罪犯合法权利及被害人权利的保护，则既能够有效预防罪犯重新犯罪，也能防止被害人再次遭受侵害。因此，惩治与保护相结合，在一定程度上显示了我国法治文明的进步和法治水平的提升。如前所述，如果罪犯的权利在监狱矫正阶段没有得到充分的尊重则会加重“犯罪人格”的形成，同样，如果被害人的权利在被侵犯后没有得到及时的维护则会诱发“犯罪人格”的转化。从事先预防、有效预防的角度来看，一方面，尊重和保障罪犯的合

① 刘守芬等：《刑法文化与犯罪预防控制的研究》，中国人民大学出版社2012年版，第357页。
② 翟中东：《犯罪控制——动态平衡论的见解》，中国政法大学出版社2004年版，第180页。
③ 刘守芬等：《刑法文化与犯罪预防控制的研究》，中国人民大学出版社2012年版，第357页。

法权利，帮助他们重新融入社会，形成法治信仰和法治意识。解决基本生存困难问题，不再因贫困等生存基本权利受损而犯罪。加强全社会的人权教育，执法人员在执法过程中规范执法、有效监督，社会公众逐渐减弱前科歧视，社会救助和社会福利适当向弱势群体倾斜。另一方面，保护被害人的合法权利，通过特别诉讼程序，让被害人参与到诉讼中，并且享有维护自己合法权利的救济途径和机制。德国犯罪学家亨蒂曾指出，被害人经济状况的不平等，会导致其对犯罪人及其亲属和社会产生敌对情绪，实施犯罪行为，导致逆变的发生，即从被害者向犯罪者的方向转化。① 因此，国家、社会和罪犯同样对被害人负有救助和帮扶的义务。国家会对冤假错案的受害人给予赔偿，同样，国家也会补偿特殊犯罪被害人，特别是对被判死刑的罪犯无法赔偿或者因特殊犯罪损害很大的被害人，能够避免被害人生活窘迫，以此恢复犯罪损害的社会秩序，弥补公众对司法的信任。此外，社会力量参与被害人救助和支持，社会广泛支持对于帮扶被害人起到重要作用，如特殊性犯罪需要对被害人进行心理疏导、残疾类被害人需要生活救助等。综上，从人权保护的角度来看待重新犯罪问题，当尊重和保障人权成为社会普遍意识时，社会治安更加稳定、社会环境更加包容，预防和减少重新犯罪成为共识，罪犯和被害人也都相应减少，最终实现国家的法治文明。

三、重新犯罪预防现代化的战略内容

（一）立法上：完善重新犯罪预防的法治化

“犯罪预防”的价值逐渐被世界各国的决策者和执政者发现，其不但采取较少的投资赢得较高的效益，并且在保护社会公众利益方面发挥了重要作用，取得了显而易见的效果。于是，其他国家也纷纷制定以犯罪预防为基石的政策措施。② 联合国制定《预防犯罪和刑事司法标准和规范》，对于刑事司法标准和预防犯罪提供系统指南并指明方向。据了解，日本对重新犯罪预防比较

---

① 参见韩轶：《被害人量刑建议权的建构与被害人转化为犯罪人》，载《山东警察学院学报》2012 年第 6 期，第 36—37 页；于鹏：《浅议对特殊群体被害人的保护——以性犯罪被害人为主要切入点》，载《中国政法大学学报》2017 年第 4 期。

② ［澳］亚当·苏通、阿德里恩·切尼、罗伯·怀特：《犯罪预防：原理、观点与实践》，赵赤译，中国政法大学出版社 2012 年版，第 140 页。

重视，专门制定预防重犯的法律——《再犯防止促进法》和《犯罪者预防更生法》；加拿大制定《有条件释放法》，明确帮助罪犯重返社会。如果将“重返社会”作为可持续发展的目标，那么为了实现这一目标，刑罚执行就需要从单纯的强制性惩罚模式转向康复性回归社会模式。因此，需要从修改我国《监狱法》、完善犯罪附随后果相关规范、适时制定《重新犯罪预防法》三个方面稳步推进。

一是《监狱法》自1994年通过后沿用至今，诸多内容亟待修改，结合本次重新犯罪深度访谈，在重新犯罪群体和未重新犯罪群体数据对照中，不断发现监狱矫正环节存在的问题，除体制机制问题外，最重要的是顶层设计，即立法宗旨的修改。如前所述，刑事司法系统罪犯重新融入社会对于减少重新犯罪至关重要，特别是风险需求响应模型确定了再犯罪相关动态风险因素，即犯罪需求要通过治疗加以解决，“响应性”的认知行为疗法被证明为最有效的治疗措施。① “犯罪停止理论”认为，“给罪犯支持帮助他们更积极看待自己”，鼓励他们找到希望，并通过关注家庭关系和就业来帮助他们建立新的亲社会身份。② 在实证访谈中有些罪犯表示“适应社会非常困难”、遭受“家庭排斥”“社会歧视”“生存困难”等，只能“进监狱养老”，都反映出刑满释放人员融入社会需要家庭、社会、政府的共同努力。“重新融入社会”在联合国相关文件中多次被强调，如《东京规则》《女囚犯待遇规则》《曼谷规则》等，都鼓励调整干预计划和治疗措施，清除罪犯重新融入社会的障碍，并强调志愿者和社会资源参与罪犯改造与重返社会进程的重要性。日本专门出台《更生人士保护法》、德国出台《重返社会法》、美国出台《出监人重返社会法》等，体现以罪犯康复和融入社会为目的的刑事执行理念。因此，综合国内情况和国际趋势，建议将我国《监狱法》立法目的修改为“促进罪犯重新融入社会，预防和减少犯罪”。一方面，体现监狱矫正的目的，促进罪犯重新融入社会。另一方面，体现对罪犯权利的尊重和保护，出狱人保护本身就是加强对刑满释放人员的救助和安置，保障其基本生存权和发展权，是国家人权保护的体现。

二是完善前科制度。根据标签理论，罪犯一旦被贴上“犯罪人”标签，就很容易受到其影响，自我塑造为“真正的罪犯”，容易诱发重新犯罪。根据

---

① Bonta, J. & Andrews, D. A.: *The Psychology of Criminal Conduct*, 6th ed., New York, Routledge, 2017.

② United Nations Office on Drugs and Crime (UNODC): *Introductory Handbook on the Prevention of Recidivism and the Social Reintegration of Offenders*, Criminal Justice Handbook Series, Vienna, 2018, p. 8.

前面有关调查显示，27%的重新犯罪罪犯释放后在工作和生活中遇到明显的歧视，因歧视找不到工作的人员占15%。重犯群体职业调查统计显示，犯罪前6个月内无业、失业的重犯占49%，有稳定工作的占38%，临时工或其他占16%，42%的重犯人员表示不愿意工作，可见部分人员重犯群体中就业率很低，就业欲望不强。[①] 我国《刑法》第一百条规定前科报告制度[②]、《刑事诉讼法》明确犯罪纪律封存制[③]、《刑法修正案（八）》规定的未成年人前科报告义务免除制度，将前科制度纳入刑法体系，主要是出于对未成年人保护制定相应的封存和报告义务免除。[④] 但从实证调查来看，重新犯罪群体80%以上是成年人，不适用前几项制度，如何消除前科带来的负面影响，成为重新犯罪预防重点关注的问题。我国《刑法修正案（九）》第一条和《刑法》第三十七条之一规定，因利用职业便利实施犯罪，或者实施违背职业要求的特定义务的犯罪被判处刑罚的，人民法院可根据犯罪情况和预防再犯罪的需要，禁止其自刑罚执行完毕之日或者假释之日起从事相关职业，期限为三年至五年。被禁止从事相关职业的人违反人民法院依照前款规定作出的决定的，由公安机关依法给予处罚。与此同时，食品安全法、药品管理法、未成年人保护法、教师法、道路交通安全法等多部法律法规对从业禁止作出规定。[⑤] 从业禁止规定虽然对保护法益公平有利，但是事实上将前科人员排除在就业竞争之外。虽然按照目前的从业禁止规定，限于警察、法官、检察官、律师、教

---

① 四川省监狱管理局课题组：《四川省刑释人员重新犯罪问题探析》，载《犯罪与改造研究》2020年第5期。

② 《刑法》第一百条规定："依法受过刑事处罚的人，在入伍、就业的时候，应当如实向有关单位报告自己曾受过刑事处罚，不得隐瞒。犯罪的时候不满十八周岁被判处五年有期徒刑以下刑罚的人，免除前款规定的报告义务。"

③ 《刑事诉讼法》第二百八十六条规定："犯罪的时候不满十八周岁，被判处五年有期徒刑以下刑罚的，应当对相关犯罪记录予以封存。犯罪记录被封存的，不得向任何单位和个人提供，但司法机关为办案需要或者有关单位根据国家规定进行查询的除外。依法进行查询的单位，应当对被封存的犯罪记录的情况予以保密。"

④ 王贞会：《罪错未成年人司法处遇制度完善》，载《国家检察官学院学报》2020年第4期。

⑤ 根据《刑法修正案（九）》第一条之规定，从业禁止制度有以下四个方面的主要内容：一是适用对象为法院评价其可能再次利用职业便利实施犯罪，或者实施违背职业要求特定义务犯罪的人。二是禁止期限方面，禁止犯罪人自刑罚执行完毕之日或者假释之日起从事相关职业，期限为三年至五年。三是违反的不利后果，一般由公安机关作治安处罚，情节严重的以拒不执行判决、裁定罪定罪量刑。四是特殊法优于一般法，其他法律、行政法规对"职业禁止"另有具体规定的，适用其规定。《刑法》第三十七条之一明确规定了从业禁止制度。依据该条款，因利用职业便利实施犯罪，或实施违背职业要求的特定义务的犯罪被判处刑罚的人，人民法院可根据犯罪情况和预防再犯罪的需要，禁止其自刑罚执行完毕之日或假释之日起从事相关职业，期限为三年至五年。

师这些特殊行业有其客观性和合理性，但是其他行业出于安全等因素考虑，要求开具“无犯罪记录证明”，这样就把有前科历史的人员全部排除在外。在国外，根据美国 2008 年的调查，罪犯刑满释放后因前罪受到歧视被辞退的有 1.5 万人到 170 万人，导致当年生产损失 57 亿美元到 650 亿美元。[①] 罪犯的前科记录不仅影响自身就业，还会导致贫困和再犯的恶性循环，直接影响家庭和社区，罪犯的“污名再生产”衍生出的危害还会波及罪犯家属和子女。前科消灭制度的阻断因素就是重新犯罪，对于轻罪初犯和未成年罪犯应设置相应的前科消灭制度，对于职务犯罪、严重刑事犯罪者可以保留前科制度。综上所述，前科制度应该进行限缩，针对具有高风险的罪犯保留前科制度，对于其他前科人员，可以分情况采取前科消灭或者封存制度，最大限度地发挥消灭前科制度的积极作用，体现国家对罪犯人格尊严权利的保障。据此，在相应的法律中予以适当的修改和调整。

三是制定《重新犯罪预防法》。日本于 2016 年制定《防止累犯法》，明确了预防再犯的原则，中央和地方明确了再犯预防措施。2017 年，又制定《再犯预防计划》，包括 7 个重点问题和 115 项具体措施，强调其在就业、福利、住房等方面的重要性，为此日本有 500 多个私营或公营企业参与进来，支持罪犯改造并重新融入社会。[②] 如前所述，重新犯罪群体融入社会难是多元因素的结果，如社会排斥、污名化、就业难、没有稳定住所、没有收入来源等。因此，从行刑一体化来看，监狱行刑社会化、社会处遇行刑化、监禁刑和社区矫正有效衔接，而《重新犯罪预防法》正是从顶层设计的角度，完善行刑一体化，以社会帮教、政府扶持、家庭支持为一体，由预防犯罪管理部门统筹政府资源、社会资源和志愿者资源，为重犯对象提供持续支持和服务，鼓励公私企业多方利益加入，激活各方不同领域的力量，从而获得社会公众的支持和理解。从顶层设计出发，将“减少重新犯罪和改善就业安置有机结合起来”，将罪犯置于更广泛的社会背景中，完善罪犯重返社会的法治保障，在住房、就业、培训、刑事司法改革等方面给予帮扶。通过顶层设计，发挥两

---

① Buckner, C. & Barber, A.: *The Price We Pay: Economic Costs of Barriers to Employment for Former Prisoners and People Convicted of Felonies*, 2020. Retrieved from <https://cepr.net/report/the-price-we-pay-economic-costs of-barriers-to-employment-for-former-prisonersand-people-convicted-of-felonies/>. [2021-3-2].

② Someda, K.: “An international comparative overview on the rehabilitation of offenders and effective measures for the prevention of recidivism”, *Legal Medicine*, 2009.

方面的作用，即一方面，有效干预监狱矫正，保证重犯人员具有就业能力，做好释放后顺利回归社会的准备，保障刑满释放人员的基本人权；另一方面，有效预防重新犯罪，监督和帮扶并重，形成对刑满释放人员包容和挽救的理念，策略上以预防为主、治理为辅，维护社区安全稳定，增强人民群众的安全感和幸福感。

（二）司法上：维护重新犯罪预防的公正化

完善刑事司法标准和程序，从量刑体系、少年司法适用、轻罪治理和减刑假释制度等方面入手，是重新犯罪预防体系的一部分，对于增强人民群众获得感、幸福感、安全感，具有重要意义。

一是量刑对重新犯罪具有影响力，以毒品类犯罪为例。美国量刑委员会研究了 2005 年服刑后从美国联邦监狱释放或者判处缓刑的罪犯，8 年内有 49.3%的罪犯因再次犯罪被逮捕、31.7%的罪犯被重新定罪、24.6%的罪犯被重新监禁。其中，重新逮捕率最高的是贩毒、盗窃和违反公共秩序罪。罪犯犯罪历史与重新犯罪率密切相关，21 岁之前释放的罪犯重新逮捕率最高为 67.6%，60 岁以上重新逮捕率为 16%；2005 年释放的罪犯中，3 年内重新被捕率为 67.8%，5 年内被捕率为 76.6%；被判监禁罪犯的再逮捕率最高为 52.5%，被判缓刑罪犯再逮捕率为 35.1%。[①] 这些调查结果与本文实证调查结果显示的规律一样，即初犯年龄越小，重新犯罪率越高；60 岁以上的老年人，重新犯罪率最低；重新犯罪率与犯罪初始年龄成正比；重新犯罪率最高的是贩毒和盗窃，缓刑重新犯罪率远低于监禁刑。可见，罪犯的犯罪历史和释放回归社会的年龄与重新犯罪犯罪率最密切相关。

不同的是，美国 1984 年《量刑改革法案》中有关罪犯犯罪历史的规定对重新犯罪产生巨大影响。[②] 其中，“严重的暴力犯罪”采用的是《美国量刑指南》中关于“职业犯罪”累犯部分的规定。罪犯年龄在 70 岁以上，服刑期不低于 30 年，并经过监狱局局长证明不再对他人有侵害性的，便可以获得假释。[③]

---

① U.S. *Sentencing Commission's* 2005 *Recidivism Release Cohort Datafile*, *RECID*05. *Of the* 25, 431 *cases in this study*, the Commission excluded cases from this analysis that were missing information necessary to perform the analysis.

② 《美国联邦法典》第 18 篇第三千五百五十九条规定，累计三次以上严重的暴力犯罪或严重的毒品犯罪的定罪，处终身监禁。转引自肖吕宝：《结果无价值论之评析》，载《刑法论丛》2009 年第 3 期。

③ 王文华：《中美累犯制度比较研究——以美国“三振出局法”为视角》，中国法学会刑法学研究会 2005 年学术年会论文集，第 211—222 页。

但是我国《刑法》第八十一条第二款规定，累犯不得假释，没有例外情形。据访谈发现，70 岁以上释放的老年人，重新犯罪率很低，且该类人员继续在监狱服刑的司法成本远远高于假释的成本。因此，笔者认为，对于 70 岁以上的老年人，如果服刑时间超过 25 年，则可以借鉴美国的做法，优先适用假释或者保外就医。此外，对于重新犯罪者的犯罪次数和犯罪经历，在进行量刑评估时，可以统一标准。标准依据我国司法大数据和我国重新犯罪官方大数据平台，经过周密计算和评估后，综合量刑指标，让重新犯罪者体会到重新犯罪带来的刑罚严厉性、监狱处遇的差异性、释放后帮扶的递减性。

二是借鉴毒品法庭经验，对“重型毒瘾”者在量刑中予以特殊评估。不同于我国对毒品犯罪的严管态势，美国设立毒品法庭，法官负责召集心理、医疗等专家，由法院持续对成瘾者的戒治情形加以监督，帮助其戒除毒瘾并回归社会，有效解决再犯问题。① 美国学者通过荟萃分析检验毒品法庭对再犯预防的有效性，假设对照组成员重新犯罪率为 50%，那么毒品法庭参与者再犯率仅为 38%。② 尽管预防再犯效果远不如认知行为疗法有效，但是“治疗司法”的理念对于刑事司法观念的转变起到了促进作用，毒品法庭为让毒品成瘾罪犯从“惩罚”导向转为“治疗”导向，由专门的毒品法庭团队参与，向高风险毒品罪犯提供有效地减少再犯解决方案。据了解，美国成人毒品法庭有 1300 个，有 4200 个解决药物滥用等问题的专门法庭，包括少年毒品法庭、酒后驾车法庭等。除了美国，也有其他国家设立毒品法庭，包括澳大利亚、新西兰、挪威和牙买加。③ 虽然我国没有设立毒品法庭，但是借鉴国外经验，可以针对“毒瘾”特别严重的罪犯以“康复治疗”代替“严刑峻法”，这种司法理念的调整可以使重新犯罪预防取得更好的效果，也是对特殊群体健康权和生命权的保护。④

三是调整减刑、假释、暂予监外执行的适用。随着轻罪的扩大，短刑犯激增，短期刑带来很多问题。据报道，我国进入轻罪时代，判处不满三年有

① 宋英辉、李瑾：《美国毒品法庭的透视与思考》，载《兰州学刊》2015 年第 12 期。

② Wilson, D. B., Mitchell, O. & Mackenzie, D. L.: “A systematic review of drug court effects on recidivism”, *Journal of Experimental Criminology*, Vol. 2, No. 4, 2006, pp. 459-487.

③ National Drug Court Research Center: *Drug treatment court programs in the United States*, *Washington*, *DC*: *Author*, 2019. *Available* at https://ndcrc.org/database/.

④ 据了解，毒瘾强烈的罪犯多伴随其他身体疾病，重型病概率较大。转引自王文华：《中美累犯制度比较研究——以美国“三振出局法”为视角》，中国法学会刑法学研究会 2005 年学术年会论文集，第 211—222 页。

期徒刑及以下的刑罚案件，从2000年的53.9%升到2018年的76.8%，再升到2020年的77.4%。[①] 如前调查统计显示，刑期与重新犯罪率呈现“U”形变化状态。罪犯对三年内刑期的刑罚体验感比较明显；中间会进入适应期，罪犯已适应监狱生活；随着时间推移，在接近刑满释放前，罪犯又会有刑罚体验感，产生面临回归社会后的无助与焦虑。但是对于短刑期罪犯，以三年为例，他们第一年焦虑，第二年适应，第三年同样面临回归社会的焦虑。监狱带来的教育矫正、劳动改造、心理矫治等难以发挥疗效，带着未改造好的犯罪倾向，面临社会回归困难的问题，难以适应后再犯罪。监狱矫正项目对短刑犯帮助不大，减刑、假释有服刑时间规定，不适用于短刑犯，造成短刑犯的改造积极性差。为更好地发挥刑事奖励作用，可以适当调整假释规定，对于短期刑犯、社会危害性不高的，经过再犯风险评估后，可以适当扩大假释，通过假释考验期继续加强对他们的监管、改造。同时，《关于加强减刑、假释案件实质化审理的意见》规范了减刑、假释工作，结合重新犯罪的规律和特点，减刑对于重新犯罪的效果受到多重因素影响等，让公众对于减刑效能产生怀疑。综合比较减刑和假释的成效，刑事司法可以逐步“扩大假释”，便于刑满释放人员融入社会并减少重新犯罪。

四是完善少年司法适用。《刑法修正案（十一）》将法定刑事责任年龄下调至12岁，虽然对实施恶性作案的“低龄作案者”[②] 能够起到威慑和惩罚作用，但是从犯罪预防角度来看仍需要多视角分析。如前所述，无论是我国重新犯罪调查有关文献还是国外重新犯罪数据都显示，初犯年龄越低，重犯率越高，初犯年龄与犯罪生涯有显著关联性。那么，刑事责任年龄降低到12岁，会对触犯法律的未成年人日后产生多大的影响？12岁到14岁的未成年人犯罪，罪名上仅限于故意杀人罪和故意伤害罪，程序上必须经最高人民检察院批准，秉持刑法的谦抑性，体现了以“教育为主、惩罚为辅”的刑事政策，最严重的“依法进行专门矫治教育”。但是从犯罪预防角度来分析，12岁以下初犯人数极少，虽然媒体作为重大事件曝光后引发社会广泛关注，但根据数据统计，未成年罪犯大多集中在16岁至18岁。结合深度访谈统计分析，童年早期家庭关系、父母教养方式、学校表现、成长经历、违法同伴交往、

---

① 《判处不满三年有期徒刑及以下刑罚案件去年升至77.4%》，载澎湃新闻，https：//baijiahao.baidu.com/s？id=1693651348061777137&wfr=spider&for=pc，最后访问时间：2021年4月8日。

② 肖建国：《“低龄作案者”刑事责任年龄的探究》，载《〈上海法学研究〉集刊（2019年第10卷 总第10卷）——上海市法学会社会治理研究会文集》2019年版，第12页。

人口学特征、心理特征、不良行为等都会对未成年人是否实行犯罪行为产生显著影响。恶性犯罪事件背后通常有重要的“病因”，一方面，从事后惩罚教育矫治的角度，风险因素分析、需求和响应对其进行专门矫治；另一方面，从保护和预防再犯的角度，注重对未成年人隐私的保护，避免标签化和污名化。虽然法律明确规定对16岁以下未成年人犯罪适用非犯罪化、非刑罚化和非监禁化的处置，但是16岁至18岁是未成年人犯罪的高发期，应依据犯罪差异承担不同的刑事责任。未成年人犯罪，如果不能针对犯罪产生的关键诱因进行精准施策，如不能远离违法交友朋友圈、不改变严重的越轨行为、不更换滋生犯罪的成长环境等，再犯风险仍然较大。因此，刑事司法只是挽救未成年犯的最后一道屏障，更重要的是事先预防和事后教育矫治，建立完备的少年司法制度。

五是量刑时对轻罪对象的司法适用。如前所述，有专家提出，我国进入轻罪时代，该时代的犯罪治理应该彻底摒弃严打重刑思维，从宽严相济转向以宽为主的刑事政策，刑罚应整体趋轻，更多地关注“入罪和出罪的协调”和“制裁多元化”。[①] 根据有关报道，我国社区矫正从2003年开始试点，在此期间，社区矫正对象的再犯罪率只有0.2%。我国监禁刑与非监禁刑适用比例严重失衡。[②] 不同国家适用“社区矫正”存在很大差异，通过对2016年囚犯总数与“社区矫正”总人数信息的比较，发现一些国家较少适用缓刑，如阿根廷、澳大利亚等，一些国家社区矫正人数是监狱人口的三倍，如德国、波兰等（见表8）。

表8 域外社区矫正人数统计（2016年度）[③]

国家	囚犯人数（人）	社区矫正人口（人）	社区矫正人口占囚犯百分比（%）
阿根廷	85283	3433	4
澳大利亚	42492	14298	33

① 卢建平：《轻罪时代的犯罪治理方略》，载《政治与法律》2022年第1期。

② 《司法部：累计解除社区矫正对象411万，再犯罪率0.2%》，载澎湃新闻，https：//baijiahao.baidu.com/s? id=1654137298311792222&wfr=spider&for=pc，最后访问时间：2019年12月30日。

③ The project seeks to collect data from the fifty countries in the world that have the highest prison population (presumably on the assumption that these countries would also use make extensive use on probation). However, data on probation is apparently available only from 38 of these 50 countries. See http：//www.globcci.org/prisonPopulationMap/prisonPop2Map.html.

续表

国家	囚犯人数（人）	社区矫正人口（人）	社区矫正人口占囚犯百分比（%）
加拿大	41145	101716	247
智利	49063	58198	119
哥伦比亚	118925	57099	48
法国	70710	174510	247
印度尼西亚	248389	55000	22
意大利	59135	59554	100
日本	55967	15278	27
哈萨克斯坦	33989	22500	66
秘鲁	82023	16110	20
波兰	73524	290000	394
俄罗斯联邦	582889	423092	73
南非	158111	70356	44
西班牙	59087	55342	94
土耳其	232886	292406	126
乌克兰	56246	63944	114
英国	83014	190439	230
美国	2121600	4650900	219
越南	130002	47000	36

由此可见，监禁刑和非监禁刑的博弈是一种复杂的现象，刑罚特殊预防功能，以监禁刑为主导的刑罚执行方式能够有效惩罚和改造罪犯，预防犯罪，维护社会稳定，但是对轻罪而言，短期刑（1 年以下）和非监禁刑执行方式相比，以重新融入社会和减少重新犯罪率为目标，社区矫正模式更有效。为此，国外一些学者开始展开相关研究，如学者韦明克，适用匹配样本方法，比较短期监禁（6 个月）后重新犯罪率与社区服务判决后的再犯率，发现判处社区服务人员的重新犯罪率是短期犯罪的一半。[①] 2019 年尤赫涅夫斯基等

① Hilde, W., Blokland, A., Nieuwbeerta, P., Nagin, D. & Tulear, N.: "Comparing the Effects of Community Service and Short-Term Imprisonment on Recidivism: A Matched Samples Approach", *Journal of Experimental Criminology*, Vol. 6, No. 3, 2010, pp. 325-349, available at https: //www. rug. nl/research/portal/files/14462106/2010-WerminkHComparing. pdf. [2023-1-8].

学者通过比较社区服务与短期监禁刑的影响得出结论：被判处社区服务的罪犯的再犯罪率低于被判处短期监禁的罪犯。[①]因此，从预防重新犯罪、帮助罪犯融入社会效果看，社区矫正适用效果更好，同时根据罪犯个体年龄差异、犯罪史等情况，如果老年犯、未成年犯、精神疾病等弱势群体罪犯实施轻罪，裁定社区矫正成效更明显。但是，监禁刑除了具有可以惩罚、改造罪犯的特殊预防之外，还具有一般预防的效果，特别是满足刑罚判决的严重性、确定性和迅速性后，刑罚威慑力大大加强，因此针对不同犯罪情况，量刑裁判时多方评估，实现法庭分流，就能最大限度地发挥司法资源的效能。

（三）执法上：强化刑罚执行的规范化

刑罚执行场域是罪犯回归社会的起点，监狱和政府相关部门应当从入狱服刑阶段开始，围绕刑满释放人员再社会化目标，从加大政法干警培训力度、规范执法等方面强化刑罚执行规范化，对于提高刑罚执行效能，帮助刑满释放人员顺利融入社会具有重要的意义。

一是加大政法干警培训力度，强化执法规范化，执法普法相结合。警察对于预防犯罪的意义和作用不言自明，在社会大众眼中，警察是社会秩序的维护者，是公平正义的代表。从侦查阶段，即犯罪嫌疑人正式进入司法程序开始，警察在逮捕、拘留、审讯中对待犯罪嫌疑人的言行举止代表着司法公正和国家刑罚机关的形象。根据个别访谈发现，“不懂法、不知法”是重新犯罪的原因之一。重犯群体普遍表示，希望在监狱服刑期间多开展法治教育，可见法律知识的普及和宣传很重要。特别是当前预防性刑法立法趋势扩大的情境下，新增罪名越来越多，相应的司法解释也在不断增加，给服刑人员了解法律并遵守法律带来了难度。因此，按照“谁执法，谁普法”的法治宣传要求，从侦查、起诉、审判到执行，将法治宣传贯穿整个司法过程，让犯罪嫌疑人、被告、服刑人员、刑满释放人员都能接触到、了解到法律规定和相关知识，帮助他们知法、懂法、守法，这既是司法文明的表现，更是对这些人法律权利的保障。

二是警察的工作之一是遏制犯罪，那么是否意味着警察数量越多，犯罪预防的效果越明显呢？犯罪预防包括一般预防和特殊预防，针对重新犯罪对

---

① Denis, D., Wolf, A., Blackwood, B. & Fazel, S.: “Recidivism rates in individuals receiving community sentences: A systematic review”, PLoS One, Vol. 14, No. 9, 2019, available at https://journals.plos.org/plosone/article/file?id=10.1371/journal.pone.0222495&type=printable. [2023-11-13].

象的特殊预防意义更大。“问题主导警务”，类似于循证犯罪预防模式，即找准犯罪问题的危险诱因，有针对性地开展警务工作，从而减少犯罪。比如，夜间照明、街道巡逻等，对轻微违法行动和“破窗”采取“零容忍”的执法策略，使其得到有效的遏制。但这同时也带来了另外的问题，如警察增加、轻微违法逮捕率的增加，执法投入大量成本和资源，警察费用、补贴费用、设备费用等成本累积，或者轻微违法犯罪行为减少，被逮捕人增加，司法资源被进一步占用。由此可见，对我国警察而言，通过增加警察数量来预防街头犯罪并不可行。以上海为例，充分利用智能监控系统“飞碟”进行实时监控后，交通事故同比下降27%，有效缓解了警察压力。① 经国外验证，社区警务模式不是增加警察的数量，而是注重通过科学证据，提前甄别出犯罪热点、犯罪地图、犯罪风险因素，或者针对重点人群、高风险人员，集中警力，利用好电子资源，对于预防重新犯罪起到更好的效果。

三是监狱内政法干警执法规范化对于矫正起到积极作用。一方面，在减刑假释案件实质化审理中，监狱警察作为证人出庭，陈述罪犯改造情况。这既是对罪犯减刑、假释案件客观公正的保障，也是对罪犯悔过自新的法治教育，还是对监狱警察执法的监督和同监狱其他罪犯的警示教育。另一方面，对社会公众扩大执法公开的途径。据报道，深圳监狱首例监狱警察就罪犯减刑假释案件出庭作证取得了良好的社会效果和法律效果。② 从政法干警违纪违法问题看，人情、关系等严重腐蚀其执法司法公信力，教育整顿后两高两部先后建章立制，从源头上规范政法干警的执法行为，阳光执法、加大执法监督和惩罚力度，这对于社会公正风气的形成，法治的信仰、重新犯罪群体法治意识的培养都起到了良好的作用。因此，在惩罚和改造监狱重新犯罪群体时，警察必须自身严格执法、公正司法，带头遵纪守法。

（四）守法上：完善刑满释放人员的人权保障

随着近年来我国经济的发展和社会治理的进步，监狱中轻罪犯的比例不断增加，暴力型重罪犯比例降低。最高人民法院官方发布的数据表明：随着

---

① 《上海交警推广智能监控系统》，载公安部官网，https：//www. mps. gov. cn/n2255079/n4242954/n4841045/n4841055/c5534195/content. html2016niN12，最后访问时间：2016 年 12 月 9 日。

② 《深圳监狱警察首次以证人身份出庭，减刑假释案件实质化审理》，载《深圳特区报》，https：//baijiahao. baidu. com/s? id = 1725449422231545162&wfr = spider&for = pc，最后访问时间：2022 年 2 月 22 日。

经济的高速发展，居民收入的逐渐提高，机动车辆进入千家万户，危险驾驶罪的案件数量也出现剧增，2021 年以来危险驾驶罪排名刑事案件数之首，案件量达 28.5 万件；[①] 随着网络技术的发展，网络犯罪也在不断地增加，其中，同样作为轻罪的帮信罪，其案件数量增长速度惊人，居我国 2021 年刑事犯罪案件的第七位[②]。由此可知，上述现象直接会使轻刑罪犯数量激增，造成监狱出现拥挤甚至人满为患的现象。监狱工作改革创新需要实现由底线安全观向治本安全观转变。治本安全观，一言以蔽之，就是把罪犯改造成为守法公民。[③] 因而，我们更应注重对监狱内罪犯的改造，最大限度地保障其基本人权。

伴随着法治现代化，众多法律，如《宪法》《刑事诉讼法》《反有组织犯罪法》《社区矫正法》等对"尊重和保障人权"作了明确规定，从而彰显对人权保障与权利保护的重视。《监狱法》第七条第一款明确规定"罪犯的人格不受侮辱，其人身安全、合法财产和辩护、申诉、控告、检举以及其他未被依法剥夺或者限制的权利不受侵犯"。

一方面，监狱具有尊重和保护罪犯合法权利的义务。从惩罚与改造罪犯的功能出发，以人为本，不断完善罪犯的人权保障，切实提高监狱对罪犯的矫正教育能力，实现服刑人员的再社会化，为罪犯的生存和发展提供保障，是我国监狱工作从传统走向现代的显著标志。监狱罪犯是一个特殊的权利主体，其依法享有的公民地位并不因犯罪而丧失，相反，基于其特殊身份，法律确认并保护其特殊的权利主体地位和权利内容，具有鼓励并促进服刑人员改造的意义。因此，完善罪犯权利保障制度，对不断提高罪犯的教育改造质量，降低监狱刑满释放人员的重犯率，具有重要的现实意义。

另一方面，社会形成尊重和保护刑满释放人员合法权利的氛围。一个国家对社会弱势群体的保障水平反映出整个社会的权利保障状况，罪犯刑满释放后既是合法公民，也是弱势群体。重新犯罪预防现代化的实现必须回应刑满释放人员对自由权利保障的期待，使刑满释放人员在法治现代化的过程中安全感、幸福感和获得感不断增强。实现和维护刑满释放人员的合法权利，帮助其更好地融入社会，是防范重新犯罪的重要举措。首先，营造包容接纳的社会氛围。刑满释放人员独特的心理结构特质需要全社会维护其人格尊严，

---

① 詹红星：《变与应变：刑法修改与监狱工作的创新》，载《犯罪与改造研究》2021 年第 1 期。

② 詹红星：《终身监禁的宪法维度》，载《河南财经政法大学学报》2017 年第 5 期。

③ 《司法部长谈治本安全观：把罪犯改造成守法公民》，载北青网，https：//www.sohu.com/a/219383315_ 255783，最后访问时间：2024 年 2 月 1 日。

从社会舆论上给予包容接纳，使他们感受到家庭、社会和国家的温暖，重新开始新生活。其次，加大教育改造成果宣传力度，有效利用新媒体宣传监狱教育改造和安置帮教工作成效、刑满释放人员在监狱学会谋生技能后勤劳致富等典型事例，提高安置帮教工作社会知晓度，形成全社会广泛参与的浓厚氛围，逐步消除社会对刑满释放人员的歧视和偏见。最后，落实“谁执法、谁普法”责任制要求。发挥监狱、社区矫正机构案例资源和实践经验丰富的优势，针对新型犯罪、隐性犯罪等典型案例，开展以案释法、针对性普法，引导刑满释放人员和社会潜在犯罪人员远离违法犯罪，实现法治教育和预防犯罪的法律效果、社会效果的最佳联动。

第二节　中观层面：构建重新犯罪预防的系统化

减少重新犯罪对于提高公共安全和实现可持续发展至关重要。① 基于“如何有效减少重新犯罪”的战略计划，依据“发展预防理论”“情境预防理论”“社会预防理论”“循证预防理论”，结合我国国情和重新犯罪抽样访谈统计结果，重点关注刑事司法领域内的重新犯罪预防的现代化。

一、理念上：行刑矫正实现以“康复”为核心的转变

刑罚制度的目的之一，就是“矫正和改造罪犯，有效降低罪犯重新犯罪的风险”。对于罪犯的改造不仅涉及监狱管理还包括监狱之外，以康复为核心思想的转变，带来刑事执行系列的变革。从“风险需求响应”的 RNR 模型（旨在减少再犯的矫正干预模型），到“美好生活”的 GLM（good lives moder）模式（旨在帮助罪犯获得美好生活），行刑不仅仅为了惩罚犯罪，还是为了改造罪犯，实现刑事一体化思想下我国重新犯罪预防的理论与实践的融合。

---

① ［加拿大］欧文·沃勒：《有效的犯罪预防——公共安全战略的科学设计》，蒋文军、梅建明译校，中国人民公安大学出版社 2011 年版，第 10 页。

基于“循证医学模式”的循证矫正引进到矫正领域，提高矫正科学性；基于心理学的康复愿景矫正模式引入矫正领域，以罪犯利益优先的康复模式成为更好的罪犯改造范式，将罪犯改造目标从“改造罪犯维护社会安全”提高到“提升罪犯幸福感和能力”的转变。美国学者沃德提出，康复计划让罪犯具备“满足他们的需求，追求他们的利益能力，从而过上幸福、充实的生活”。[①] GLM 的康复理念与我国“增强群众获得感、幸福感 、安全感”有相似的价值取向。罪犯康复理念就是基于积极心理学和人本主义理论，人都有积极向上的性格和潜力、激发自我改造的动力。华德和玛琳娜提出“价值观在康复理论中发挥着重要的作用”[②]，康复的过程也可以视为价值观改造的过程，尊重罪犯的自主权并纠正错误的价值观，自主萌发亲社会的身份意识。康复矫正背后遵循着人本理念，是尊重和保障罪犯权利的体现，即基于对罪犯人权的尊重，保障其过上有尊严的生活，在维护社会安全稳定与保障罪犯人格尊严之间寻求平衡，确保罪犯享受应有的选择权和福利权。因此，以康复为核心的矫正范式强调罪犯自我改造的理论，“响应罪犯的特定兴趣、能力和愿望，并指导从业者制订干预计划，帮助罪犯获得能力并获得相关的内部和外部资源，以实现对个人有意义的目标”。[③]

二、目标上：刑事执行实现以“有效性”为核心的转变

从侦查、起诉、审判、执行四个环节进行分析，基于刑事司法运行程序，通过四大机制共同决定“犯罪场”预防和“犯罪机会”阻断，制定有效防止重新犯罪的政策。刑罚的及时性和确定性，能让其威慑作用更大。潜在犯罪人被视为“理性犯罪人”，基于理性选择理论，刑满释放人员作为曾经受过刑罚体验的人，犯罪目的性更强。特别是他们在犯罪之前进行惩罚成本和犯罪收益的比较，犯罪决策的发生可能并非最佳决策，也无法预估刑罚程度，但是犯罪目的性是确实存在的。为了实现犯罪预防的价值，可以从减少机会的

---

① Ward, T.: “Good lives and the rehabilitation of offenders: Promises and problems”, *Aggression and Violent Behavior*, 7, 2002, pp. 513-528. Ward, T.: “The management of risk and the design of good lives”, *Australian Psychologist*, 37, 2002, pp. 172-179.

② Ward, T. & Maruna, S.: *Rehabilitation: Beyond the risk paradigm*, *New York*, NY: Routledge, 2007, p. 7.

③ Casey, S., Day, A., Vass J. & Ward, T.: *Foundations of offender rehabilitation*. New York, NY: Routledge, 2013.

角度来实现预防犯罪的目标，如增加感知的风险，减少预期回报。预期惩罚受到惩罚确定性、惩罚有效性、惩罚力度的影响，而司法机关的破案率、起诉率和判决率决定了惩罚有效性。因此，刑事司法程序增加有效性对于预防“理性犯罪人”重新犯罪具有重要作用。在我国刑事执行的实践中，可以通过加强惩罚的确定性、提高惩罚的有效性、实现惩罚的预期性，促进刑罚执行效能的提高。

首先，加强惩罚的确定性。可以通过加大法治宣传、开展精准性普法教育，让违法犯罪的成本量化。例如，媒体曾经报道一则公安宣传标语，“轻微伤、轻伤、重伤的打架成本和打架附加成本”，以拘留时长和罚款量化标准警示群众不要打架，起到了很好的效果。① 秉持“谁执法、谁普法”的理念，除公安机关外，法院、检察院和刑罚执行机关都有执法权，有义务向犯罪嫌疑人进行普法宣传，针对犯因和罪行释法明理，在整个刑事司法环节不断提高犯罪嫌疑人的法律思维，增强法律意识和法律信仰。

其次，提高惩罚的有效性。在刑事一体化理念下，刑事司法体系各个环节需要密切配合。比如，侦查阶段，通过增加警察数量或者采取“问题导向”的警务或者社区警务模式，提高拘捕率和破案率，从而提高惩罚的及时性。起诉阶段，完善检察调查取证程序，特别是在依法“少捕慎诉慎押”的刑事政策下，犯罪形势体现出轻罪化，需要调整司法政策和监禁处遇矫正项目，形成宽严相济刑事政策下，对轻微犯罪依法“少捕慎诉慎押”的一体化运行机制，形成合力。但是针对恶性特别大、犯罪次数特别多、危害程度特别大的重新犯罪，惩罚的力度应当与其造成的伤害相关。审判阶段，犯罪动机和犯罪历史纳入量刑评估范围，即“罪有应得”；但同时也应该对其造成的伤害予以弥补，特别是对被害人关系进行修复。执行阶段，依据罪行阶梯，实施相应的分级惩罚制度。

最后，实现惩罚的预期性。以重新犯罪人是理性犯罪人为基础，犯罪行为恰恰是“成本—收益”博弈的理性选择结果，是在分析犯罪成本+预期惩罚成本后，作出重新犯罪的选择。但是，理性选择理论受到了批驳，如激情犯罪、冲动犯罪等，对重新犯罪群体而言，其认知行为和反社会人格等都是其决策成本中的内容，决策并非达到完全“理性”，而是“足够好”或者“满

① 《派出所贴了条爆笑标语，火了：警察叔叔帮你算笔账》，载 https：//www. sohu. com/a/272652540_ 456094，最后访问时间：2021 年 3 月 2 日。

意”的程度，重新犯罪人的决策可能受到认知偏差、情绪环境、个人价值观等一系列因素的影响，从决策者角度来判断，其犯罪行为情境中的合理性受到自身特质的限制，达到他自认为的“足够好”。因此，基于理性选择的观点，通过提供一种确定犯罪发生条件的方法，“像对待理性行为一样”进一步发展出预防犯罪活动的新方法。①

三、程序上：实现监狱改造、社区矫正和安置帮教一体推进

在刑事执行一体化视角下，预防重新犯罪是一项社会系统工程，是维护社会和谐稳定的源头性、根本性、基础性工作。完善集成联动的刑罚执行一体化体系，把监狱改造、社区矫正、安置帮教作为整体来抓，有效预防和减少重新违法犯罪。监狱改造、社区矫正与安置帮教融为一体，纳入国家治理体系和社会治理现代化工作中，实现大墙内外资源共享，监狱社会双向互动，最大限度地预防和减少重新犯罪。

监狱改造、社区矫正和安置帮教一体化工程，是监狱职能向社会延伸、行刑社会化的举措，缩短罪犯矫正教育与融入社会的距离，增强安置帮教的针对性和有效性，促进罪犯顺利回归社会，实现监狱教育改造与社会安置帮教双向延伸和相互支持。监狱与社区矫正机构，在执行监禁刑和非监禁刑过程中，形成相互协作、相互配合、相互支持的统一刑罚执行体制和工作机制。监狱依法将提请假释、暂予监外执行的罪犯，在获得人民法院裁定生效后或者监狱主管机关批准后，移送社区矫正机构接受矫正，完善相关衔接工作机制和平台，有助于增强监狱行刑和社区矫正整体工作合力，特别是在当前轻罪治理背景下，扩大假释的趋势愈加明显，实现监狱改造与社区矫正合作，不仅体现了宽严相济刑事政策的威力，而且促进了刑罚执行制度的有效实施。围绕行刑使命，监狱应当在惩罚犯罪、实现惩罚预防方面有更大作为；社区矫正罪犯，在实现社会预防犯罪方面有更大作为；安置帮教顺利帮助刑满解矫人员回归社会，三者共同致力于预防和减少重新犯罪。②

首先，监狱作为预防重新犯罪的首要环节，起到了前置性把关的作用，

---

① ［英］理查德·沃特利、［澳］迈克尔·汤斯利：《环境犯罪学与犯罪分析（第2版）》，董见萌、陈鹏、侯冬尽、朱冠宇、郭雅琦译，清华大学出版社2021年版，第50页。

② 安徽省刑事执行一体化研究课题组：《监狱行刑与社区矫正一体化机制研究》，载《安徽警官职业学院学报》2019年第4期。

促进罪犯改造由监狱内向监狱外转换。形成从入监罪犯摸底评估的“向前延伸”，到监狱罪犯惩罚改造的“向外延伸”，再到出狱后刑满释放人员安置帮教的“向后延伸”，实现预防重新犯罪的全链条。一是“向前延伸”，全面准确掌握罪犯信息。收押罪犯信息采集渠道，确保罪犯信息及时、准确和全面。通过对所有信息进行横向、纵向比较，探索总结罪犯重新犯罪的规律性、共性、特性等因素，增强教育矫正的针对性和实效性，同时建立有效预防犯罪和重新犯罪的预警机制。二是“向外延伸”，健全内外联动机制，帮助罪犯重新融入社会，将社会资源充分利用到监狱改造工作中，实现监狱与社会的有效对接，如创新出监教育，创新“中途之家”帮教机制，借助社会力量对服刑人员进行教育帮扶、心理矫治、职业技能培训等，帮助服刑人员增强职业技能本领、提高社会适应能力。三是“向后延伸”，巩固改造成果。积极为刑满释放人员搭建就业平台，畅通信息对接和共享机制，建立和完善刑满释放人员危险性评估，将重新犯罪风险高的刑满释放人员列为重点安置帮教对象，无风险或者风险较低人员列为一般安置帮教对象，实现安置帮教期限和帮教管理的差别化，提高安置帮教的有效性和针对性。①

安置帮教需要监狱和社区矫正机构的配合，建立刑满释放人员衔接、帮教、保障一体化运作机制，才能有效减少和预防其重新犯罪。做好刑满释放人员信息衔接是防止脱管、漏管，降低刑满释放人员重新犯罪的前提，需要建立监狱、安置帮教机构、村（居）委会、刑满释放人员家庭和亲属为基础的衔接机制，落实刑满释放人员出监后与社会的无缝对接。依据监狱提供的再犯危险性评估报告和刑满释放人员个人情况，实施科学的分类帮教措施，动态安置帮教期，及时解决刑满释放人员重新融入社会过程中遇到的问题，增强其回归社会的信心，最大限度地减少重新犯罪。

犯罪不仅有个人原因，也有社会原因。因此，个人犯罪，社会也应负有一定的救助责任。② 推进监狱改造、社区矫正和安置帮教一体化，加强监狱改造社会化、社区矫正规范化、安置帮教多元化，从多方面统筹罪犯矫正、监督、管理和帮扶，帮助他们顺利融入社会，从而最大限度地减少其重新违法犯罪。

---

① 丛淑萍：《预防重新犯罪一体化机制研究》，载《法学论坛》2014 年第 3 期。

② 参见冯卫国：《对完善我国出狱人保护制度的思考》，载《政法论丛》2003 年第 3 期。

四、策略上：实施重新犯罪预防有效的项目

（一）有效的重新犯罪矫正项目

1. 循证矫正“RNR”模式

矫正项目的“有效性”始终是国内外犯罪学家重点关注和不断探索的方向，循证矫正具有巨大的战略意义。[①] 循证矫正（罪犯评估和治疗的“风险—需求—响应”），基于证据的决策选择有效的工具和治疗手段，以关注具体的应用方法问题为目标，围绕再犯风险的核心目标，检验有效矫正的核心要素，即矫正要服从“RNR”的3条核心原则，15条具体原则[②]（见表9）。

表9 “RNR”模式的总体原则[③]

核心原则	1. 尊重个人和特定规范 2. 心理学理论：以经验丰富的心理学理论为基础 3. 全面加强预防犯罪的有效干预：减少犯罪受害人是各机构的共同目标（核心原则）	
具体原则	原则1：尊重个人和特定规范	Principle 1：respect for the person and the normative context
	原则2：心理学理论基础	Principle 2：psychological theory
	原则3：全面加强预防犯罪的有效干预	Principle 3：general enhancement of crime prevention services
	原则4：引入人性化干预	Principle 4：introduce human service
	原则5：风险	Principle 5：risk
	原则6：需求	Principle 6：need
	原则7：一般响应	Principle 7：general responsivity
	原则8：具体响应度	Principle 8：specific responsivity
	原则9：广度或多模式	Principle 9：breadth（or multimodal）

① Cullen, F. T.: The twelve people who saved rehabilitation: How the science of criminology made a difference. Criminology, (2005) 43, pp. 1-42.

② 郭伟和：《扩展循证矫正模式：循证矫正在中国的处境化理解和应用》，载《社会工作》2017年第5期。

③ Cullen, F. T.: *Rehabilitation: Beyond nothing works. In M. Tonty (Ed.)*, *Crime and justice in America*, 1975 *to* 2025—*crime and justice: A review of research*. (2013) Vol. 42, pp. 299-376. Chicago, IL: University of Chicago Press.

续表

具体原则	原则 10：强度	Principle 10：strength
	原则 11：结构化评估	Principle 11：structured assessment
	原则 12：职业自由裁量权	Principle 12：professional discretion
	原则 13：以社区为基础干预	Principle 13：community-based
	原则 14：惩教人员核心实践	Principle 14：core correctional staff practices
	原则 15：有效管理	Principle 15：management

具体而言，R（Risk）代表风险原则，其是最重要的原则，由两部分组成，即犯罪行为预测和矫正项目与重犯风险水平相呼应。风险原则本质上是评估和有效治疗之间的桥梁，罪犯所拥有的风险因素被称为“低风险”“中风险”“高风险”，随着风险水平的提高，减少累犯所需的治疗量也会增加。[①]对低风险罪犯而言，过度治疗可能增加再次犯罪的可能性。[②] N（Need）代表需求原则，矫正干预应以风险因素为核心，以犯罪需求[③]为目标，寻找“服务变化、中间目标变化和累犯之间的功能联系”。[④] 监狱矫正项目的目标主要针对重新犯罪风险的相关因素。还有学者针对犯罪需求计划，提出犯因需求，包括反社会态度、违法同伴交往、冲动行为、低自我控制力、缺乏亲社会活动、工作或学校表现不佳、缺乏亲密家庭关系等。[⑤] R（Responsivity）代表响应性原则，即“个人的特征与环境或者情况之间可能存在有效的相互作用”在矫正干预中使用“差异治疗”的重要性，是一种寻求“某种治疗策略和/或某种治疗师如何与罪犯的特征相匹配”的方法。[⑥] 关于有效罪犯评估适用性的

① Andrews, D. A. & Bonta, J.: *The psychology of criminal conduct* (3rd ed.), Cincinnati, OH: Anderson 2003.

② Bonta, J. & Andrews, D. A.: “Risk-need-responsivity model for offender assessment and rehabilitation”, *User Report* 2007-06. *Ottawa*, ON: Public Safety Canada.

③ Bonta 和 Andrews (2017) 提出了七个犯罪需求领域：反社会认知、反社会人格模式、反社会伙伴、功能失调的家庭关系、学校/工作中功能失调的关系、不参与传统的有组织的休闲活动以及与药物滥用有关的问题。Bonta, J. & Andrews, D. A.: “Risk-need-responsivity model for offender assessment and rehabilitation”, *User Report* 2007-06, Ottawa, ON: Public Safety Canada.

④ Andrews, D. A., Bonta, J. & Wormith, J. S.: “The risk-need-responsivity (RNR) model: Does adding the good lives model contribute to effective crime prevention?” *Criminal Justice and Behavior*, 38, 2001, pp. 735-755.

⑤ Gendreau, P., French, S. A. & Goines, A.: “What works (what doesn't work): The principles of effective correctional treatment”, *Journal of Community Corrections*, 13, 2004, pp. 4-30.

⑥ Bonta, J. & Andrews, D. A.: *The psychology of criminal conduct* (6th ed.), New York, NY: Routledge, 2017, pp. 178-182.

另一个挑战是，单一评估是否比多重评估产生更好的结果。[①] 综上所述，矫正项目有效性应评估罪犯的风险水平、治疗需求和响应因素。美国马里兰大学谢尔曼对美国500多个犯罪预防项目的效果进行了系统评估，采取“严格和科学认可的标准与方法”，分析反映有关计划对犯罪的影响的证据的强度，而不是效果本身的强度，区分出哪些有效、哪些无效、哪些有希望以及哪些是未知的。其中有效的项目可以预防犯罪或降低犯罪风险因素，无效的项目则与之相反，有希望的项目由于证据的确认度太低，无法支持概括的结论。[②] 报告最后，总结检验出来的预防犯罪有效的做法（见表10）。

表10　预防犯罪：哪些有效、哪些无效、哪些有希望、哪些是未知的清单

项目类别	有效的预防项目
以社区为基础的预防	帮派暴力预防、社区的指导和课后娱乐计划
以家庭为基础的预防	婴幼儿家庭家访、学前教育方案、问题少年父母培训、预防家庭暴力方案（包括妇女收容所和刑事司法方案）
以学校为基础的预防	同伴团体咨询、帮派抵抗教育、反欺凌运动、法治教育、改善学校纪律、提高社会问题解决技能的计划
以劳动力市场为基础的预防	失业人员培训和安置、就业团、监狱囚犯的职业培训、从法院转移到就业安置、市中心居民到郊区工作
以情境为基础的预防	监控摄像头、照明、警卫、警报设施
以警察为基础的预防	犯罪热点定向巡逻、快速反应、步行巡逻、邻里守望、毒品突袭、打击家庭暴力
以刑事司法为基础的预防	强制性药物治疗、新兵训练营、强化假释和缓刑的监督、家庭监禁和电子监控

“他山之石，可以攻玉”，国外“RNR”模式广泛应用，并得到有效验证。结合本次访谈结果来看，循证矫正的范式同样适用于我国。例如，通过重新犯罪群体的数据比对和验证发现，初次犯罪年龄越低的罪犯，日后重新犯罪的风险越大；较低自我控制能力的人（越轨行为不端、有犯罪倾向、反社会人格明

① Bonta, J. & Wormith, S. J.: “Applying the risk-need-responsivity principles to offender assessment”, in Craig, L., Dixon, L. & Gannon, T. (Eds.): *What works in offender rehabilitation: An evidence-based approach to assessment and treatment*, London: Wiley-Blackwell, 2013, pp. 71-93.

② Sherman, L. W., Gottfredson, D. C., Mac Kenzie, D. L., Eck, J., Reuter, P. & Bushway, S. D.: “Preventing crime: What works, what doesn't, what's promising”, *Research in Brief*, Washington, DC: National Institute of Justice, 1988, pp. 6-7.

显等）重新犯罪风险大。家庭对于重新犯罪预防作用明显，监狱矫正项目针对性不强，效果不显著等，都体现出重新犯罪预防过程中没有遵循“风险—需求—响应”的策略，导致矫正项目和预防措施缺乏有效性和针对性。如果能够按照RNR确立的模式，将社会资源和司法资源纳入科学验证中，则一定会取得显著的效果。但是，如果照搬“RNR”模式，又会造成“水土不服”的问题。因为北美的“RNR”模式，聚焦于罪犯的心理人格和成长环境①，强调个案干预。但是我国传统“家国”文化强调集体主义、规训品格，循证个别化“一人一策”的矫正方案在我国监狱适用会出现“理想与现实的偏差”的问题。因此，我国的重新犯罪预防的项目可以借鉴“循证矫正”的方法，对现有监狱的矫正项目进行科学验证和评估，以“风险—需求—响应”为原则，立足我国的国情，开发和设计出符合本土化特点的循证矫正项目。

2. 超越风险：美好生活模式（GLM）

美好生活模式（the Good Lives Model，GLM）主张“满足康复需要，提高罪犯的幸福感和能力”，② 其理论基础包括人本主义心理学、积极心理学以及激发罪犯自我意识的康复方法③，并提出项目的原则（见表11）。

表11　美好生活模式（GLM）原则④

项目目标和方向	原则1	治疗计划的目标包括降低风险和提高幸福感
罪犯评估	原则2	治疗方案应评估罪犯的风险水平、治疗需求和反应因素
	原则3	评估、识别罪犯在生活中最看重的东西
	原则4	矫正干预应全面评估对罪犯美好生活的重要关切
干预计划	原则5	矫正干预应制订个性化干预计划

① 郭伟和：《扩展循证矫正模式：循证矫正在中国的处境化理解和应用》，载《社会工作》2017年第10期。

② Ward, T. & Stewart, C. A.: “The relationship between human needs and criminogenic needs”, *Psychology, Crime & Law*, 9, 2003, pp. 353-360.

③ Linley, P. A. & Joseph, S.: “*Applied positive psychology: A new perspective for professional practice*”, In P. A. Linley & S. Joseph (Eds.), *Positive psychology in practice*, Hoboken, NJ: John Wiley & Sons, 2004, pp. 3-12.

④ Ward, T. & Maruna, S.: *Rehabilitation: Beyond the risk paradigm.* New York, NY: Routledge, 2007.

续表

干预内容	原则 6	促进罪犯心理健康，同时降低再犯风险
	原则 7	治疗方案应全方位关注罪犯最关心的事情
	原则 8	关注社会生态来促进罪犯的社会资源融合
项目交付	原则 9	治疗师采取积极康复方法——自我管理
	原则 10	治疗师以协作和透明方法来评估、干预计划和内容
	原则 11	干预的强度、内容和过程因人而异

美好生活模式（GLM）适用原则有同我国文化相似的地方。首先，GLM主张激发罪犯对美好生活的愿景，提高罪犯的生活质量，体现对罪犯人格权的尊重和生存发展权利的保护，与我国尊重和保障罪犯应有的权利相契合。我国宪法明确“尊重和保障人权”，罪犯相对处于弱势地位，其合法权利理应受到保护，不仅是人权应然之义，也有助于罪犯顺利回归社会。其次，GLM主张身份重建，帮助罪犯适应身份的转变和发展，实现“自我救赎”，其理念类似于我国传统文化中的“自省”，是罪犯改过自新的表现，旨在用发展的观念，帮助罪犯与过去犯罪史脱离。最后，GLM 主张风险是多层面和情境化状态，人是相互关联的多面体，很大程度上与社会、文化、环境、生态相互依存，体现了我国“天人合一”的思想。我国尤其重视人与人之间的关系，家庭关系、亲朋关系、伙伴关系等，不同于西方主张的“个人主义”，“集体主义、群体观念”在我国更主流，因此可以利用人际关系的影响，帮助罪犯摆脱违法朋友圈、犯罪圈，引导其正向交往，树立积极向上的价值观，激发其对美好生活的愿景，唤醒自我改造的动力。基于 GLM 与我国文化和国情有相似的理念，可以在充分调研、评估的基础上，适当引入我国监狱矫正项目中，如新西兰、英格兰适用于性犯罪和暴力犯罪的群体中，在我国心理矫治过程中，可以适当引入，但应注意验证项目的有效性。同时，也应该注意到 GLM也有其弊端，主要是它源于自觉理论，即需求心理学，找到罪犯最关心的愿景很重要，让罪犯打开心结，愿意接受监狱干警一对一的个别教育；找准罪犯最在意的关键点，如“亲人、价值、夙愿”等，用动力和价值需求来唤醒罪犯自我改造。我国广东省番禺、东莞监狱在专家指导下引入“正念”项目，建立了正念训练中心，开展正念矫正工作，其核心与 GLM 相似，通过自我反省、自我警示、找回自我价值，唤醒内心的渴望，主动、积极改造。根据积极心理学原理，当一个人追求正向的价值和成就感时，其心理潜能会激发积

极向上的道德感，自然而然就会远离犯罪行为。由此可见，监狱矫正效果的好坏，与矫正项目的运用和选择有很大关联，科学的矫正项目不仅能帮助罪犯回归社会，而且能帮助罪犯重新做人，成为对社会有贡献的人。

实践中，新西兰惩教系统进行 GLM，指导“对高风险、暴力犯罪者的持续治疗”[①]，促进罪犯长期重返社会目标的实现，帮助罪犯塑造“新我”，并“开始为自己的生活而努力，这是之前从未想过的事情”。有学者在苏格兰惩教系统中进行 GLM 临床研究，参与的两名罪犯五年内没有再犯。[②] 马歇尔等人将 GLM 和 RNR 模式还有其他矫正项目融合，对释放后 5.4 年和 8.4 年的人员回访，发现再次性犯罪率分别为 3.2%和 5.6%，相比较没有参加项目的人员 5.4 年和 8.4 年后性犯罪预期重新犯罪率为 16.8%和 28.2%，因此得出，GLM 和 RNR 融合后的洛克伍德心理服务项目（Rockwood Psychological Service programs，PRS）能够有效地减少再犯罪（见表 12）。[③]

表 12　RNR 模式与 GLM 融合[④]

原则 1：尊重个体主权和特定环境的规范	Principle 1：respect for the person and the normative context
原则 2：罪犯矫正核心目标是减少重新犯罪，提供更好的帮助	Principle 2：the major goal of correctional rehabilitation is to improve offenders first by reducing their recidivism and，second，by enhancing their well-being
原则 3：心理学视角和理论	Principle 3：psychological perspective and theories
原则 4：全面加强预防犯罪的有效干预	Principle 4：general enhancement of crime prevention services
原则 5：引入人性化服务	Principle 5：introduce human service
原则 6：风险	Principle 6：risk
原则 7：需求	Principle 7：need

① Whitehead，P.，Ward T. & Collie，R.：Time for a change：Applying the good lives model of rehabilitation to a high-risk violent offender，*International Journal of Offender Therapy and Comparative Criminology*，51，2007，pp. 578-598.

② Lindsay，W.，Ward，T.，Morgan，T. & Wilson，I.：Self-regulation of sex offending，future path way sand the good lives model：Applications and problems，*Journal of Sexual Aggression*，13，2007，pp. 37-50.

③ Marshall，W. L.，Marshall，L. E.，Serrano，G. A. & O'Brien，M. D.：*Rehabilitating sexual offenders：A strength-based approach. Washington*，DC：American Psychological Association，2011.

④ Ronen Ziv：*The future of correctional rehabilitation moving beyond the RNR Model and Good Rehabilitation Moving Beyond the RNR Model and Good Lives Model Debate*，p. 198.

续表

原则 8：一般响应	Principle 8：general responsivity
原则 9：具体响应度	Principle 9：specific responsivity
原则 10：广度（或多式联运）	Principle 10：breadth（or multimodal）
原则 11：充分利用个人优势	Principle 11：offenders personal strengths
原则 12：结构化评估	Principle 12：structured assessment
原则 13：释放后监督的连续性	Principle 13：release process and continuity of care
原则 14：职业	Principle 14：professional discretion
原则 15：以社区为基础干预	Principle 15：community-based
原则 16：惩戒人员核心实践	Principle 16：core correctional staff practices
原则 17：有效管理	Principle 17：management

此外，GLM 与 RNR 模式都被实践证明是有效的矫正项目，两者的差异主要是目标、策略的不同（见表 13）。虽然两者存在差异，但最终目标都是帮助罪犯重新融入社会，减少重新犯罪。两者实施流程也相同，即评估—治疗—实施—反馈。

表 13　RNR 模式与 GLM 比较

	项目	RNR 模式	GLM
差别	罪犯改造理论	运用证据，关注于矫正干预的有效性，发挥矫正项目效能	运用心理学，关注于罪犯个体矫正的有效性，发挥罪犯个体的潜力
	目的	旨在减少重新犯罪	旨在实现罪犯重新融入社会
	干预重点	改变罪犯和重新犯罪罪犯的动态风险因素，识别并解决罪犯的需求	干预重点，解决罪犯的心理需求和促进社会资源的重新融合，识别并处理罪犯的幸福点
	工具	运用精算统计工具	运用结构化个别访谈
相同	最终的目标是一致的，帮助罪犯重新融入社会，从而减少重新犯罪		
	评估、治疗、实施、反馈		

（二）我国监狱矫正模式设想和建议

根据上述对国外当前广泛适用的有效的矫正模式“RNR 模式”和“GLM”的引介，结合我国监狱矫正项目的实践，在综合评定我国重新犯罪罪犯风险和矫正需求的基础上，笔者建议从矫正策略有效性和矫正结果的预测性来设计符合我国监狱特点的矫正项目。

1. 设置科学的罪犯分类模式

我国罪犯分类现状是根据入监时的罪犯风险评估，主要按照罪犯犯罪类型分类，结合年龄、犯罪历史等要素，实行混押模式。监狱矫正项目以集体教育为主，融合个人教育，矫正项目多以集体矫正模式进行。但是以“有效性”为目的的监狱矫正，先要解决罪犯科学分类的难题。

国外有关研究表明，不同风险等级罪犯对于同样的矫正项目反馈的效果不一样，甚至达到相悖的结果。比如，加拿大使用 LSI 评估风险强化康复矫正，经过实验显示，对接受强化康复监督计划的高风险罪犯两年后回访发现，其重犯率达到 32%；未被纳入该计划的高风险罪犯的重犯率为 51%。强化康复项目对高风险罪犯有效，但是对低风险罪犯却增加了重犯率。[①] 同样，美国洛文坎普等人跟踪全州 37 个中途收容所和 15 个惩戒署与社区矫正机构的 13221 人，关注两年内重新犯罪被监禁人数，对照试验组由 3700 人组成，对照组 5800 人假释出狱没有接受康复项目，使用重新监禁率作为结果衡量标准，结果显示：(1) 低风险组，18%的再犯率；(2) 低/中风险组，30%的再犯概率；(3) 中度风险组，43%的再犯概率；(4) 高风险组，58%的再犯概率。[②]

虽然我国监狱没有进行相关对照实验组评估，但是经过加拿大和美国科学验证过的结果可以给我们带来启发，依据风险评估测量后的高、低风险罪犯，应该适用不同的矫正项目，有些项目能明显降低高风险罪犯的重犯率，但同样的项目并不一定适合低风险罪犯，甚至还会出现相反的结果。结合笔者多年的监狱调研经验，对于习惯性职业罪犯，他们对职业技能培训毫无兴趣，工作意愿很差，只有通过公安执法机构对其加强监管；对于黑社会性质有组织的犯罪成员，矫正手段应该多注重亲情感化、自省等项目，因此依据罪犯多样性、再犯风险影响因素进行分类；对于需要社会帮助和支持的罪犯，则采取融入社会项目。“风险原则本质是有效治疗和评估之间的桥梁”。[③] 矫

---

① Bonta, J., Wallace, C. S. & Rooney, J.: *A quasi-experimental evaluation of an intensive rehabilitation supervision program*, *Criminal Justice and Behavior*, Vol. 27, No. 3, 2000, pp. 312-329.

② Lowenkamp, C. T. & Latessa, E. J.: *Evaluation of Ohio's community based correctional facilities and halfway house programs*: *Technical report*. Cincinnati, OH: University of Cincinnati, Division of Criminal Justice, 2002.

③ Bonta, J. & Andrews, D. A.: *The psychology of criminal conduct* (6th ed.). New York, NY: Routledge, 2017.

正依据风险因素和需求评估后，积极响应。运用有效的矫正项目能有力提高罪犯矫正效果。因此，监狱矫正项目首先需要以科学的罪犯分类为基础，凸显因人而异、分类矫正的重要性。分类评估后适用针对性强的矫正项目，其效果远大于出狱后的干预。

2. 完善我国监狱矫正教育的针对性

国外 RNR 模式提供给我们借鉴的精华不是即将成熟的矫正项目，如认知行为疗法等项目照搬照抄，而是 RNR 模式的理念“风险—需求—响应”。除了在宏观层面，刑事司法领域内公检法主动承担起普法宣传的义务以外，监狱教育内容可以适当增加法治教育项目。根据笔者在监狱系统多年调研的经验，我国监狱普遍设置了法治教育内容，如学习《宪法》、减刑假释相关规定，以及《民法典》等与罪犯切身利益息息相关的法律法规。据报道，山西监狱系统采取“1+4”法治教育模式，即一条主线四个模块，将罪犯法治教育纳入常态化学习，以罪犯法治意识为主线，打造新生大讲堂、丰富教学资源，开展法律咨询及忏悔活动。[①] 同样，浙江乔司监狱在罪犯入监教育环节，让罪犯做到认罪悔罪、刑罚体验和行为养成教育，通过信息化智能化平台，在监狱系统开设“大墙法网”，利用智慧手段有效满足罪犯的法律需求，同时引入社会专业力量参与罪犯法治宣传教育，提高监狱治理法治化水平。[②] 由此可见，我国各地监狱充分意识到开展监狱法治教育的重要性，并且不断创新法治教育的途径和模式，利用智慧信息化平台，引入社会力量、规范监狱执法等，提升罪犯法律意识，培养遵纪守法的思想，取得显著效果。法治教育是重新犯罪群体自我报告中强调最多的项目，也是与重新犯罪密切相关的显著因素，值得在全国监狱系统推广。因此，只有以罪犯为核心，满足罪犯矫正的需求，才能让监狱矫正更受欢迎，体现以人为本的理念，符合循证矫正的正确方法。近年来受疫情影响，监狱安保和防疫措施升级，邀请社会力量参与监狱职业培训的活动停止，刑满释放人员的就业市场不景气，失业率较高，职业技能培训与就业的关联性越来越小，依靠职业资格证书就能上岗就业的计划经济时代已经过去，在完全开放的市场经济下，刑满释放人员在监狱内学习的技能已远远落后于时代的发展，特别是当前的人工智能、信息时

① 《山西监狱“新生大讲堂”法治教育课开讲》，载 http：//www. moj. gov. cn/pub/sfbgw/fzgz/fzgzxszx/fzgzjygl/202112/t20211210_ 443482. html，最后访问时间：2021 年 12 月 12 日。

② 《以“数字化”筑牢法治根基 看省乔司监狱的法治“秘笈”》，载 https：//zj. zjol. com. cn/news. html？id=1655620，最后访问时间：2021 年 4 月 25 日。

代，低层次的劳动力市场被信息技术所取代，水平较低的职业技能培训已经无法适应社会发展的需要、满足监狱矫正的需求，因此会出现技能培训、文化教育等效果不明显的评价。

3. 锁定关键罪犯，瞄准罪犯需求，激发罪犯自我矫正内驱力

同GLM一样，罪犯同样有资格也有对“美好生活的希望”，唤醒罪犯积极健康的道德自我规范是监狱矫正效能的最高境界。经过对影响因素效力的排查，可以不定期进行《再犯预测表》的科学评估，或者动态再犯预测，不断锁定关键高风险重犯对象，对于绝大多数服刑人员，刑罚威慑力是有效的，再犯风险相对较低，但是对于极少数人员，重犯风险大，社会危害性大，将有限的监狱矫正警力和资源聚集到这些极少数人员身上，找准“少数关键”，能有效地进行一对一个别矫正，用“美好生活”感化，从极端罪犯个体特质出发，切中要害，燃起向好、向善的价值感，让罪犯自我反省，改过自新，彻底脱离犯罪倾向。

此外，针对“犯罪倾向”严重的罪犯，最有效的矫正项目是“认知行为治疗项目”。国外资料显示，认知行为干预能有效降低重犯率。其中认知转变疗法是美国国家惩教研究所开发的课程，以一般犯罪为目标，通过改变犯罪动机、认知重组、情绪带动、社交技能和解决问题的技巧和行为链工具，使参与者能够识别他们所经历的风险情况。① 认知行为疗法（CBT）通过认知行为理论，鼓励罪犯主动学习，关注当场情境下需求，针对不同罪犯行为特点提供反社会行为态度转变、价值观纠正等。② 美国国家惩教研究所经研究发现，CBT将重新犯罪率降低了25%，当满足某些条件时③，重新犯罪率减少50%。针对高风险青少年，监狱适用家庭EPICS项目（Effective Practices for Correctional Supervision），国外学者通过家庭干预措施的荟萃分析，发现重新

---

① Brusman- Lovin's, L. & Latessa, E.: *Revocation center analysis. Cincinnati*, OH: Center for Criminal Justice Research, University of Cincinnati, 2010.

② Landenbergor Landenberger, N. A. & Lipsey, M. W.: The positive effects of cognitive-behavioral programs for offenders: A meta-analysis of factors associated with effective treatment. *Journal of Experimental Criminology*, 1, 2005, pp. 451-476.

③ 当风险、需求、治疗和响应性原则得到满足时，效果更强。因此，CBT具有有效性，并值得推广适用。Lowenkamp, C., Hubbard, D., Makarios, M. & Latessa, EJ.: A quasi-experimental evaluation of Thinking for a Change: A “real world” application, *Criminal Justice and Behavior*, Vol. 36, No. 2, 2009, pp. 137-146.

犯罪率降低了21%。① 同样，根据我国监狱实地调查，认知行为疗法业已应用在我国监狱心理矫治中，通过帮助罪犯认识错误思维，达到改变错误认知、改善罪犯人格、提高心理健康水平、降低重犯率。② 因此，带有认知行为治疗的结构化项目，能激发罪犯自省，有效降低罪犯重新犯罪率，值得我国监狱本土化适用和推广。

4. 罪犯再社会化，打通出监教育的“旋转门”

帮助罪犯重新融入社会，降低重新犯罪率，是刑事司法系统的目标之一。帮助罪犯融入社会已从单纯的政府部门安置帮教、零散自发的社会帮扶救助，转化为具有明确目标任务和措施的社会综合治理体系的重要连接。为此，我们亟须从国家、社会和监狱三个层面全方位构建罪犯回归工作社会综合治理体系，形成以国家治理为导向、社会治理为重心、监狱治理为基点的罪犯回归工作社会综合治理格局。其中，监狱可以将“减少再犯”的触角延伸，将重新违法犯罪率作为矫正机构效能的考核指标，特别是在刑满释放人员即将出狱的前3个月以内的出监教育阶段，设置罪犯出监教育的“旋转门”计划。笔者设想“旋转门”计划的方案，即对刑满释放人员出监前3个月扩大假释适用。加入“旋转门”计划的都是再犯风险小、有家属或者亲朋担保、经过“心理评估、再犯风险评估以及罪犯危险性评估”表现良好的罪犯，并且根据需要分级、分类，在监狱与回归司法所建立动态监测系统，以便同步检测和优化实施的有效性。一旦发现罪犯在监外过渡期间违反监管纪律或者有危害社会的风险，便立即收监撤回过渡计划，如果罪犯在过渡期内表现良好，过渡期满则顺利刑满释放，提前进行监狱和社会无缝衔接的“旋转门”模式，实行假释实质性审查，符合假释条件“应假尽假”，但再犯风险特别大、危险性特别高、危害国家安全罪和特殊累犯除外。当“旋转门”计划实施成熟后，可以适当扩大到轻罪罪犯和超短期刑罪犯（判决1年以下罪犯），通过电子监控手段，在提前假释出狱期间，帮助罪犯更好地社会化，打破重新犯罪的循环，同时社会保障、医疗保险、社会救助、困难居民最低生活保障等可以在此期间由属地司法所负责协调解决。通过对国外相关情况的了解，美国亚利桑那州采取有力的循证实

---

① Dowden, C. & Andrews, D. A.: “The importance of staff practice in delivering effective correctional treatment: A meta-analytic review of core correctional practice”, *International Journal offender Therapy and Comparative Criminology*, Vol. 48, No. 2, 2004, pp. 203-214.

② 李杰、康杰、朱小艳：《认知行为疗法在服刑人员心理矫治中的应用探析》，载《云南警官学院学报》2019年第3期。

践（evidence-based practices，EBP），即基于证据的释放计划和做法，对缓刑犯和假释犯进行监督[①]，两年内缓刑犯的重新犯罪下降了31%。同时，美国重新融入委员会制定《罪犯安全重犯社会的图表》[②]、公共安全研究所制定13条假释监督策略[③]，提高罪犯再入监监督。[④] 由此可见，以罪犯重新融入社会为目标的监狱矫正干预和释放前策略，都是最大限度地利用监狱和社会资源：一方面鼓励对低风险罪犯扩大假释，融入社会；另一方面监督提前假释的罪犯，如果发现有违规情形，则立即送回监狱，并实施严管处遇，充分利用"旋转门"奖惩机制，实现监狱与社会有效衔接，控制行刑成本和维护社会安全稳定。

第三节　微观层面：实现重新犯罪预防的精准化

一、发展式重新犯罪预防的H—D模式

发展式重新犯罪预防H—D模式，H代表Human（人），D代表Development（发展），该模式主张以一种动态、发展的视角看待犯罪现象，将年龄和成长、生活、犯罪的经历融入整个生命历程中，犯罪的诱因和阻遏机制存在逐级年龄阶段性差异。

---

① Andrews, D. A., et al.: "Does Correctional Treatment Work: A Clinically Relevant and Psychologically Informed Meta-analysis", *Criminology*, 28, 1990, pp. 369-404.

② Reentry Policy Council: *Report of the Reentry Policy Council: Charting the Safe and Successful Return of Prisoners to the Community*, New York, NY: 2005, http://www.nationalreentryresourcecenter.org/. [2021-8-1].

③ Solomon, A. L., Osborne, J., Winterfield, L., et al.: *Putting Public Safety First: 13 Parole Supervision Strategies to Enhance Reentry Outcomes*, Washington, DC: The Urban Institute, 2008, http://www.urban.org/uploadedpdf/411791_ public_ safety_ first.pdf. [2021-8-1].

④ Reentry Policy Council: *Report of the Reentry Policy Council: Charting the Safe and Successful Return of Prisoners to the Community*, New York, NY: 2005, http://www.nationalreentryresourcecenter.org/. [2021-8-1].

发展性犯罪预防以"发展犯罪预防理论"为基础，即"生命早期的经历对于形成个体经验有关键性影响"。[①] 特伦布莱和克雷格确立了发展性犯罪预防项目的三项关键指标：项目持续一年以上，多元化的干预措施，个体成年之前采取的措施。[②] 正如前文所述，罪犯的犯罪行为是其早期生命中劣势累积的发展过程，通过早期重新犯罪群体成长经历来看，无论是父母的教养方式还是学校的表现和处分经历，以及越轨行为和违法同伴的影响都对重新犯罪具有显著影响力。从反社会行为、犯罪特质和持续违法倾向到违法犯罪是长时间劣势累积的结果。重新犯罪发展式预防可以聚焦风险因素，将个人的发展，与不同连结点、时间节点、事件联系起来，采取有效措施遏制风险因素发生。同时，结合重犯群体和未重犯群体的差异性比照，父母教养方式特别是放任型方式，学校处分弱化，以及轻微的越轨行为，都会对日后犯罪倾向产生影响，挽救未成年人犯罪关键要从早期开始，正如法林顿和韦尔什所说："关于高风险儿童，对他们进行干预计划永远不会太早，早期干预能让反社会行为得到纠正，回到美好的人生轨道。"[③] 因此，发展式重新犯罪预防需要从社会键、家庭键、朋友键等环节，通过全方位联系，立体式地进行犯罪预防。

（一）以家庭为基础的重新犯罪预防

家庭是预防犯罪的第一道防线，特别是家庭教育对于预防青少年犯罪具有不可替代的作用。综览重新犯罪对象成长环境可以发现，家庭伴随着人的一生，家庭关系（父母、配偶、子女、祖父母、外祖父母、兄弟姐妹等由血缘和姻亲建立的亲属关系）对于个体社会化、自我身心健康发展具有重要作用，以家庭为基础的重新犯罪预防需要重视父母的家庭教育责任，发挥亲情帮教作用，发展家庭接纳的良好关系。

一是以父母为核心的家庭预防。原生家庭中父母的言行是子女潜移默化学习的对象，处于充满关爱的家庭氛围或是充满冷漠的家庭环境都会影响孩子安全感、价值感的形成。子女对父母有特殊的依赖性，良好的亲子互动能

---

① Duncan, G. J., Magnuson, K. A., Ludwig, J.: "*The endogeneity problem in developmental studies Research*", in Human Development, 2004, Vol. 1, pp. 59-80, https://doi.org/10.1080/15427609.2004.9683330. [2023-8-1].

② 布兰登·C. 韦尔什，戴维·P. 法林顿：《牛津犯罪预防指南》，秦英等译，中国人民公安大学出版社2015年版，第6页。

③ Farrington, D. P. & Welsh, B. C.: Saving Children from a Life of Crime: Early Risk Factors and Effective Interventions, *Journal of Youth & Adolescence*, 2008, Vol. 37, No. 4, pp. 484-485.

够帮助孩子更好地社会化。根据前文发现，重新犯罪对象早年家庭教养方式不当，父母与子女关系冷漠，原生家庭容易给子女造成创伤，让子女内心产生自卑、压抑、冷漠等情绪，进而发展为犯罪倾向型人格。家庭因素，既可以看作重新犯罪的保护因素，早期形成的健康人格，可在日后帮助重犯对象顺利融入社会，也可以看作危险因素，早期畸形的家庭状态和关系会造成重犯对象性格偏差。因此，需要加强对未成年人相关法律实施效果的评估。虽然《未成年人保护法》和《预防未成年人犯罪法》对未成年人保护很完备，但是实践中，未成年人属于弱势群体，还需要外界监督。例如，美国学者开展的家庭惩教监督有效实践，通过培训青少年案件的假释官，以便他们在进行家访时使用该模型。对此项措施进行荟萃分析发现，重新犯罪率平均下降了21%。[①] 该项目主要针对高风险家庭，关注未成年人的需求，并利用该行为模型，产生了显著效果。因此，提倡通过对适龄儿童进行家访以了解未成年人监护人的情况，包括其是否属于代际抚养、留守儿童等。以便街道居委会及时掌握儿童信息，对于留守儿童或者服刑人员子女可以做到及时给予帮扶和照顾。特别是对于遭受家庭暴力而处于无助中的青少年，可以通过街道机构的监督、邻里守望的关怀，以期将暴力扼杀在萌芽中。

二是家庭在罪犯服刑期间的亲情教育效果显著，是罪犯康复回归社会的关键。罪犯因犯罪在监狱服刑，给家庭带来了重大影响和变故。当罪犯服刑后，家庭关系和配偶关系会受到较大影响，服刑期间一些婚姻破裂，子女由其他监护人抚养。矫正期间，亲属经常探望的罪犯，改造的积极性比较高，家人的会见会帮助他们自我反省，激发罪犯改造的动力，帮助罪犯建立自己的"美好生活"。但是，就目前调查结果显示，未重犯有家属探视的比例远高于重犯组，无法探视的多是因为家庭经济条件差、费用高和亲属残疾不方便，完全和家庭决裂的虽然属于极少数，但是仍然存在，需要提前帮助他们联系亲友，否则出狱后他们仍属于监管重点的"三无人员"。因此，笔者认为，将家庭纳入罪犯矫正项目中，可以将"亲属会见"由监狱奖励性处遇措施逐步转化为"罪犯权利"，满足罪犯重新融入社会的需要，即"会见权"，由于异地服刑、亲属残疾、家庭困难等原因而无法会见的，可以采取"远程会见""视频会见"等形式，利用社会资源和信息网络资源，搭建起罪犯与家属的亲

---

① Dowden, C. & Andrews D. A.: "Does family intervention work for delinquents? Results of a meta-analysis". *Canadian Journal of Criminology and Criminal Justice*, Vol. 45, No. 3, 2003, pp. 327-342.

情会见的桥梁。据媒体报道，沛县监狱曾跨省配合保障服刑罪犯会见权，帮助监狱“三无人员”找到亲人。[①] 2018 年全国 311 所监狱批准 999 名罪犯离监探亲，发挥亲情感化作用，激励罪犯积极改造。[②] 我国自古强调家族血脉相承，亲情绵延，家族观念根深蒂固，亲人的相守帮教，将罪犯的社会关系连接起来，帮助罪犯找到新的角色定位，利用家庭社会资源补给监狱刑罚不足，将亲情感化变成教育改造资源，这不但是“RNR 模式”在矫正项目中的充分体现，而且可以修复家庭与罪犯的关系，为日后罪犯重返社会做好准备。

三是罪犯刑满释放后家庭的接纳很重要。据调查，罪犯刑满释放后与家人同住的比例较低，家庭关系、婚姻关系的修复面临挑战。婚姻不单纯是一个转折点，它可以是风险因素，也可以是保护因素。[③] 家庭关系良好不仅有利于罪犯重新做人，还有利于国家的和谐稳定。积极的家庭关系可以降低重新犯罪的风险。[④] 在苏格兰监狱，囚犯家属参与释放计划[⑤]；北爱尔兰监狱使用虚拟视频让罪犯探访自己的家人。[⑥] 由此可见，从家庭关系着手，帮助刑满释放人员熟悉家庭环境，感知家庭的支持和团聚，能够发挥家庭团聚帮扶力量，实现司法资源有效利用和预防重新犯罪的最大功效。

（二）以学校为基础的重新犯罪预防

学校是儿童人际交往和发展社会关系的起点，学校的教育对于儿童知识传授、技能培养、价值观塑造、规则意识建立、人际交往、自我控制都具有显著作用。结合前文影响因子和规律的分析，犯罪与学习成绩无关联性，与对学校纪律处分态度和在校期间越轨行为具有明显关联性，如旷课逃学、小偷小摸等都具有统计学上的显著性。学校在犯罪预防方面以下三方面的工作。

其一，学校加强教育管理。实证调查统计显示，与学校相关的风险因素

---

① 《沛县跨省配合保障服刑罪犯会见权》，载《江苏法制报》2021 年 2 月 4 日第 6 版。

② 《全国监狱春节启动罪犯离监探亲：高墙外特殊团聚》，载天津长安网，https://www.tjcaw.gov.cn/mainIndex/detail.html? id=163821930155585792，最后访问时间：2018 年 3 月 3 日。

③ 婚姻可能成为风险因素，使被害人转化为施暴者；婚姻也可能是保护因素，遏制犯罪行为。

④ 正如英国 2014 年监狱和缓刑监察局的调查得出的结论：“罪犯的家庭是最有效的安置机构，并呼吁制定一份更好地帮助罪犯维护和修复家庭关系，并在适当情况下让罪犯的家人和朋友参与改造过程的国家战略。”

⑤ Jacobson，J. & Fair，H.：Family Connections：a review of learning from the Winston Churchill Memorial Trust Prison Reform Fellowships – Part II，*Institute for Criminal Policy Research*，Birkbeck，University of London.

⑥ 同上注。

包括“学习成绩、学校惩罚的态度、对学校的依恋、逃学旷课、被学校处分”，对校园暴力的整治使校园欺凌减少，学校安全得到重视，很多学校设立了法治校长。以学校为基础预防犯罪的研究相对较少，结合实证研究出现，违法同伴对于青春期少年的影响非常显著，因此笔者提出学校预防应该加强校园管理，加大学生法治教育和性教育培训。据调查，重犯人员有逃学旷课的经历，反映出对学校的归属感不强。学校应该加强校园管理，制定学生行为守则，对于违纪少年严格执行学校制度，及时纠正苗头性错误行为，特别是吸毒等行为，及早发现，增加与家长的沟通。结合未成年人犯罪类型，抢劫、盗窃、强奸罪相对多发，在学校课程设置上应该增加法治教育和性教育内容，创新教学方法，增强青少年法治意识，培育正确价值观。

其二，完善触法未成年人的专门学校教育。在前文“标签化理论”下，触法未成年到专门学校接受矫治教育难免被“标签化”，产生标签效应，在专门学校与普通学校的“旋转门”设置上还不完善，专门教育去标签化与专门学校的“旋转门”都需要统筹配套措施和制度予以完善。因此，以学校为基础的预防重新犯罪措施需要和家庭教育相结合，本着认知行为的自我改变，改变触法身份，停止犯罪，以教育和保护未成年人最大利益为宗旨，完善专门教育制度。

其三，帮助未成年人远离帮派。据调查，重新犯罪的未成年罪犯有不良同伴交往占比达到29.03%，结合深度访谈发现，未成年重犯违法交往朋友相对较多，其犯罪倾向受到影响，黑社会有组织犯罪中甚至出现未成年犯的身影。因此，帮助未成年人远离犯罪圈对于预防犯罪比较有效。在生命历程理论下，年龄犯罪曲线表明，犯罪在青少年后期达到顶峰，此后呈急剧下降趋势。[①] 这个年龄阶段正好是学校初高中教育阶段，学校干预改变未成年人同伴关系，脱离“群体帮派”，是制止和停止犯罪行为的关键环节。以“社会嵌入”理论解释，未成年人陷入异常社会网络之中，受到不良亚文化影响，很容易参与犯罪活动。学校同龄同伴的挽救和健康的社会交往能够帮助问题少年离开亚文化群体，集体凝聚力的作用就能发挥出来。因此，学校初高中阶段应该增加集体活动，增进学校的依恋关系和同伴之间的亲密关系，避免问题少年被边缘化，受到亚文化影响和毒害。

---

① Gottfredson, M. R. & Hirschi, T.: *A general theory of crime*, *Stanford*, CA: Stanford University Press, 1990.

二、情境式重新犯罪预防的 S—O 模式

情境式重新犯罪预防 S—O 模式，O 代表 Opportunity（机会），S 代表 situation（情境）。情境犯罪预防的核心是，运用“足够好”理论进行技术分类，包括三个关键理论视角，即理性选择理论（PCP）、日常活动理论（RAA）和犯罪模式理论（CPT）。这三个理论也都为犯罪预防提供了很多工具。[①] 理性选择理论是情境犯罪预防的核心理论，即犯罪是有目的的，犯罪是犯罪嫌疑人在犯罪之前基于犯罪成本和收益成本以及刑罚预测后理性决策的结果。

（一）以理性选择为基础的重新犯罪预防

理性选择理论是一种重要的犯罪学理论，其核心观点是犯罪行为是有目的和理性的选择，而不仅仅是出于偶然或内在的驱动。理性选择理论认为，个体在面对犯罪时会考虑到潜在的收益和成本，以及可能的风险和奖励，然后作出是否犯罪的决策。因此，通过增加犯罪的成本、降低犯罪的收益、提高犯罪的风险，可以有效地预防重新犯罪。

首先，理性选择理论强调了犯罪行为的计划性和目的性。犯罪者通常会在实施犯罪前进行一系列的考虑和计划，评估犯罪的风险和收益。因此，通过加强社会对犯罪行为的监管和控制，如加大对犯罪的打击力度、加强监狱的管理和监控等措施，可以有效地降低犯罪的收益，从而减少犯罪的发生。其次，理性选择理论强调了社会环境对犯罪行为的影响。个体在选择是否犯罪时会考虑周围社会的态度、规范和价值观念。因此，通过建立积极的社会支持系统，加强对个体的道德教育和行为引导，可以有效地提高个体对犯罪的道德责任感和社会责任感，从而减少其犯罪的倾向。最后，理性选择理论也强调了个体的自控能力对犯罪行为的影响。个体在面对诱惑和挑战时，如果能够保持理性和自我控制，就能够避免犯罪行为的发生。因此，通过提高个体的自我控制能力，如通过心理辅导、社会支持等方式，可以有效地预防重新犯罪的发生。

情境犯罪预防（SCP）提出以下观点：犯罪的可能性在人群中广泛分布，

---

① ［美］布兰登·C. 韦尔什、［英］戴维·P. 法林顿编：《牛津犯罪预防指南》，秦英等译，中国人民公安大学出版社 2015 年版，第 315 页。

个人犯罪的可能性存在差异，同一个人的犯罪可能性随时间变化，特定个人参与犯罪的可能性因情况而异，个体与情境之间的关系是双向的、迭代的，特定情况下触发犯罪反应的可能性因人而异，个人进入具有不同程度的犯罪准备过程，情境以多种方式影响个人，涉及道德、情感、认知和行为领域，个人仅部分了解影响其行为的方式。就犯罪机会的可用性和可以利用的犯罪资源而言，情境限制了个人犯罪的选择。①

由此可见，情境犯罪预防侧重于行为背后的环境和客观要素。因此笔者同样认为，对于犯罪尤其是重新犯罪，应该关注重新犯罪事件，关注重新犯罪近因，通过改变近因减少犯罪包括减少犯罪机会。如上所述，“冲动”是重新犯罪诱因，认知心理学认为“感觉是行动的重要驱动力”，将“冲动”纳入理性选择的行为观时，阻断犯罪的内因就发生了作用。

综上所述，以理性选择为基础的重新犯罪预防提供了一种有效的犯罪预防思路，强调了犯罪行为的目的性和计划性，以及社会环境和个体特征对犯罪行为的影响。因此，通过采取相应的措施，可以有效地减少重新犯罪的发生，建设和谐安全的社会环境。

（二）以环境为基础的重新犯罪预防

以环境为基础的重新犯罪预防是犯罪学中的一个重要理论，强调犯罪行为与特定环境之间的关系。该理论认为，特定的社会环境和场所可以激发或者抑制个体的犯罪倾向，因此通过改变环境和场所可以有效预防重新犯罪的发生。

首先，场所的设计和管理可以影响犯罪的发生。通过增加监控设施、加强警力巡逻、改善照明设施等措施，可以有效地提高社区的安全性，减少犯罪的发生。例如，在高犯罪率的社区加强巡逻警力和安装监控摄像头，可以有效降低犯罪的发生，提高居民的安全感。其次，场所的社会氛围和文化也会影响犯罪行为的发生。一个充满积极正能量、社会支持和合作的社区文化能够减少个体的犯罪倾向，促进社区的和谐发展。最后，场所的社会经济状况也会影响犯罪的发生。研究表明，经济贫困和社会边缘化是犯罪的重要原因之一。因此，通过促进社区的经济发展和提供就业机会，可以有效地减少

① 参见［美］布兰登·C. 韦尔什、［英］戴维·P. 法林顿编：《牛津犯罪预防指南》，秦英等译，中国人民公安大学出版社 2015 年版，第 6 页。

犯罪的发生。例如，通过提供技能培训、创业支持、就业机会等方式，可以帮助社区居民摆脱贫困，降低犯罪的发生率。

基于非正式社会控制、社会过程和社会纽带的中介效应，桑普森和劳博提出“非正式社会控制”模型，确定停止犯罪的路径，包括稳定就业、确定恋爱关系和家庭关系，给予那些处于停止犯罪过渡期的人相应的社会地位。[①] 基于资本的社区发展（ABCD），是一个优势模型，旨在发掘并调用即使是最贫困社区也存在的本地资源——促成事情达成的人，提供自豪感和使命感的非正式团体和协会；社区中可用的物质资源和资本，如可提供会议场所和各种资源的图书馆和学校，其实质是试图整合当地资源，并调动资源造福社区。澳大利亚在 ABCD 理念的基础上开发并实行了“互惠社区发展”模式，明确强调社会建设是该模式的核心部分，创建“不设围墙的社区”，调动资源支持刑满释放人员重新融入社会。

预防重新犯罪，也就是停止犯罪。停止犯罪往往涉及身份认同的概念，以及希望、联系、意义和赋权感，恢复伊始，许多人缺乏支持性的社会网络和获取社区资源的渠道，经历被排斥或者边缘化的过程，ABCD 就是一个识别、调动和整合社区资源的模型，可以通过创建社区来连接支持路径作为重新融入社会的关键环节。英国越来越多地将 ABCD 模式作为恢复系统的核心部分，这与动员社区支持弱势群体获取社会资源，从而帮助刑满释放人员产生个人和人际交往中的幸福感，建立起积极的社会认同感，帮助清除有效重新融入社会的障碍，并从该模式中创造一种包容性的社会环境。[②]

三、循证式重新犯罪预防的 T—P 模式

循证式重新犯罪预防的 T—P 模式，T 代表 Test（检测）、P 代表 Prove（证明）。循证式重新犯罪预防的 T—P 模式表示，通过检测查找出导致犯罪的因素，通过实证的、价值中立的方法来确定罪犯的犯罪因素的影响，并采取证明方式来确定最有效的预防重新犯罪项目，基于证据证明来实现预防重新犯罪的最终目标，即降低再犯率以减少社会危害性。强调科学证据的重要性的原因之一，是防止犯罪和减少累犯以循证研究为指导，研究揭示“什么

① ［英］大卫·贝斯特：《通往恢复健康和停止犯罪之路——希望在社会中的传染作用》，任建通译，法律出版社 2023 年版，第 10—20 页。

② 同上注，第 163—165 页。

有效”。循证式重新犯罪预防的T—P模式着眼于微观的犯罪类型，根据犯罪次数的回归统计分析，挑选重新犯罪率较高的毒品类犯罪采取不同的预防策略。①

毒品类犯罪既是重新犯罪类型中重犯率最高，又是特征点比较复杂的犯罪。毒品类犯罪预防对象分为三种：有毒瘾的毒品类重犯、有吸毒史的毒品类重犯、有毒瘾的毒品类重犯。但根据前文重新犯罪调查统计，14%的重犯对象具有吸毒经历，6%的重犯对象只贩毒不吸毒，11%的重犯对象因吸毒而犯罪，5%的重犯对象曾被强制隔离戒毒。复吸是当前戒毒领域面临的最大难题，这也是毒品类重犯率最高的原因之一。基于毒品类重新犯罪的T—P模式，T（Test）检测出毒品类重犯个体的风险，吸毒成瘾、复吸、不吸毒等，采取“高危情境”P（Practice）模式。

其一，针对有毒瘾的毒品类重犯。毒瘾行为是一种成瘾行为，也是一种习得行为②。药物滥用（毒品）可视为毒品类犯罪的关键因素。从重犯罪名调查统计看，贩卖毒品罪成为重犯率最高的犯罪类型，而且女性毒品类重犯高于男性。调查也发现女性吸毒人数逐年增加，除毒品犯外，其他犯罪类型者也有非法吸毒的习惯，因此药物滥用成为毒品类重新犯罪风险的关键因素。吸毒成瘾罪犯，其复吸率非常高，回归社会后重新犯罪的概率也很大。根据美国学者的荟萃分析，美国国家药物滥用研究所制定的《刑事司法人群药物滥用治疗原则》（2012年）明确刑事执行中在惩教机构监督下，可以进行药物治疗。就经过验证治疗药物滥用的有效方法，主要采取“评估—针对性矫正治疗—检测治疗期间药物使用—释放后持续护理—心理健康和药物滥用综合治疗—回归后预防和治疗严重慢性疾病”。③ 根据访谈了解到，毒品类罪犯会伴随其他疾病，对于具有吸毒成瘾行为的罪犯，在治疗医学模式下，预防复发才能真正帮助他们远离犯罪行为。但是监狱重在惩罚和改造罪犯，运用医疗辅助治疗手段（medically assisted treatment，MAT）戒治毒瘾缺乏法律和政策依据，尤其是在美沙酮受到大量监管和限制的情况下，尽管MAT被证明有效，美

① 康姣：《循证矫正的生成根据及其本土实践再思考——基于“有效矫正”的诉求》，载《中国人民公安大学学报（社会科学版）》2019年第3期。

② 由于毒品的主要特点就是依赖性或成瘾性，所以现阶段毒品戒治困难，戒毒人员回归社会以后出现高达98%的复吸率，使多年戒治的努力和心血付之东流。

③ Substance Abuse Mental Health Administration：*Center for Behavioral Health Statistics and Quality*，National Survey on Drug Use and Health，2017.

沙酮与咨询相结合可提高治疗保留率、减少药物使用并减少再次入狱①，但是监狱矫正项目很难将其引入并实施。

其二，针对有吸毒史的毒品类重犯，最关键的是预防回归社会后复吸。因此，对于成瘾行为的重犯采取特殊矫正方式，即上文介绍的成瘾行为疗法矫正项目。特别是毒品类犯罪以女性毒品犯居多，针对女性毒品重犯高发现象，可以采取多元模式，因其一半以上有吸毒经历或者强制戒毒经历，所以可以采取司法与医疗整合模式。② 美国国家犯罪研究院发现，在罪犯获释后3年内，大约95%的有吸毒史的罪犯复吸。③ 在复吸的罪犯中，超过68%的人再次被捕、47%的人被重新定罪、25%的人因新的罪行被判入狱。④ 虽然我国未进行相关调查，但是毒品犯罪规律性较强，在重犯概率大等方面具有相似性。因此，可以考虑在释放前3个月的出监教育阶段，提供认知行为干预和药物治疗项目，通过监狱与回归社会后治疗相衔接，当其刑满释放后，在安置帮教期间将药物治疗计划纳入重新融入社会的帮教计划中，继续为吸毒罪犯提供康复治疗，同时争取这类罪犯的亲情帮扶和挽救，避免他们回归社会后恢复吸毒和犯罪的生活方式。通过狱内和狱外康复治疗衔接，亲情家属的帮助，巩固药物治疗，不仅帮助罪犯脱敏戒毒，而且修复他们与社会的关系，对于其回归后融入社会，减少重新犯罪发挥积极作用。

其三，针对单纯毒品类重犯。毒品类重犯的特点是群体性，以亲缘关系为纽带的链条式群体犯罪现象比较明显，作案手法具有隐蔽性和欺骗性，犯罪成本具有暴利性和风险性，刑罚成本具有不确定性和投机性，犯罪心理具有成瘾性和迷失性。毒品犯罪圈层化，同时，毒品犯罪衍生出的其他犯罪也比较严重。例如，毒品犯罪向有组织犯罪演化，洗钱犯罪、网络犯罪、跨国犯罪竞合等，毒品犯罪的危害性越来越大。同时，结合重新犯罪的调查统计，毒品类女犯比例逐年上升，女性老年犯的毒品类重新犯罪率超过男性老年犯。

---

① Gordon, M. S., Kinnock, T. W., Schwartz, R. P. & O. Grady, K. E.: "A randomized clinical trial of methadone maintenance for prisoners: Findings at 6 months post-release". *Addiction*, Vol. 103, No. 8, 2008, pp. 1333-1342.

② 在对毒瘾戒治和复发预防的基础上，进行戒毒后心理、社会和生活功能的康复，力图共同引入多方面的治疗方法，并采用多重专业的整合治疗，这样才能有效地对毒品重新犯罪进行预防。

③ Leshner, A. I.: "Drug addiction research: Moving toward the 21st century", *Drug and Alcohol Dependence*, 51, 1998, pp. 5-7.

④ Patrick, L. & Levin, D.: *Recidivism of Prisoners Released in* 1994, U. S. Department of Justice, Washington, DC: Bureau of Justice Statistics, 2002.

重新犯罪群体在监狱服刑的经历能够解释女性重犯率高于男性的原因，体现性别视角下男女重新犯罪群体的差异性。女性在身心健康、职业培训、家庭问题等方面与男性有差别，与男性罪犯相比，毒品类女性的重犯人员更容易出现心理问题。吸毒群体年轻化趋势明显，因此有效预防毒品行为，更需要从源头治理，加大毒品预防宣传教育，发挥家庭功能和支持，学校禁毒教育，社会系统综合控制，特别是发挥群众对吸毒和贩毒的举报。随着毒品交易和聚众吸毒的隐蔽性，单纯依赖公安的侦查力量是无法完成的，更重要的是发挥基层作用，群策群力、群防群控，及时发现和处置毒品的苗头，禁毒社会化，创建无毒社区等，充分发挥毒品犯罪防治作用，真正实现国家、社会、个人三级毒品预防。

第四节 核心层面：探索重新犯罪预防的科学化

当前，犯罪治理模式正逐渐向科学化方向发展。本书前文根据重新犯罪文献的回顾和分析，结合抽样调查样本，进行数据分析和检测，发现了风险因素和保护因素，以及风险因素的强度关联性，虽然没有单一因素诱发犯罪的因果关系证明，但恰好说明重新犯罪更加复杂，不仅涉及犯罪人个人特征、成长经历、环境特征（家庭、学校、监狱、社区）、犯罪史（初次犯罪、再次犯罪以及当前犯罪），还涉及社会转型、变迁，经济社会发展，行刑理念转变，刑事政策调整等诸多方面，因此重新犯罪风险预测和评估作为重新犯罪预防现代化的核心内容之一毋庸置疑。

一、重新犯罪风险预测的必要性、可行性和优越性

犯罪预测采取统计评价法，即运用统计学的技术，通过对罪犯生命历程的考察和犯罪经历的统计资料，检验若干与其陷入犯罪关联性较大的重要因子，根据统计各因子与犯罪相关联的程度，附加权重，制成犯罪可能率的再犯预测表（prediction table），再根据此再犯预测表来预测罪犯将来再犯的可

能性。再犯预测表源于罪犯过去的生活、成长经历，因此也可以称为经验表（experience table）。

（一）必要性

首先，重新犯罪预防决策的科学化。随着信息技术的快速发展，重新犯罪治理越来越多地依赖大数据分析和人工智能等先进技术，即通过收集、整合和分析大量的重新犯罪数据，揭示重新犯罪的规律和趋势，为决策制定提供科学依据。重新犯罪治理决策主体利用数据驱动的决策制定，能够更加准确地评估重新犯罪风险，优化资源配置，提高重新犯罪预防和打击的效果。

其次，重新犯罪预防策略的科学化。传统犯罪治理模式以惩罚为主，侧重于对重新犯罪行为的打击和制裁。然而，随着社会的进步和治理理念的转变，重新犯罪治理越来越重视以预防为主的策略。科学化的重新犯罪治理趋向于从根本上预防重新犯罪的发生，通过社会预防、教育宣传、风险评估等手段，降低重新犯罪的概率和危害程度。这种以预防为主的策略更加科学和有效，能够从源头上减少重新犯罪问题的出现。

最后，重新犯罪治理手段的科学化。科学化的重新犯罪治理倡导多元化的治理手段和合作机制。除传统刑事打击手段外，重新犯罪治理开始引入社会工作、心理咨询、康复服务等多种途径，关注重新犯罪的综合治理和刑满释放、监外执行等群体的社会融入。同时，重新犯罪治理强调应用视频监控、云计算、人工智能、虚拟现实等技术形成协同治理的格局，提高治理效果和公众安全感使重新犯罪治理更加科学、综合和协调。

（二）可行性

随着刑事政策发展，犯罪预测的最大功能在于测试未犯罪者犯罪的可能性，尽早做出防范。犯罪预防已经成为刑事政策上的重要环节。

首先，犯罪预测能有效预防青少年犯罪。青少年越轨行为与犯罪之间具有高度关联性，无论是在其家庭教育抑或在学校教育过程中，及早发现苗头倾向，并及时地予以挽救，能起到事半功倍的效果。

其次，给审判量刑提供参考。以往的审判实务，仅依据法官知识和经验作出自由裁量，往往因法官标准的不同而造成同案不同判，特别是在对主观恶性的评估上，缺乏科学依据。再犯预测表，从犯罪嫌疑人生命历程的组织化分析，由科学的技术证明其犯罪危险性和可能性的关键因子所制成，可以了解不同审判裁决后的再犯率，无论是受不起诉决定时的再犯率，还是被宣告缓刑时的再犯率，抑或减刑假释后的再犯率，再犯预测表对于统一法律适用标准亦具有参考意义。对于少年犯，以挽救为主，需要了解少年犯罪的多方面原因，除了触犯法律，也需要生物学、心理学（创伤应激反应）、社会学等多学科知识，对少年犯进行镜像画图，预先通过各方面的犯罪原因的分析，便于少年司法的针对性和有效性。

最后，假释选择重要性，促进假释科学性评估。在假释事务上，运用再犯预测表一方面可提高假释率；另一方面可为假释监督提供科学性指导。

近年来，罪犯危险性评估的适用说明了计量犯罪学对于了解罪犯、科学评价罪犯发挥了重要作用，这使得对再犯的预测成为可能。再犯预测表采用数学计量方式，量化指标体系，经过实践试点的反复验证后，不断提高其规范性、准确性和科学性。

（三）优越性

一是预测标准较为客观、科学。因为再犯预测表是根据过去多数的客观资料，并经过科学化统计技术的检验，认定与犯罪有重大关系的因子所制成，根据此经验法则做出的预测较为客观，标准化统一，不受个人主观意志左右。

二是预测迅速且经济。再犯预测表是由少数关键的重新犯罪影响因子组成，本身影响因子经过检验证明与重新犯罪具有高度关联性，因此运用再犯预测表可以更直接掌握关键影响因子的变化趋势，预测重新犯罪的风险，避免盲目的调查，便于迅速且正确地获得结果。

三是预测简单方便。罪犯心理评估、危险性评估需要由经验丰富、专业性强的专家来开展，如心理矫治师负责罪犯心理评估，否则无法期待其正确性。而再犯预测表则经由专家制定，并在实践中不断检验，用数据量化指标收集指标权重，计量简单，运用计算机自动生成数据报告。

四是预测获知罪犯再犯危险程度。运用指标体系，一方面可以获知罪犯再犯的可能性，以具体数字表示出来，如再犯率等；另一方面还可以用来检验矫正效果，提高监狱矫正的科学性。

危险性评估与预测重新犯罪是有所区别的，危险性评估是根据罪犯的历史数据来判断其重新犯罪的可能程度（高度、中度、低度危险），而罪犯再犯预测是试图通过指标判断什么样的服刑人员将来会重新犯罪或者判断某个服刑人员是否会重新犯罪。危险性评估主要运用在监狱、强制隔离戒毒所等，而再犯预测的应用更加广泛，不仅可以用于刑满释放人员，也可以用于潜在犯罪人或者犯罪黑数群体。再犯犯罪预测的可行性，在于始终以“人”为核心，将具有生命意义的人作为预测对象，动态分析、全面了解犯罪背后的因素，虽然预测不免有无法达成的界限，如天气预报亦无法精准预判，但是有利于提前防范利用社会资源前置，有效节约司法资源。早期医学、心理学等科学方面，亦无法100%正确诊断，正如中医“防患于未病”。

二、重新犯罪风险预测和评估的实践

目前，有的国家已经将再犯风险评估上升到法治化与制度化阶段，在监狱行刑特别是罪犯管理中广泛应用。如前所述，加拿大研制的“个案管理水平量表”（Level of Service）是第四代再犯风险评估工具，体现了“风险—需求—响应”模式。美国著名的“显著因素量表”（the Salient Factor Score）是联邦层面的再犯罪风险评估工具，各州还有“性犯罪评估表”“暴力犯罪评估表”等。① 如前所述，我国学者也研制出了再犯风险评估量表，如“刑满释放人员再犯风险评估量表”（RRAI）② 等。本文运用多元回归的方法，对其犯因性因素进行分析，编制了“重新犯罪预测量表”，仅代表学术研究和理论分析的阶段性结果，其效用还需要在实践中验证。编制量表的过程体现了重新犯罪犯因的复杂性，特别是如流动人口、失业率、国民经济收入、社会地位评价、贫富差距等宏观指标难量化，还有认罪态度、矫正效果等主观评价，以及学校表现、家族犯罪史等自报告内容有效性和真实性，都需要经多方比对和验证，因此量表的编制只能够针对共性、规律性、非静态的因素设置，并且结合罪犯平时表现和同监舍罪犯的评价以及管教监狱警察的客观评价。我国监狱“个别谈话”“百分考核”，以及司法“信用惩戒”机制都是特色，因此，相较于国外量表客观性、单一性、统一性的特点，我国罪犯再犯风险评估量表会综合“风险因素”“百分考核”“个别谈话”“信用惩戒”定制，确保标准化、统一化的同时，体现个体差异，提高评估的针对性和准确性。

---

① 刘崇亮：《以再犯罪风险控制为导向的监狱行刑改革实证研究》，中国政法大学出版社2020年版，第235页。

② 孔一、黄兴瑞：《刑释人员再犯风险评估量表（RRAI）研究》，载《中国刑事法杂志》2011年第10期。

但同时，重新犯罪风险预测表只能作为参考，如果作为假释或者刑释解矫后监管级别的唯一凭证，则会带来风险。结合笔者个别访谈后了解的情况，如评定为低风险的刑满释放人员并不适合回到其户籍所在社区①，转处或者过渡性安置更合适；也有评定为高风险的刑满释放人员被重点监控，但是其家庭社会关系很稳定②，不需要过多浪费司法资源。但是，对于异地服刑，刑释后回到原籍的重犯人员，基于社区、家庭环境的不熟悉，当地司法机关只能通过重新犯罪风险预测评定标准来界定帮扶的力度等。因此，重新犯罪风险预测量表有其现实意义和实用价值，需要不断在实践中检验、调整，对研制的量表工具不断完善，并且针对不同犯罪类型、不同犯因，制定不同的量表，体现其精细化、精准性和科学性。

三、人工智能在重新犯罪风险评估中的应用

（一）发展现状

当今社会，人工智能在犯罪风险评估中的应用日益成为研究和实践的热点。传统的犯罪预测模型往往依赖于统计方法和经验判断，而人工智能技术则能够通过大数据分析和机器学习算法，从海量的信息中提取模式和规律，以更精确的方式评估个体或群体的犯罪潜在风险。例如，基于深度学习的模型可以分析个体的行为模式、社交网络活动以及生物特征数据，进而识别出潜在的犯罪倾向。这种精准化的评估不仅有助于警方和司法机构更有效地分配资源及制定干预措施，还能在一定程度上降低冤假错案的发生率，推动犯罪预防和社会治安的改善。然而，人工智能在犯罪风险评估中的应用也面临数据隐私、公平性和伦理道德等诸多挑战，需要在技术发展和政策法规制定中进行平衡和调整。

目前已经有许多学者将人工智能用于犯罪的危险性评估之中。有学者指

---

① 个别访谈时，某被访谈人表示，他因故意伤害罪被判刑18年，回归社会后不会回到原籍，被害人是他的邻居，重伤残疾。

② 个别访谈时，某被访谈对象表示，他因盗窃、毒品罪被判刑1年，因为他吸毒，屡次盗窃筹资买毒品，但是盗窃金额不大，每次判刑不到2年就释放，已经5进宫，他释放后也被列入特殊人群重点管控，但是他父母健在，兄弟姐妹和妻儿陪在左右，毒瘾犯了抗不住，屡吸屡犯，高低风险对他而言没有太多作用。

出，人工智能评估方法可以有效地评估未成年人网络犯罪的风险，通过使用机器学习、深度学习、自然语言处理和图像识别等技术，能够从大量未成年人网络犯罪案例数据中挖掘出规律，并探究行为背后的因素及因素间的深层联系。① 还有学者在研究中指出，重新犯罪的风险评估应该构建在新行为主义心理学与犯罪学的基础上，并容纳精神分析、心理动力、认知行为、后现代心理治疗等多种学科形成综合理论模型，同时利用大数据技术，不断发现影响重新犯罪的因子，使评估工具因子的范围、数量呈不断扩充的趋势。②人工智能（AI）在犯罪预测中的应用是一个重要且经过充分研究的领域。人工智能可以完成的工作兼具深度与广度，包括犯罪类型分析、犯罪规律总结、预测技术、性能指标和评估等。并且，他们在研究中确定了 64 种不同的机器学习（ML）技术用于犯罪预测，应用了多种机器学习模型。③ 可见，人工智能技术已经得到了犯罪学研究者的关注。

（二）人工智能用于重新犯罪风险评估的路径

1. 数据驱动的预测模型

通过大数据和机器学习技术，人工智能可以分析和挖掘犯罪相关数据，如个人历史记录、社会背景、心理评估等，建立预测模型来评估个体重新犯罪的潜在风险。④ 这些模型可以基于监督学习或无监督学习方法，利用各种数据源进行训练和优化，以提高预测的准确性和可靠性。

2. 行为分析和模式识别

人工智能技术能够分析犯罪行为的模式和趋势，从中提取出潜在的犯罪特征和风险因素。⑤ 例如，通过对犯罪行为的大数据分析，人工智能可以识别

---

① 贾云飞：《智慧司法视阈下未成年人网络犯罪的危险性评估》，载《预防青少年犯罪研究》2024 年第 1 期。

② 庭承怡：《重新犯罪评估的演变与智能化评估系统的研发》，载《河南司法警官职业学院学报》2022 年第 2 期。

③ King，T. C.，Aggarwal，N.，Taddeo，M.，Floridi L.：“Artificial Intelligence Crime：An Interdisciplinary Analysis of Foreseeable Threats and Solutions”，Social Sciences & Humanities Open，Vol. 6，No. 1，2022，pp. 89-120.

④ Sukhodolov，A. P. & Bychkova，A. M.：“Artificial Intelligence in Crime Counteraction，Prediction，Prevention and Evolution”，Vol. 12，No. 6，2018，pp. 753-766.

⑤ Khairuddin，A. R.，Alwee，R. & Haron，H.：“A review on applied statistical and artificial intelligence techniques in crime forecasting”，IOP Conference Series：Materials Science and Engineering，2019，No. 1，p. 551.

出特定类型犯罪的典型模式，并据此预测未来类似行为的可能性，有助于采取早期干预和预防措施。①

3. 决策支持系统

机器学习在犯罪预测中的准确性得到了实践的检验。② 因此，基于科学的人工智能计算技术所输出的模型和结果对现实的决策具有启示意义。可以通过设计基于人工智能的决策支持系统，帮助执法机构在进行重新犯罪评估时作出更为客观和准确的决策。这些系统可以结合各种数据源和算法，为决策者提供多维度的信息和分析结果，以便更科学地评估和管理潜在的犯罪风险。

4. 伦理和隐私考量

在利用人工智能进行重新犯罪评估时，必须严格遵守伦理标准和保护个体隐私的法律要求。虽然人工智能在预测犯罪与预防中起到了一定的作用，但不可忽视其在伦理层面的影响。③ 因此，在设计和实施这些技术和系统时，需要充分考虑数据的合法性、透明性、公正性和安全性，以确保其应用的合法性和社会接受性。

（三）人工智能用于重新犯罪预防和矫治的路径

1. 个性化的干预与治疗方案

在重新犯罪预防和矫治领域，人工智能的个性化干预与治疗方案提供了一种精细化和效果显著的方法。这些方案基于个体的详细特征和行为模式进行定制，可最大限度地减少其重新犯罪的风险，并促进其重新融入社会。

人工智能可以利用大数据分析和机器学习算法，对个体的历史犯罪数据、心理评估结果、社会互动模式等多方面信息进行深入分析。通过这些数据，系统能够生成准确的犯罪风险评估，识别出个体面临的主要风险因素和潜在的诱因。例如，对于某些个体可能是特定的社会环境压力或心理健康问题导致了其犯罪行为的发生和再次发生。基于这些深入的分析，人工智能系统能够为每个个体量身订制个性化的干预和治疗方案。这些方案不仅限于传统的

---

① Cortes, A. L. L. & Silva, C. F.: "Artificial intelligence models for crime prediction in urban spaces", *Machine Learning and Applications: An International Journal (MLAIJ)*, Vol. 8, 2021.

② Jenga, K., Catal, C. & Kar, G.: "Machine learning in crime prediction", *Journal of Ambient Intelligence and Humanized Computing*, 2023, Vol. 14, No. 3, pp. 2887-2913.

③ Rehnström, F.: *How Capable is Artificial Intelligence (AI) in Crime Prediction and Prevention?: A literature review of reviews*, 2021. https://oru.diva-portal.org/smash/get/diva2:1581808/FULLTEXT01.pdf.

法律和惩罚手段，更注重通过心理辅导、社会支持网络的建立、技能培训和职业指导等多层次的方法，全面提升个体的社会适应能力和自我管理能力。例如，有针对性地提供心理健康支持，帮助个体消除焦虑、抑郁等潜在的犯罪驱动因素，从而降低其重新犯罪的概率，并促进其重新融入社会。

2. 实时监测与预警系统

人工智能可以有效预测并预警重新犯罪，其效率远高于人工监测。[①] 实时监测与预警系统是人工智能在重新犯罪预防和矫治中的关键应用之一，其通过结合先进的技术手段，如视频监控、自然语言处理和模式识别等，能够有效地提前识别和应对个体可能的重新犯罪行为倾向，从而提高社会安全和管理效率。

首先，实时监测系统利用视频监控技术可以对特定个体进行实时观察和分析。通过视频图像分析和人脸识别技术，系统可以识别出个体的身份和位置信息，监控其行为动态和社会互动。例如，系统可以分析个体的行走路径、行为举止、情绪表达等，从中发现是否存在异常行为或者违法倾向。这种监测不仅限于物理行为，还包括对语言和声音的分析，通过语音识别和情感分析技术，系统能够捕捉到个体的言语内容和情绪变化，进一步辅助判断其心理状态和潜在风险。

其次，实时监测系统结合自然语言处理技术，能够对已经出狱的人员所发布的文字和评论进行实时分析。这包括社交媒体上的发帖内容、即时通信中的对话记录等。通过文本挖掘和情感分析，系统可以识别出潜在的暴力倾向、攻击性言论或者自伤行为的预警信号。例如，系统可以识别出一些频繁出现的关键词或者情绪表达，如愤怒、恐惧等，从而及时预警相关管理者或社区干预团队，采取必要的行动，以防止潜在的犯罪行为发生。

最后，实时监测系统利用模式识别技术，能够建立个体行为模型和预测算法。通过对大量历史数据和实时数据进行分析，系统可以学习和识别出个体特定的行为模式和习惯，进而预测其未来可能的行为趋势。例如，系统可以分析个体在特定情境下的反应模式和选择偏好，从而判断出其是否有重新犯罪的倾向。这种基于模式识别的预测不仅能够提供更精确的预警信息，还能够为管理者提供定制化的干预建议，帮助其及时采取措施，降低犯罪风险。

---

① Kim, K. S. & Jeong, Y. H.: "A study on crime prediction to reduce crime rate based on artificial intelligence", *Korea Journal of Artificial Intelligence*, Vol. 9, No. 1, 2021, pp. 15-20.

综上所述，实时监测与预警系统在人工智能技术的支持下，为重新犯罪预防和矫治提供了强大的工具和手段。通过全面、多维度的数据分析和智能化的算法处理，这些系统不仅能够有效监控个体的行为动态和社会互动，还能够及早发现潜在的犯罪倾向并采取有针对性的预防措施，从而有效提升社区安全和治安管理的效率与效果。

3. 数据驱动的政策制定与优化

在重新犯罪预防和矫治中，数据驱动的政策制定与优化是利用人工智能技术进行智能决策和策略调整的关键路径。通过人工智能生成的数据分析和预测结果，政策制定者能够更加精准地理解犯罪行为的动态和社会影响因素，从而优化现有政策或制定新的政策措施，以实现更有效的犯罪预防和社会安全管理。

首先，人工智能通过大数据分析能力，可以深入挖掘和分析多维度的犯罪数据。这些数据包括犯罪发生的地点、时间、犯罪类型、个体特征等，通过数据挖掘和机器学习算法，系统能够识别出影响犯罪率的关键因素和模式。例如，系统可以发现特定地区、特定人群或特定时间段内的犯罪高发模式，进而为政策制定者提供实证依据和数据支持。

其次，人工智能能够预测不同政策措施的效果和影响。通过建立预测模型，系统可以模拟和分析各种政策干预措施对犯罪率的可能影响。这种预测不仅可以基于历史数据，还能结合实时数据和情境分析，提供更加精确和可信的政策效果预测。例如，系统可以评估增加警力巡逻、改善社区基础设施、推广犯罪预防教育等不同政策的预期效果，为决策者提供优化政策选择的依据。

再次，人工智能能够通过实时数据分析和策略调整，提高政策的灵活性和时效性。随着数据的不断更新和分析能力的提升，系统可以及时反馈和监测政策实施的效果，并根据实际情况调整和优化政策策略。例如，系统可以通过实时监控犯罪数据和社区反馈，及时调整警力部署、加强特定区域的治安管控或者加强对高风险个体的监督和支持，以应对犯罪的新趋势和突发事件。

最后，数据驱动的政策制定不仅注重反应性的应对措施，更注重长期的战略规划和持续的改进。通过持续收集和分析数据，系统能够帮助政策制定者发现潜在的政策盲点和改进空间，推动社会安全管理的持续进步和创新。

这种基于数据的策略优化不仅提高了政策决策的科学性和准确性，也提升了政策实施的可持续性和社会效益。

综上所述，数据驱动的政策制定与优化是人工智能在重新犯罪预防和矫治中的重要应用路径。通过深入分析和利用数据，政策制定者能够更有效地制定和调整犯罪预防策略，实现社会安全管理的持续改进和优化。

结　语

重新犯罪问题是世界各国共同面临的一个严重社会问题，也是一个涉及法学、社会学、犯罪学和心理学等诸多学科领域的复杂问题。重新犯罪问题的复杂性决定了重新犯罪预防是社会治理的一个难题。重新犯罪预防研究既包括重新犯罪研究，也包括建立在重新犯罪研究基础上的预防或干预对策研究。本书第三章对重新犯罪调查的发现和规律进行全面深入的总结，第四章对重新犯罪预防理论和实践进行检视和反思，第五章探索重新犯罪预防现代化的实现路径。在上述分析和论证的基础上，本书还有以下补充。

一是重新犯罪原因的因素空间论，以发现并识别重新犯罪的影响因素和证据为核心。本书提出“重新犯罪因素空间理论”，即重新犯罪是犯罪人生命历程中因素的累积效应，因素不仅是犯罪的构成之因，也是其发展之因。因素与因素之间的关联造就了因果律。根据重新犯罪者生命历程的纵向研究发现，犯罪生涯是诸多影响因素累积、交织的结果，成为重新犯罪者的可能性是影响因素在不同的生命阶段产生的不同影响。将定量研究方法作为理解犯罪生涯的切入点，进而发现和识别重新犯罪影响因素，是有效预防的基础和保障。结合本书第二章的统计检验，动态因素（反社会认知、价值观、犯罪行为、婚姻、事业、经济收入、住房情况、社会融入、家庭纽带、同伴交往、矫正效果、刑罚体验、认罪认罚等）以及静态因素（年龄、性别、文化程度、成长历史等）都是重新犯罪重要的预测因素，这些影响因素为制定预防犯罪的靶向策略提供了支持。相比之下，隐性因素（自尊、抑郁和焦虑、药物滥用、犯罪地点、被害人等）是重新犯罪较弱的预测因素。这些因素虽然不是核心致罪因素，但是同在重新犯罪因素内，可能在特殊条件下与其他因素交织发挥作用。因此，在重新犯罪因素空间场内，除了显性因素（关联因素）之外，还有隐性因素（环境、气候等）。重新犯罪者的犯罪生涯就是多因素相互交织的结果，多因素呈现立体空间状态，包括横向的微观因素、中观因素和宏观因素；纵向的风险因素、保护因素；立体的核心致罪因素与普通影响因素。

二是重新犯罪过程论，持续犯、多次犯是风险因素的累积迭代。持续性的重新犯罪不仅会动摇社会公众对刑事司法系统的信任，还会使其对这些犯罪人的偏见，形成类似“天生犯罪人”的评价，导致预防干预的政策被视为无效，最终只能采取长期监禁、终身监禁的刑罚手段。基于美国犯罪学家戈特弗雷德森的“犯罪倾向异质”学说，较早的初犯年龄预示着较长的犯罪生涯和较高的犯罪频率①。实证调查结果显示，特别是早期的风险因素，往往伴随着个人童年经历、青年成长、成年境遇，这些风险因素对未来犯罪行为产生不同的影响。持续性、多次性的重新犯罪不仅是个人因素导致，更大程度上与社会因素有关，社会结构对于重新犯罪产生影响。结合个别访谈的定性研究，部分多次犯从童年开始就表现出一些极端心理（冲动、攻击性、焦虑等），在青春期和成年期，持续受到风险因素（吸烟、酗酒、越轨行为、违法交往、帮派文化、社会技能差、社会污名化、社会关系割裂）的影响，加强了反社会模式，存在人格障碍和反社会倾向，进而社会交往失败。在劣势累积效应下，受教育程度低、就业不稳定、家庭生活不稳定、社会关系孤立等，内在持续被标签化，犯罪人格逐渐形成。结合犯罪次数回归分析，发现犯罪次数多的罪犯并不一定是特定犯（盗窃犯、强奸犯），而是在其犯罪生涯中犯罪次数多，犯罪类型多样。因此，从前瞻性预测角度而言，预防和阻止持续犯罪，需要了解罪犯生命历程所涉及的风险因素，增加风险评估事件，结合犯罪需求，选择实施有效的循证干预措施。通过纵向数据来从多维角度检验对犯罪持续性和累犯的解释，以及原因和风险机制。在干预层面，纵向数据有助于收集足够的有效数据，创建一个清单，以评估持续性和累犯的风险，构成使用指南，并帮助他们针对个别罪犯量身定制干预措施。

三是重新犯罪预防是一个庞大的体系，需要多环节、多方参与，一体化推进。刑事司法程序作为全面预防犯罪战略的重要部分，需要发挥其重要作用。但是结合实证调查发现，经济发展与重新犯罪之间有着密切关联，经济增长本身可能使整体犯罪率下降，但是对重新犯罪群体而言，经济增长带来经济收入的差距、就业结构的变化、社会生活成本的增加，加剧社会资本的不平等，导致刑满释放人员重新犯罪增加。贫困本身不会诱发重新犯罪，但

---

① 福尔克·葛温狄斯、赵书鸿：《再犯与始犯年龄的关系——基于弗莱堡群组研究对法院判决的分析》，载《人民检察》2017 年第 13 期。

是相对贫困比绝对贫困带给重新犯罪群体的剥削感、差距感更加严重，高失业率和长期无业困境带来心理和经济的压力，城镇化和城市发展带来流动人口的失控，社会保障、安置帮教的落实不力，预防性刑法立法导致的犯罪圈扩大等，都对重新犯罪具有重要影响。重新犯罪预防，不仅是刑事司法部门的职责，更需要整个国家进行预防战略的整体规划、综合施策，才能关闭重复犯罪的“旋转门”。预防的成就不仅仅在于积累有关有效科学证据，而应该从动态规划、长期发展的系统观念看待昨天的经验、今天的问题，预测明天的事件，从整体公共安全、人民安全感、幸福感的角度出发，充分利用社会资源、家庭资源，树立系统、循证、恢复性、有效、包容的重新犯罪预防范式和理念，明确和形成政府牵头、部门负责、各方参与一体化的重新预防机制，重视各层次（宏观、中观、微观）和各业态（刑事司法、社会、文化等）的综合干预范式，强调通过减少前科人员就业歧视政策等营造良好的社会氛围，完善刑满释放人员融入社会的社会支持系统。

四是重新犯罪预防需要依法治理与人权保护相结合。“坚持以人民为中心”是经济社会发展的重要原则，“十四五”时期不断实现人民对美好生活的向往。[①] 重新犯罪是一个复杂的社会问题，其涉及罪犯和被害人，两者都有“实现美好生活的愿望”，尊重和保障其合法权益，是对两者基本人权的保护，也是为了更好地实现刑罚目的和社会治理目标。《法治中国建设规划（2020—2025 年）》提出，“积极引导人民群众依法维权和化解矛盾纠纷”，[②] 畅通人民依法维权的途径，避免报复性犯罪；将矛盾纠纷化解在萌芽阶段，避免激情犯罪、冲动犯罪；依法保障权利救济途径，避免被害人恶性转变；保护公民隐私权，杜绝信息化犯罪演变；完善权利保障机制，实现社会保障、社会救助、社会帮扶一体化，避免入监养老；确保尊重和保护人格尊严，避免社会歧视和排斥；强化权利保护监督，避免刑罚执行腐败，损害司法公正；打破数据孤岛，构建大数据犯罪预防战略；[③] 增强全社会“尊重和保障人权”意识，推进犯罪预防和保护人权的和谐发展。

综上所述，本书只是开启重新犯罪预防研究的冰山一角，运用抽样调查

---

① 孙庆聚：《不断实现人民对美好生活的向往》，载中国人大网，http://www.npc.gov.cn/npc/c30834/202105/49cc70bac79144cca91c24ad92fdba99.shtml，最后访问时间：2021 年 9 月 2 日。

② 中共中央印发：《法治中国建设规划（2020—2025 年）》，载 http://www.qstheory.cn/yaowen/2021-01/10/c_1126966779.htm，最后访问时间：2021 年 2 月 5 日。

③ 刘文化：《大数据视野下犯罪治理模式的现代转型》，载《政法学刊》2021 年第 4 期。

研究方法，采取定量犯罪学手段，提出“重新犯罪因素空间理论”，揭示重新犯罪影响因素，提出“循证犯罪预防”在中国的适用性问题，力图在理论创新方面进行尝试。但是，仍有一些局限性。

首先，本书使用的仅仅是抽样调查中的部分访谈数据，是截面数据的镜像反映，缺乏全国整体数据的检验，因此影响因素特别是核心致罪因素，需要全国整体数据来检验。此外，本书研究发现虽然在一定程度上对于重新犯罪问题具有解释力，但是还需要谨慎对待因果关系的解释。重新犯罪问题是一个复杂多变的问题，因果关系成立需要建立在广泛验证和控制其他变量的基础上才更有说服力。之后，还需要进一步加强对重新犯罪影响因素的定性和定量相结合的分析，构建符合我国国情的重新犯罪预测模型，经全国大部分监狱检测验证，不断调试、完善，以便更有效地指导预防重新犯罪的实践。

其次，数字时代的犯罪更多的是基于新技术运用的犯罪，传统犯罪治理方式、手段若不能紧跟技术潮流，则必将滞后于犯罪自身的滋生蔓延。这亟须打破传统认知思维的局限和禁锢，创新大数据、人工智能等新技术在犯罪学研究、犯罪治理实践中的应用，努力在新技术尤其是人工智能等颠覆性、重构性技术应用上占据制高点，以此催生犯罪学研究新动能，提高犯罪学研究的效率、质量和水准。[①] 但是，本书只对当前运用大数据等新技术和人工智能手段加强对数字时代犯罪态势、特点、规律的分析挖掘的文献进行梳理，由于样本量和数据分析能力有限，没有形成一套可行的重新犯罪预测模型。因此，还需要不断提升重新犯罪研究的广度、深度和效能，特别是通过新技术赋能，由“罪后研判”向“罪前预警”转变，重塑犯罪滋长与治理的能力对比，推动形成数字时代重新犯罪预防现代化的新格局。

最后，从根本上解决重新犯罪问题，需要全社会形成尊重和保障罪犯人权的意识，消除对罪犯的前科歧视、保障罪犯的基本生存权和发展权、建立有效的社会支持和保障系统、切实关心和保护重新犯罪群体，特别是推进“监狱教育改造、社区矫正、安置帮教”一体化，预防和减少刑满释放人员重新犯罪，保护被害人的权利。尊重和保护每个人的合法权利是国家法治文明的标志，是实现人民对美好生活向往的必由之路。

---

① 万春、周光权、姚建龙等：《犯罪治理现代化大家谈》，载《国家检察官学院学报》2024 年第 2 期。

致　谢

本书是2022年度司法部法治建设与法学理论研究部级科研项目“重新犯罪预防性治理体系研究”（22SFB5020）课题的结项成果，在本书的撰写与出版过程中，受到来自司法部预防犯罪研究所、中国法治出版社、中国监狱学会、基层监狱、司法所等单位领导和同志们的帮助和支持，在此一并致谢。

感谢接受访谈的刑满释放人员。正是他们给予了研究的素材和样本，为顺利完成课题的质性研究和定量研究奠定坚实的研究基础。

感谢司法部预防犯罪研究所各位领导和同事的指导和帮助。高贞所长、周勇副所长、高文副所长、沈青主任鼎力支持，张桂荣、陈宝友、卢琦、席逢遥、周折等研究员对阶段性课题成果不吝赐教，他们提出的观点和建议都让我受益匪浅。

感谢北京师范大学吴宗宪教授、中国政法大学王平教授、北京师范大学赵军教授、中央司法警官学院翟中东教授和吉林大学何志鹏教授对课题研究成果的悉心指导。

感谢中国法治出版社陈晓冉老师。是陈老师的辛勤付出和倾力帮助，使书稿顺利出版。本书参考了许多专家和实务部门的研究与实践成果，在此一并表示衷心的感谢！

重新犯罪问题是全世界的难题，本书作为重新犯罪预防现代化研究的初步成果，也只是重新犯罪研究的冰山一角，我深感研究的水平和能力有限，探索的深度和广度不足。因此，本书难免有诸多不足之处，敬请专家、学者和读者们批评指正。

作者2024年7月于北京平安里

图书在版编目（CIP）数据

重新犯罪预防现代化研究 / 闫佳著. -- 北京 : 中国法治出版社，2024. 12. -- ISBN 978-7-5216-4742-6

Ⅰ. D917. 6

中国国家版本馆 CIP 数据核字第 2024BR5930 号

责任编辑：陈晓冉　　封面设计：杨泽江

重新犯罪预防现代化研究

CHONGXIN FANZUI YUFANG XIANDAIHUA YANJIU

著者/闫佳

经销/新华书店

印刷/北京虎彩文化传播有限公司

开本/710 毫米×1000 毫米　16 开　　印张/ 16. 5　字数/ 256 千

版次/2024 年 12 月第 1 版　　2024 年 12 月第 1 次印刷

中国法治出版社出版

书号 ISBN 978-7-5216-4742-6　　定价：80. 00 元

北京市西城区西便门西里甲 16 号西便门办公区

邮政编码：100053　　传真：010-63141600

网址：http：//www. zgfzs. com　　**编辑部电话：010-63141835**

市场营销部电话：010-63141612　　**印务部电话：010-63141606**

（如有印装质量问题，请与本社印务部联系。）